权威·前沿·原创

皮书系列为
"十二五""十三五"国家重点图书出版规划项目

B

BLUE BOOK

智库成果出版与传播平台

北京社会企业蓝皮书

BLUE BOOK OF
BEIJING SOCIAL ENTERPRISE

北京社会企业发展报告
（2019）

DEVELOPMENT REPORT ON BEIJING SOCIAL ENTERPRISE
(2019)

北京社会企业蓝皮书课题组　研创

社会科学文献出版社
SOCIAL SCIENCES ACADEMIC PRESS (CHINA)

图书在版编目（CIP）数据

北京社会企业发展报告 . 2019 / 北京社会企业蓝皮书课题组研创 . -- 北京：社会科学文献出版社，2020.6
（北京社会企业蓝皮书）
ISBN 978 - 7 - 5201 - 6491 - 7

Ⅰ.①北… Ⅱ.①北… Ⅲ.①企业发展 - 研究报告 - 北京 - 2019 Ⅳ.①F279.271

中国版本图书馆 CIP 数据核字（2020）第 054598 号

北京社会企业蓝皮书
北京社会企业发展报告（2019）

研　　创 / 北京社会企业蓝皮书课题组

出　版　人 / 谢寿光
组稿编辑 / 谢蕊芬
责任编辑 / 杨　阳
文稿编辑 / 杨晶晶

出　　版 / 社会科学文献出版社・群学出版分社（010）59366453
　　　　　 地址：北京市北三环中路甲 29 号院华龙大厦　邮编：100029
　　　　　 网址：www.ssap.com.cn
发　　行 / 市场营销中心（010）59367081　59367083
印　　装 / 天津千鹤文化传播有限公司
规　　格 / 开本：787mm × 1092mm　1/16
　　　　　 印张：17.25　字数：255 千字
版　　次 / 2020 年 6 月第 1 版　2020 年 6 月第 1 次印刷
书　　号 / ISBN 978 - 7 - 5201 - 6491 - 7
定　　价 / 128.00 元

本书如有印装质量问题，请与读者服务中心（010 - 59367028）联系

▲ 版权所有 翻印必究

北京社会企业发展报告（2019）
编　委　会

主　编　杨剑涛　彭艳妮

副主编　余晓敏　刘　鹏　盛少岚

编　委　陆元芳　于晓静　李　健　金仁仙　姜思柔

编撰单位及主要编撰者简介

北京社会企业发展促进会

成立于 2018 年，是经北京市民政局核准登记的非营利性社会团体，业务主管单位为北京市委社会工委、市民政局。着眼打造社会企业发展促进支持平台，围绕北京建设国际一流的和谐宜居之都的目标定位，立足北京社会企业发展现实，充分调动社会各方的资源，激发社会各方的积极性，推动社会企业、社会企业服务机构及研究机构的交流合作。研究社会企业发展问题，提供持续推动社会企业发展的方案，服务社会企业发展，营造社会企业发展良好环境，为社会企业发展和社会建设事业贡献力量。2018 年首次发布了《北京市社会企业认证办法（试行）》，2019 年发布了北京市首批通过认证的社会企业名单，创立了社企认证的"北京模式"。

北京社启社会组织建设促进中心

中国社会企业与影响力投资论坛（简称社企论坛，China Social Enterprise and Impact Investment Forum，CSEIF）由南都公益基金会于 2014 年联合其他 16 家机构共同发起，致力于构建中国社会企业与影响力投资领域的平台生态。面向社会企业践行者、影响力投资人、商界精英，通过政策倡导、行业研究、行业年会、发起合作奖项评选、国际交流、赋能培训、企业参访等工作，链接各个利益相关方，树立行业标杆，促进行业深度交流，提升社会认知度，推广社会企业家精神，促使社企理念进入大众视野和商业体系，引领更多商业企业和主流投资机构认同与支持社企理念，实践影响力投资，引领商业向善的潮流。2018 年社企论坛秘书处在北京注册为民办非企业组织北京社启社会组织建设促进中心，中心现有 5 家理事单位：南都公益基金会、红杉资本中国、北京乐平公益基金会、增爱基金会、内蒙古老牛慈善基金会。

杨剑涛 资深注册会计师、资产评估师、高级会计师。现任北京社会企业发展促进会会长、北京市新经济组织党建研究会会长，国富集团董事长，国富全球董事会联席主席，兼任财政部会计领军人才培养工程特殊支持计划指导专家、国家科技成果转化引导基金理事会理事、中国企业财务管理协会专家委员会委员、中国会计学会常务理事等，为多所大学兼职教授。担任海淀区人大代表。全国五一劳动奖章获得者、全国先进会计工作者、全国百姓学习之星。2014 年入选"全球会计领域最具影响力 50 人"，成为该年度唯一入选的中国人，于 2012 年、2014 年、2016 年三度入选"中国十大财会人物"。

彭艳妮 本科毕业于中国人民大学，取得经济学学士学位；研究生毕业于伦敦政治经济学院（LSE），取得"发展中国家的社会政策与发展"专业硕士学位。在社会发展领域有 20 多年工作经验，在非营利组织管理、社会企业和社会投资、对弱势群体的公共服务等领域有丰富的经验。现任南都公益基金会秘书长，全面负责机构的项目和运营。参与发起中国社会企业与影响力投资论坛，并担任该机构法人单位北京社启社会组织建设促进中心的理事长。曾任佳通集团 UID 公益基金主任，使麻省理工大学的"U 型理论"课程成功落地中国；在英国文化教育协会工作期间，曾主持"社会企业家技能"项目，将社会企业的概念引入中国并推动了社会企业在中国的发展。曾在民政部工作了 6 年。

余晓敏 北京师范大学社会发展与公共政策学院副教授，企业社会责任与社会企业研究中心主任。2006 年在香港科技大学社会科学部获博士学位。目前的主要研究领域为社会创新与社会企业、企业社会责任、社会发展、劳工研究等。主持国家社科基金青年项目 1 项及北京市社会科学基金项目 1 项,主持横向课题 10 余项,作为子课题负责人参与国家社科基金重大项目以及教育部哲学社会科学研究重大课题攻关项目。在国内外有影响力的学术期刊发表多篇学术论文。担任 *Social Enterprise Journal* 编辑委员会委员。

摘　要

尽管北京市社会企业在国内起步较早，发展也处于全国领先地位，但总体仍处于成长的初级阶段。本书通过针对124家北京市社会企业发展实践的关键问题展开的问卷调查，并结合大量北京市社会企业发展实践的二手数据，全面、系统地对北京市社会企业的发展现状及最新趋势进行全景扫描，突出北京市社会企业发展实践的特点。

本书第二部分为政策篇，从国内宏观政策、行业支持和地方实践等层面对社会企业发展的政策环境进行了梳理，并对英国、韩国等国政府在社会企业发展中的职能和支持政策进行解读，希望为北京市政府以及其他政府部门提供国内外经验的参考，为健全扶持社会企业发展提供政策建议，助力社会企业的健康可持续发展。

第三部分案例篇选取2018年8月由北京市委社会工委授牌的北京市社会企业示范点单位及试点单位作为典型案例，撰写案例报告，以期在相似的外部大环境下，解读其成长规律和发展经验。

关键词：北京社会企业　社企行业调研　政策建议

Abstract

Although the practice of social entrepreneurship started early in Beijing and Beijing social enterprises are taking the leading position in China, the overall development is still in the primary stage of growth. Focusing on key features and characteristics of local social enterprise development, Blue Book of Beijing Social Enterprise (hereinafter refers to the Blue Book) comprehensively and systematically illustrates the latest development and trend of social enterprises in Beijing, through a quantitative survey of 124 Beijing social enterprises as well as a large number of second-hand data on the practices of Beijing social enterprises.

The second part of the Blue Book concentrates on policy support to the development of social enterprises. The first article aims to demonstrate the policy environment of social enterprises in China through analysis of government policies in China from aspects of macro policy, industry support and local practice. There are also articles about the government's role and policy supports to social enterprises in the United Kingdom and South Korea. These articles aim to provide references of international best practices to the Beijing municipal government and other government departments in China, provide policy recommendations to support the healthy and sustainable development of social enterprises.

The last part of the Blue Book highlights 10 Beijing social enterprise case studies. These social enterprises are selected from 12 Beijing Demo and Piloting Social Enterprises authorized by Social Work Committee of Beijing Municipal Committee of the Communist Party of China in August 2018. With a similar external environment to support their development, the case study reports are compiled to show their development patterns and challenges.

Keywords: Social Enterprises in Beijing; Social Enterprise Industrial Research; Policy Recommendation

前　言

社会企业运动是最早兴起于欧美发达国家的社会创新运动。社会企业介于政府部门、非营利组织和市场之间，是在政府部门、非营利组织和市场之外提供公共服务的新主体。社会企业运动逐渐演化为一场全球性的公益创新热潮，并正在发挥越来越大的作用。

社会企业在我国的实践可以追溯至2008年，社会企业概念最早由英国大使馆文化教育处引入中国。经过十余年的努力，我国的社会企业发展取得了巨大进步，在消除贫困、增加就业岗位、改善社会环境等方面取得了一定成效。其中，北京、上海、广州、深圳等一线城市以及杭州、成都、昆明、苏州等二三线城市的社会企业相对活跃。社会企业发展出现地域性特点，主要是因为，它与经济社会发展水平密切相关，其发展与传播途径密切相关，也与政策支持力度密切相关。

北京市社会企业起步较早。2011年北京市委出台《关于加强和创新社会管理　全面推进社会建设的意见》，提出要"积极扶持社会企业发展，大力发展社会服务业"。同年，《北京市"十二五"时期社会建设规划纲要》将"积极扶持社会企业"列为专节。2014年，北京市人民政府办公厅《关于政府向社会力量购买服务的实施意见》明确政府购买服务的承接主体，将企业纳入政府购买公共服务准入范围。2016年，《北京市"十三五"时期社会治理规划》也提出"大力发展社会企业"，要"开展专题调研，研究扶持政策，分类开展试点，大力推动以服务民生和公益为重点的社会企业发展"，为制定相关政策指明了方向。

为了探索推动社会企业发展的路径，北京市委社会工委与相关研究机构在全市联合开展了专题调研和试点建设，推动成立了北京社会企业发展促进

会（以下简称"社促会"），初步构建了政府部门、社会组织、研究机构"三方共促"的工作机制。

社促会成立于2018年4月，是北京市社会企业的支持交流平台，围绕北京建设国际一流的和谐宜居之都目标定位，服务社会企业发展，开展社会事业和社会企业研究，致力于打造促进社会企业交流、合作、投资、培训以及国际化发展的服务体系。成立后，社促会首次举行了中国社企论坛北京峰会，发布了《北京市社会企业认证办法（试行）》，开展了首批社会企业认证，在社会上取得了积极反响。

为了进一步促进北京社会企业发展，北京市委社会工委委托社促会开展《北京社会企业蓝皮书》的研究和编纂工作。经过十个月的努力，这本蓝皮书终于面世了！

蓝皮书共分三个部分，一是总报告，二是政策篇，三是案例篇，共计20余万字。总报告概括了北京社会企业发展的宝贵实践和学术探索，回顾了历史，分析了现状，总结了成绩，也指出了问题，并提出了建议。政策篇系统分析了中国、英国社会企业政策和韩国社会企业发展情况等，资料翔实，分析深入，视野开阔，并根据国际经验提出了促进我国社会企业发展的建议。案例篇共编入北京东海腾龙科技有限公司、北京即刻到家服务科技有限公司、北京甲骨文悦读文化传媒有限公司、北京建侬之心健身俱乐部有限公司、北京山水伙伴文化发展有限责任公司、北京市城市再生资源服务中心、北京小康之家家政服务有限公司、金鸿新诚（北京）物业管理有限公司、石景山区乐龄老年社会工作服务中心、益爱领路（北京）教育咨询有限公司等10家社会企业的发展报告。其中，北京市社会企业示范点单位4家，北京市社会企业试点单位6家，它们也均属首批通过认证的北京社会企业。

本书由杨剑涛、彭艳妮担任主编，余晓敏、刘鹏、盛少岚担任副主编，陆元芳、于晓静、李健、金仁仙、姜思柔担任编委。本书编写的过程，得到了北京市委社会工委、市民政局各级领导的有力指导和大力支持，多家社会企业为本书提供了宝贵的第一手素材，为本书深化理论认识、进行政策研究和实践探索提供了保证。社会科学文献出版社的杨阳等编辑为本书的出版投入了大量的精力,提出了很多有价值的建议。

我们热切希望,社会各界都来支持社会企业发展,为北京率先全面建成小康社会、建设国际一流的和谐宜居之都贡献智慧和力量。

课题组

2019 年 11 月

目 录

Ⅰ 总报告

B.1 北京市社会企业发展报告 …………………… 余晓敏 / 001
   一　导论 ……………………………………………………… / 002
   二　北京市社会企业的主要类型 …………………………… / 010
   三　北京市社会企业的组织概况 …………………………… / 034
   四　北京市社会企业的使命与价值 ………………………… / 036
   五　北京市社会企业的市场运营 …………………………… / 044
   六　北京社会企业的规模与增长 …………………………… / 050
   七　北京市社会企业的融资状况 …………………………… / 055
   八　北京市社会企业的组织治理 …………………………… / 059
   九　北京市社会企业的支持体系 …………………………… / 065
   十　结论及对策建议 ………………………………………… / 068

Ⅱ 政策篇

B.2 中国社会企业政策环境分析 …………………… 于晓静 / 075
B.3 英国社会企业政策分析 …………………… 李　健　陈　曦 / 088
B.4 韩国社会企业发展情况与经验分析 ……… 金仁仙　姜思柔 / 100

001

Ⅲ 案例篇

B.5 北京东海腾龙科技有限公司发展报告 …………………… / 123

B.6 北京即刻到家服务科技有限公司发展报告 ………………… / 135

B.7 北京甲骨文悦读文化传媒有限公司发展报告 ……………… / 149

B.8 北京建侬之心健身俱乐部有限公司发展报告 ……………… / 160

B.9 北京山水伙伴文化发展有限责任公司发展报告 …………… / 169

B.10 北京市城市再生资源服务中心发展报告 …………………… / 180

B.11 北京小康之家家政服务有限公司发展报告 ………………… / 191

B.12 金鸿新诚（北京）物业管理有限公司发展报告 …………… / 204

B.13 北京市石景山区乐龄老年社会工作服务中心发展报告 …… / 217

B.14 益爱领路（北京）教育咨询有限公司发展报告 …………… / 229

B.15 附件 ……………………………………………………………… / 243

总 报 告

General Report

B.1
北京市社会企业发展报告*

余晓敏**

摘　要： 在我国社会企业蓬勃发展的大潮中，北京社会企业的发展尤为引人注目。关于北京市社会企业的发展，现有文献在研究方法和分析视角等方面尚存缺陷。本研究力图弥补现有文献的不足，旨在围绕北京市社会企业发展实践的关键问题展开的问卷调查，以全面、系统、准确的一手数据为基础，对北京市社会企业的发展现状与最新趋势进行全景扫描。本研究

---

* 社会企业：依据《北京市社会企业认证办法（试行）》，社会企业是指以优先追求社会效益为根本目标，持续用商业手段提供产品或服务，解决社会问题，创新公共服务供给，并取得可测量的社会成果的企业或社会组织。弱势人群：本报告中所指的弱势人群包括残障人士、长期病患者、贫困人群、低收入者、农民工、少数民族、退伍军人、无家可归者、长期失业者、刑满释放人员、不良嗜好者、弱势儿童（留守、流动、贫困儿童等）等特定社会人群。

** 余晓敏，北京师范大学社会发展与公共政策学院副教授，企业社会责任与社会企业研究中心主任，北京社会企业发展促进会理事、副会长。主要研究领域包括社会企业、企业社会责任、非营利组织管理等。

主要采取问卷调查和二手数据分析相结合的研究方法。数据主要来源于"中国社会企业与影响力投资论坛"开展的"2018年中国社会企业调查"。本报告首先对现有相关文献进行了简要评述，然后对北京市社会企业的主要类型及发展概况进行了总结，核心内容是围绕北京市社会企业的组织概况、使命与价值、市场运营、规模与增长、融资状况、组织治理以及支持体系等研究主题对"2018年中国社会企业调查"数据进行分析，最后基于研究发现对北京市社会企业未来发展提出对策建议。

关键词： 社会企业　使命价值　市场运营　规模增长　融资状况　组织治理支持体系

一　导论

（一）研究背景

过去十多年间，社会企业作为推动我国社会经济发展的重要载体，在解决弱势人群就业、弥补社会福利不足、提升公共服务、消减贫困与社会排斥、推动可持续发展等方面取得了令人瞩目的成就。

在我国社会企业蓬勃发展的大潮中，北京社会企业的发展尤为引人注目。近年来，北京市不断强化政策引导，促进政府、市场、社会三者良性互动，积极扶持社会力量，扩大社会服务供给，率先引入社会企业理念与模式，社会企业发展水平走在全国前列（岳金柱、杨柏生、冯璪，2018）。2011年6月3日，中共北京市委十届九次全会通过《关于加强和创新社会管理　全面推进社会建设的意见》，在关于进一步提升社会公共服务水平的论述中提出:"积极扶持社会企业发展,大力发展社会服务业。""社会企业"作为一个专有名词首次在北京市委文件中出现,在全国来说也是开先河之举(于晓静,2011)。2011年12月1日,《北京市"十二五"时期社会建设规划纲要》发布,提出"积极扶持社会企业"。2016年11月21日,《北京市"十三五"时期社会治理规划》发布,明确提出发展社会企业,"开展专题调研、研究扶持政策、分类开展试点,大力推动以服务民生和开展公益为重点的社会企业发展"(北京市社会建设工作办公室,2016)。

2018年3月,作为北京市加强和创新社会治理、提高公共服务供给水平的重要举措,北京社会企业发展促进会由中共北京市委社会工作委员会推动成立,并于8月11日召开中国社会企业论坛北京峰会,发布《北京市社会企业认证办法(试行)》(以下简称《办法》)。峰会对北京市社会企业12家试点单位、示范点单位进行授牌,还举办了北京社会企业联盟成立仪式,发布了《北京社会企业联盟章程(试行)》。《办法》将社会企业定义为:"以优先追求社会效益为根本目标,持续用商业手段提供产品或服务,解决社会问题、创新公共服务供给,并取得可测量的社会成果的企业或社会组织。"《办法》指出,北京社会企业认证工作应坚持政府引导、社会参与、择优扶持等基本原则,并从使命任务、注册信息、信用状况、经营管理、社会参与、社会效益、可持续发展能力、创新性、行业影响九个方面规定了北京市社会企业的认证标准(北京社会企业发展促进会,2018)。同年11月,依照《办法》,在北京市社工委指导下,由北京社会企业发展促进会组织开展了北京首届社会企业的评审认证工作。认证工作于2019年3月完成,最终有46家北京市社会企业通过认证(社创星,2019)。

除政府部门积极推动以外,北京社会企业的蓬勃发展得到了社会各界的广泛支持。2009年,英国文化教育协会在中国启动社会企业项目,向那些希望解决社会问题或已经付诸实践的社会企业家、非政府机构从业者、社区领导者和年轻人提供技能培训、导师计划、英国的专业支持及对接社会投资机会。2009~2016年8年间,项目培训了3200多名社会企业家;携手合作伙伴向117家社会企业提供了3700万元人民币的社会投资机会;举办沙龙、

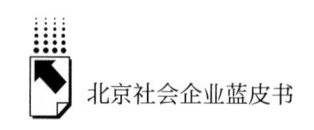

巡回演讲和其他公众活动，共计超过17000位专家、慈善家和大学生参与；通过社交媒体促进社会企业理念在中国的传播，受众达1200万名；在中文媒体中形成超过5600篇社会企业相关话题的专门报道（英国文化教育协会，2019）。在英国文化教育协会社会企业项目131家获奖社会企业中，有42家是北京的社会企业，占获奖机构总数的32%。

2014年，南都公益基金会联合国内其他16家知名基金会和公益创投机构共同发起"中国社会企业与影响力投资论坛"（以下简称"社企论坛"），成为中国社会企业与影响力投资行业的类协会式网络和行业生态系统的积极构建者。社企论坛通过年会、倡导、研究、对接平台、教育五大业务板块，在促进跨界交流合作、推动行业整体发展、构建良好的外部环境方面发挥行业基础设施的作用。2017年，社企论坛启动首届"中国社会企业奖"评选活动，12家社会企业获奖；2018年，又有9家社会企业获奖。2017~2018年，在21家"中国社会企业奖"获奖机构中，有8家是北京的社会企业，占获奖机构总数的38%。

2015年中国慈展会提出了首个全国性社会企业民间认证标准，首次认证了7家社会企业。2016年，有16家社会企业通过中国慈展会社会企业认证。2017年，中国慈展会颁布了新的3.0认证标准，并认证了106家社会企业。2018年，有110家社会企业通过中国慈展会社会企业认证。2015~2018年，通过中国慈展会认证的社会企业共有239家，其中有26家是北京的社会企业，占通过认证社企总数的11%。

（二）文献综述

北京市社会企业近年来的发展在学术界引起了一定关注与讨论，主要的研究议题和研究发现如下。

1. 北京市发展社会企业的重要性与必要性

研究者认为，北京要建设中国特色的世界城市，要积极探索社会管理创新，有必要吸收国际先进经验，扶持社会企业发展。于晓静（2011）的研究认为，发展社会企业对于加强社会建设、完善社会服务、创新社会管理具有重要意义。首先，发展社会企业能帮助政府有效解决更多民生问题。其次，社会企业能调动更多社会力量和资源为创新社会管理体制开辟新路。再次，社会企业有利于提高公共服务的质量和效率，支持政府公共服务体制创新。最后，社会企业有利于推动经济发展方式转变，服务首都形成创新驱动的发展格局。聚焦于公共服务领域，于晓静（2018）的研究指出，发展社会企业对于提升公共服务供给具有重要意义，即发展社会企业有利于增加公共服务供给量，优化公共服务资源配置，提高公共服务品质，并且激发公共服务溢出效应。

2. 北京市社会企业的分类

陈吉（2012）认为，从社会企业发起人的角度，北京市社会企业可以分为三类。第一种类型是政府发起的，这种类型的社会企业数量较少，主要是慈善超市。第二种类型是社会组织发起的，如由智光特殊教育培训学校创办的特奥爱心农庄。第三种类型是个人发起的，这类社会企业的探索较早，民间尝试较多。

岳金柱、杨柏生、冯瓅（2018）的研究认为，由于我国尚未明确专门针对社会企业的法律实体形式，北京市的"准社会企业"主要采取营利或非营利两种形式注册，具体类型包括民办非企业单位、福利企业、以公益为宗旨的企业、合作社及慈善超市等。

3. 北京市社会企业的发起时间与规模

陈吉（2012）的研究认为，截至2012年，除了政府发起的慈善超市外，其他类型的社会企业普遍规模较小，表现在收入、正式人员、机构组织规模等方面。此外，多数社会企业的成立时间较短，几乎没有在2000年前创立的社会企业，少数实际创办时间在2000～2004年，比如北京红丹丹教育文化交流中心、北京富平家政学校和采桑子文化艺术发展中心等，而大多数创立于2005年以后。

4. 北京市社会企业的工作领域

陈吉（2012）的研究认为，截至2012年，大部分北京市社会企业还是在传统的非营利部门，以教育、文化、社会服务为主要行业，服务对象是残

障儿童、老人、外来打工者等弱势群体。

岳金柱、杨柏生、冯瓅（2018）的研究认为，北京市社会企业业务领域呈多元化发展趋势，涉及家政服务、教育培训、养老服务、助残服务、农业合作社等领域。

5. 北京市社会企业的运行管理

陈吉（2012）的研究重点关注北京市社会企业的财务管理、人力资源管理和营销管理状况。首先，2012年之前，在财务管理方面，多数社会企业没有建立必要的财务管理制度，或者执行率低，且多数没有公开财务信息。其次，在人力资源管理方面，北京市社会企业的员工结构相对合理，具体表现为员工数量虽然不多，但年轻化程度明显、员工专业结构合理、专业素质高。然而，北京市社会企业普遍对志愿者管理不足，如未建立志愿者数据库、对志愿者的作用和工作任务认知不清、未对志愿者进行培训和激励等。最后，社会企业在市场营销方面比传统非营利组织开展了更多更有效的积极尝试。例如，采取多种手段宣传推广、进行一定的市场细分、实施差异化定价等。

此外，还有一些关于北京市社会企业运行管理的个案研究。谷隶栗（2014）的研究以"同心互惠"为案例，分析社会企业的人力资源管理、财务运营、领导团队等问题。张文学（2015）的研究以"北京天颐养老院"为案例，研究宗教背景的社会企业的运营模式，并进行了SWOT分析。

6. 北京市社会企业的挑战与机遇

陈吉（2012）的研究认为，北京市社会企业的发展挑战与机遇并存。一方面，北京市社会企业在以下几方面具备良好的发展机遇：政府初步意识到社会企业的作用；经济体制改革提供生存空间；社会需求提供发展基础；信息技术推波助澜。另一方面，北京市社会企业的发展面临如下挑战：社会组织管理体制有待完善；逐利动机影响社会企业宗旨；信任危机降低社会企业认可度；社交媒体提出问责机制新要求。

7. 北京市社会企业发展中的问题与对策

陈吉（2012）的研究认为，北京市社会企业的发展实践中出现的主要问题包括：各利益相关方缺乏共识；缺少合理的法律政策框架；社会企业创新能力有待加强。同时，该研究提出了促进北京市社会企业发展的对策，主要包括：营造良好的文化社会氛围；从政策上扶持和规范社会企业的发展；加强社会企业自身的公信力和能力建设。

黄江松、于晓静（2012）的研究发现，北京市社会企业的发展还处于起步阶段，在公众认知、政策支持、人力资源、招商引资等方面存在发展障碍，建议在以下四方面采取相应措施：大力宣传社会企业及社会企业家精神，促进多部门合作探索制度创新，提升社会企业人力资源水平，以及积极引进国内外成熟的社会企业进京落户。

岳金柱、杨柏生、冯瓅（2018）的研究认为，北京市培育社会企业虽然起步较早，但总体而言仍处于成长初级阶段。北京市社会企业发展面临如下挑战：自身建设参差不齐；社会企业理念认同度低；发展环境亟待改善；相关政策法规缺乏。同时，他们的研究为北京市社会企业的发展提出了政策建议，认为今后培育发展社会企业，要紧密结合首都经济社会发展实际，学习借鉴国内外先进经验，始终坚持目标导向、需求导向、问题导向、改革导向，加强理念创新、制度创新和方式创新，进一步强化顶层设计，健全扶持社会企业发展制度机制；进一步完善政策支持，增强社会企业自我创新能力；进一步传播理念认知，营造社会企业发展良好环境，努力形成政府主导、社会参与、重点突破、创新发展、作用发挥的新格局。

于晓静（2018）从社会企业生态系统的角度分析了促进北京市社会企业发展的可能路径，具体为：由统筹社会建设的部门牵头扶持社会企业发展职能，协调相关政府部门和工会、共青团、妇联、残联等枢纽型社会组织，为优化社会企业发展的政策环境提供组织保证；开放公共服务市场，探索政府与社会企业合作新模式；针对社会企业发展的不同领域、不同阶段，给予不同类型的精准扶持，提高社会企业发展效益；促进社会企业投资机构、研究机构、支持机构的多元合作，完善社会企业生态系统。

（三）研究目标

现有文献为我们了解北京市社会企业的发展实践提供了坚实的基础。然而，现有研究尚存在以下几点不足。其一，总体而言，关于北京市社会企业发展现实关键问题的判断和结论，并非来自实证研究，缺乏系统、科学的经验数据基础。其二，在为数不多的经验研究中，多数属于案例研究或者基于二手数据（统计年鉴、新闻报道等），缺乏一手数据的有力支撑。其三，尽管现有研究时间跨度较大（覆盖2011~2018年），但对于北京市社会企业最近几年的发展现状与最新趋势缺乏充分细致的分析。其四，社会企业属于地域性显著的研究领域，在整个研究过程中需要密切关注北京市社会企业的特点与特色，然而目前这方面的研究乏善可陈。

本研究力图弥补现有研究的上述不足，试图实现下列研究目标。

第一，围绕北京市社会企业发展实践的关键问题开展问卷调查，以全面、系统、准确的一手数据为基础，对北京市社会企业的发展现状与最新趋势进行全景扫描。

第二，密切关注北京市社会企业的发展实践，开展比较研究，突出北京市社会企业发展实践的特点。

第三，基于经验研究结论形成政策建议，促进北京市社会企业支持体系的建立与完善，助力北京市社会企业的健康可持续发展。

（四）研究方法

本研究主要采取问卷调查和二手数据分析相结合的研究方法。

1. 问卷调查

问卷调查的数据主要基于"社企论坛"开展的"2018年中国社会企业调查"。该调查是社企论坛于2018年初启动的"中国社会企业与社会投资行业扫描调研"项目的重要组成部分。该调查由社企论坛委托北京师范大学社会发展与公共政策学院企业社会责任与社会企业研究中心、恩派公益组织发展中心、清华大学公共管理学院创新与社会责任研究中心以及电子科技大学慈善与社会企业研究中心于2018年共同开展完成。

"2018年中国社会企业调查"由北京师范大学社会发展与公共政策学院企业社会责任与社会企业研究中心负责设计，问卷设计广泛参考了英国社企联盟（SEUK）以及国内外其他行业组织和学术机构的相关报告与研究。同时，社企论坛及其他三家合作单位参与了问卷内容的修订和完善。

社会企业调查问卷分为组织概况、市场运营、绩效评估、融资情况、组织治理、支持体系六部分内容，共计67个问题。问题类型形式多样，包括单选题、多选题、量表题等。为了尽量保证收集数据的客观性、真实性和全面性，多数问题设计了"其他"项，可供参与调研的社会企业根据组织运营的实际情况填写具体信息。

问卷中所有问题的数据采集截止点为2017年12月31日，其中少数以年度为数据采集周期的问题（如服务对象总量、收入总额、客户总量、财务状况等问题），在问卷中特别标明了采集数据时间为2017年度。

问卷调查采取"便利抽样"（convenience sampling）的抽样方法，回收社会企业调查问卷388份，有效样本为371份。最终用于本报告数据分析的北京市社会企业样本共计124份。尽管调查无法实现随机抽样意义上的样本代表性，然而这些样本已充分显示了与社会企业研究主题的相关性，同时在总体上覆盖了国内社会企业的典型类型。在有效样本中，来源比较集中的社会企业主要有英国文化教育协会（BC）"社会企业"项目学员及获奖机构、社企论坛成员、社企论坛社企奖获奖及申报机构、中国慈展会认证社企、社企领域民间机构推荐的机构，以及北京相关政府部门推荐的机构等。问卷调查的方法流程细节如表1所示。

表1　问卷调查方法概要

抽样方法	目前国内并不存在关于社会企业的法律定义以及官方发布的社会企业认证体系，因此社会企业的"总体"无法确认，从而无法实现严格意义上的随机抽样。鉴于此，调查采取"便利抽样"的抽样方法 为最大限度保证样本的相关性和代表性，抽样时充分挖掘社企论坛和各个参与团队历年来在社会企业和社会投资领域积累的资源，在调研初期形成了1份超过1000家社会企业的调查备选名单。该名单中的社会企业主要包括获得认证的社会企业、社会企业领域的获奖机构、英国文化教育协会（BC）"社会企业"项目学员及获奖机构、调研团队在社会企业领域的合作机构等

续表

问卷发放填答	问卷通过在线数据平台"金数据"进行发放、填答、回收
数据分析	SPSS 软件分析
数据报告	关于本报告中出现的百分比数值,由于在数据清理过程中对原始数据进行了四舍五入的处理,部分数据的总和大于或小于100%。由于很多问题是多选题,因此出现部分数据的总和大于100%

2. 二手数据

研究过程中,课题组同时收集了大量关于北京市各类社会企业发展实践的二手数据。主要包括以下几类:

①有关各类社会企业的统计年鉴、政府统计公报、行业发展报告等;
②各类社会企业、社会企业平台型机构的网站、微信公众号等;
③关于北京市社会企业典型案例的媒体报道、学术文献等。

二 北京市社会企业的主要类型

(一)社会企业的类型分析

依照不同标准对社会企业进行分类,是勾勒社会企业基本特征、描述其发展状况的基本方法。以东亚国家与地区社会企业的研究为例,社会企业的发展起源、法律形式、组织使命(尤其是社会目标)、运作模式等方面成为许多国外学者类型分析的重点(Yu,2011)。其中,雅克·迪夫尼和金信阳的东亚社会企业跨国比较研究十分具有代表性,他们将东亚国家与地区的社会企业发展模式分为五类:商业化的非营利组织、就业整合类社会企业(WISE)、社会合作社、非营利-营利组织间的合作以及社区发展类社会企业(Defourny and Kim,2010)。

基于现有研究,同时考虑到中国社会企业发展过程的复杂性,学者认为中国社会企业的类型学分析至少应该关注发展起源、社会使命、组织性质、法律身份、运营模式五个维度(Yu,2011)。

第一，从发展起源的角度来看，目前中国的社会企业可以分为四类，分别受到来自政府、非营利部门、市场部门以及国际社会多种力量的驱动，主要表现为公共福利体系的民营化和社会化改革、非营利组织的市场化、企业社会责任与公益创投、跨界合作（在公私部门、营利与非营利部门间）以及国际合作。

第二，就社会使命而言，可以分为五类，包括就业、社会照料、扶贫、医疗和教育发展。

第三，按照组织性质来区分，可以分为非营利性组织、营利性组织和营利－非营利混合组织。

第四，依照法律身份分类，可以分为民办非企业单位、农民专业合作社、社会福利企业、民办教育机构和商业企业。

第五，社会企业可以依据其运作模式进行分类。运作模式表明社会企业用于创造社会价值和经济价值的方式，同时取决于社会企业的经济与社会使命、市场动态、客户需求或能力以及所处的法律环境。目前，中国社会企业所采用的运作模式主要包括有偿服务、服务补贴、公平贸易、企业家支持（如小额贷款）、提供就业以及合作社模式。

（二）北京市社会企业的类型分析框架

目前，北京市社会企业的发展实践丰富，在社会企业的发展起源、社会使命、组织性质、法律身份、运营模式等维度上都具有多样性和复杂性。本研究将主要基于社会企业的"法律身份"和北京市关于社会企业的"准官方"定义[①]中对社会企业典型特征的描述对北京市社会企业进行分类。其中，"法律身份"是指社会企业依照相关法律政策进行登记注册时采取的正式的组织身份；"社会企业典型特征"包括具有社会目标导向、持续的商业运营以及可测量的社会绩效。基于以上两个分类标准将北京市社会企业分为

---

① 该定义中，社会企业是指以优先追求社会效益为根本目标，持续用商业手段提供产品或服务，解决社会问题、创新公共服务供给，并取得可测量的社会成果的企业或社会组织。

以下八类。

1. 市场化运营的民办非企业单位（现为社会服务机构）。
2. 农民专业合作社。
3. 社会福利企业。
4. 工商注册的社会组织。
5. 社会企业化转型的慈善超市。
6. 追求社会使命的商业组织。

  6-1. 小额信贷机构；

  6-2. 公平贸易组织；

  6-3. 通过认证的共益企业。

7. 承担社会责任的商业企业。
8. 混合型社会企业。

为了更加清晰地呈现北京市各类社会企业的总体特征，我们围绕社会企业的使命导向和发展程度两个维度为北京市各类社会企业的发展状态绘制了光谱图。其中，"使命导向"是指社会企业追求的核心组织目标，分为社会使命导向与商业使命导向两极；"发展程度"是指社会企业目前的发展规模与绩效，分为5级（1=小规模、绩效不显著，3=中等规模、绩效适中，5=大规模、绩效显著），发展程度取决于社会企业所处的法律制度环境、所处的社会与文化环境、各类资源可及性、社会需求、行业成熟度与竞争性等因素。北京市各类社会企业的发展现状如图1所示。

（三）北京市不同类型社会企业的发展概况

1. 市场化运营的民办非企业单位（现为社会服务机构）

民办非企业单位（以下简称"民非"）前身为民办事业单位，是我国事业单位改革的产物，首次出现于1996年中共中央办公厅、国务院办公厅发布的《关于加强社会团体和民办非企业单位管理工作的通知》（中办发〔1996〕22号）（李宁，2017）。

1998年10月，国务院颁布《民办非企业单位登记管理暂行条例》（以

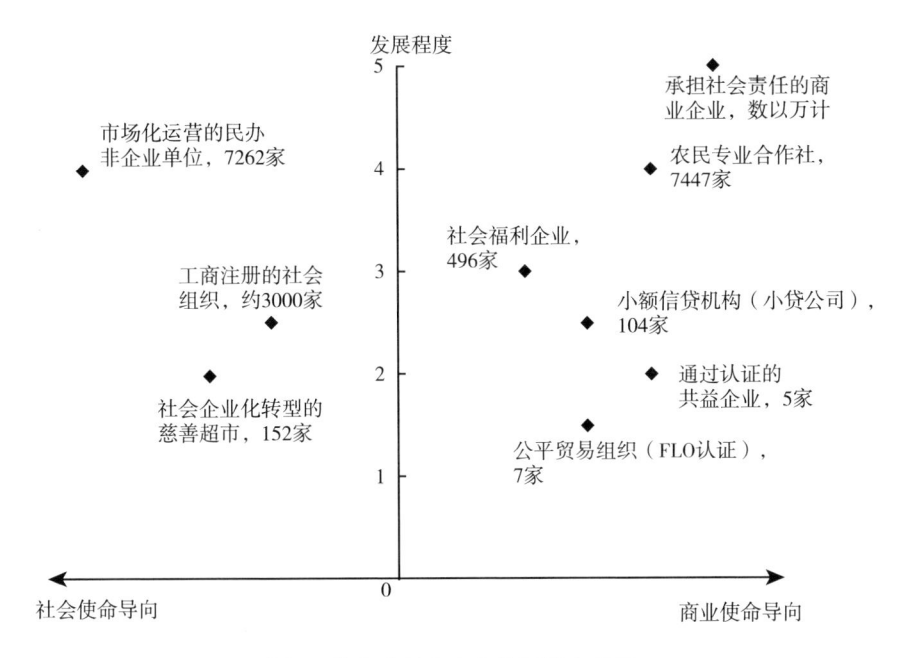

图 1 北京市社会企业发展状态光谱

下简称《民非条例》),将民非界定为:企业事业单位、社会团体和其他社会力量以及公民个人利用非国有资产举办的,从事非营利性社会服务活动的社会组织。在民政部门登记的非营利性民办学校、民办医院、民办养老院、民办博物馆、民办社会工作机构等组织,都属于民非(程楠,2016)。作为社会服务体制改革的探路者和先行者,民非积极提供公共服务,配置社会资源,在一定程度上填补了政府公共服务的空缺。

《民非条例》颁布实施以来,民非组织数量以每年大约10%的速度增长,成为我国发展最快的一类社会组织。截至2017年年底,全国共有民非组织40.0万个,占社会组织总数的52.5%,其中,教育类21.7万个,社会服务类6.2万个,卫生类2.7万个,文化类2.1万个,体育类1.8万个,科技服务类1.6万个,工商业服务类3652个,法律类1197个,生态环境类501个,宗教类115个,国际及其他涉外组织类15个,其他3.0万个(民政部,2018)。

近年来,许多专家学者、社会组织从业人员都建议对民非的名称进行调整,认为现有名称在20世纪90年代适用于笼统概括各类民办社会事业,但随着民非组织的发展路径和特点越来越清晰,应当在法律法规修订过程中进行重新命名(程楠,2016)。2016年3月16日,第十二届全国人民代表大会第四次会议通过了《中华人民共和国慈善法》,其中第8条规定:"慈善组织可以采取基金会、社会团体、社会服务机构等组织形式。"慈善法所称的"社会服务机构",对应的就是在民政部门按照《民非条例》登记的民非组织。由此,"民非"正式更名为"社会服务机构"。2016年5月26日,民政部发布《社会服务机构登记管理条例》(《民办非企业单位登记管理暂行条例》修订草案征求意见稿)。2017年3月15日,第十二届全国人民代表大会第五次会议通过了《中华人民共和国民法总则》,根据该总则第87条第2款规定,社会服务机构属于非营利法人(李宁,2017)。

然而,"社会服务机构"代替"民非"的法律与政策文本变化,并不意味着现实中已经注册为民非的组织均等同于社会服务机构。2016年11月7日修订后的《民办教育促进法》第19条规定"民办学校的举办者可以自主选择设立非营利性或者营利性民办学校"。这意味着原本属于法人型民非单位的民办学校由非营利法人逐渐分化为非营利性民办学校与营利性民办学校。从民办学校中可窥见一斑,其他类型的民非组织也存在诸多问题,有学者认为分析民非的实际财产属性将是民非类型化的重要工具(李宁,2017)。

作为国内最接近社会企业的法人形式,民非的非营利性质确保机构的公益宗旨,并可开展市场运营。然而,民办出资人没有财产权,不能分红、不能转让、不能贷款、不能开办分支机构,上述因素构成民非转型为社会企业的制度阻碍(岳金柱、杨柏生、冯瓅,2018)。

过去十多年间,北京市的民办非企业单位增长迅速。如图2所示,2000~2018年,北京市注册的民非数量由2000年的34家,上升为2018年的7262家,增长了213倍。

北京市民非组织的业务领域比较广泛,教育类、社会服务类是民非的主要类型。如图3所示,以2017年的数据为例,在北京全市6969家民非单位中,教育类有3088家(占44%)、社会服务类有1705家(占24%)。

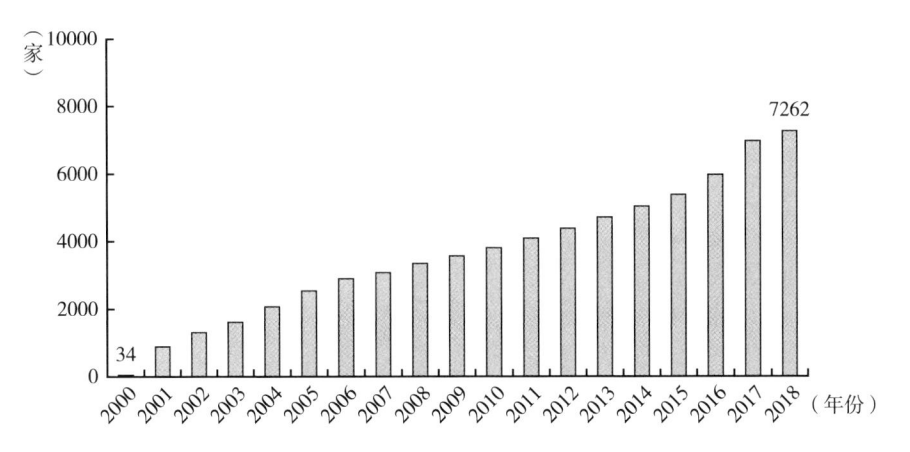

图 2 北京市民办非企业单位数量（2001~2018年）

数据来源：历年《北京市民政事业发展统计公报》。

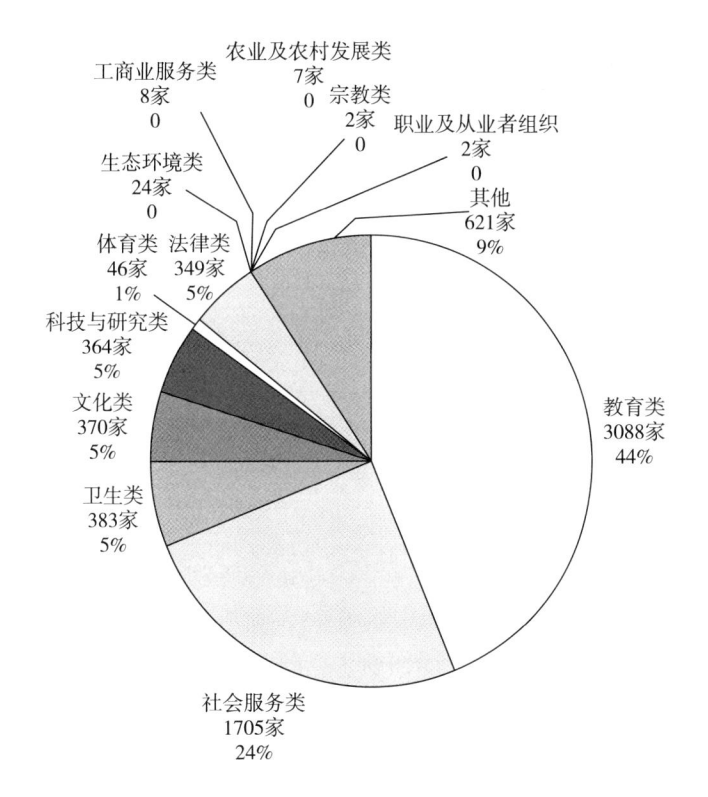

图 3 2017年北京市民办非企业单位的类型分布

数据来源：2017年《北京市民政事业发展统计公报》。

然而，并非所有民非组织都是社会企业。结合北京市社会企业的"准官方"定义中对"持续用商业手段提供产品或服务"的特征的强调，笔者认为只有具有持续进行市场化运营并由此产生收入的民非才属于社会企业。然而，目前官方公布的关于民非组织的统计数据，不足以分析"市场化运营的民非"的规模与特征。

2.农民专业合作社

长久以来，以合作社形式存在的社会企业在许多欧美国家占据重要地位，其类型也多种多样，主要有工人合作社、农民合作社、消费者合作社、信用合作社、住房合作社等（Bengtsson and Hulgard，2001；Borzaga，et al，2014）。传统的合作社是一种互助性组织，主要服务于特定会员的利益而非一般性的社会利益。20世纪90年代以来，许多欧美国家在法律政策层面普遍倾向于强调合作社的社会属性，很多国家以立法形式倡导合作社更多关注和解决社会问题。1991年，有关"社会合作社"（social cooperative）的法律首先在意大利出台，至2009年，至少有14个欧洲与北美国家通过了有关社会合作社的法律，而亚洲国家中的日本和韩国也相继颁布了相关法律（Borzaga，et al，2014）。

我国的合作社以服务三农的新型农村合作经济组织为主，此外城市中也出现了住宅合作社、信贷联社等合作社形式（丁开杰，2007）。新型农村合作经济组织是指在农村家庭联产承包经营和土地承包制度的基础上，农业生产各环节的当事人，在技术、信息、资金、购销、加工、贮运等环节开展互助合作，自愿联合、民主管理的互助性经济自治组织（欧继中，2010）。

2007年以来，《农民专业合作社法》的实施为农民专业合作社的发展提供了坚强的法制保障。十多年来，我国农民专业合作社数量持续快速增长。根据国家市场监督管理总局（原国家工商行政管理总局）的数据，2007年年底全国在工商系统登记的农民专业合作社2.64万家，截至2018年年底突破217.3万家，增加了80多倍，目前平均每个行政村有3~4家农民专业合作社（孔祥智，2018；苑鹏、曹斌、崔红志，2019）。

自2007年《农民专业合作社法》实施以来，北京市的农民专业合作社迅速发展。如图4所示，2006~2017年，根据北京市工商行政管理局公布的统计数据，北京市农民专业合作社数量由2006年的481家，增长为2017年的7447家，增长了14.48倍。

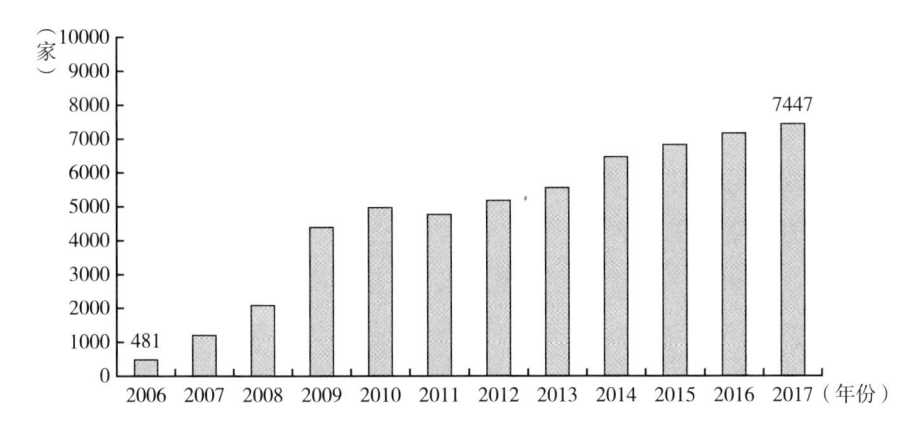

图4　北京市农民专业合作社数量（2006~2017年）

数据来源：北京市工商行政管理局统计数据。

北京市农业农村局网站的相关资料显示，截至2017年年底，北京市10个郊区合作社已经达到6409家，比2006年的1308家多了5101家，合作社入社成员总数达到21.4万户，资产总额达到76.9亿元，总收入达到48.6亿元，实现盈余6.9亿元，盈余返还总额达到2.3亿元，未分配盈余1.2亿元，成员户均纯收入8万元。在10个远郊区中，合作社数量排在前三位的分别为密云区、平谷区和怀柔区（刘驰、李瑞芬、田金玉，2019）。北京市登记注册的农民专业合作社的经营范围主要涉及养殖、种植、农业科技服务、农产品加工、民俗旅游等产业（岳金柱、杨柏生、冯瓅，2018）。

一方面，北京市农民专业合作社的迅速发展为增强农村经济活力、促进农民增收做出了巨大贡献。合作社业务领域不断拓展，极大地推进了农业生产标准化和农产品品牌化经营，有效地提高了农产品质量安全水平，增强了市场竞争能力；农民专业合作社，成为以农民为主体的农业产业化经营新模式的主力军、增加农民收入的有效途径、农民家庭经营收入增加的主渠道以

及农村农业政策贯彻落实的主要抓手。据调查,从事同一类农产品生产的农民,参加合作社的相比没有参加合作社的,年经营收入要高出20%左右,许多示范合作社农民增收比例更大(萍之,2012)。

另一方面,现有研究发现北京农民专业合作社在规模增长、规范化管理、组织治理等方面还存在一些缺陷,有待完善。北京市农村经济研究中心产业经济处的研究表明,北京市农民专业合作社总体上仍然处在初级发展阶段,存在经营规模偏小、经济实力较弱、产业链条较短、服务层次较低、带动能力还不强等问题,特别是由于合作社登记门槛较低,造成没有活动内容的"微小社"和"空挂社"占有相当比例,在财政资金、信贷资金、产业项目、科技项目等方面的扶持还有待加强(萍之,2012)。首先,在合作社规模上,成员数100~500人的合作社占绝大多数,而成员数达到500~1000人的合作社仅占0.83%。从工商部门登记注册的情况看,单个农民专业合作社履行登记注册手续的社员数量平均只有26人(吕娜,2016)。其次,产业链较短,产品深加工程度低。北京市农民专业合作社总体上仍以种植、养殖等第一产业为主。据统计,2015年在全市注册的6744个合作社中,种植类和养殖类的合作社分别为4006个和1488个,两者占到注册合作社总数的81.5%(吕娜,2016)。截至2017年年初,北京市仅有5%的农民合作社进行农产品的深加工,大多数合作社以提供初级农产品为主,而初级农产品价格低,受市场行情影响较大(车红莉,2018)。再次,合作社内部治理机制不够规范,运行管理水平有待提高。北京市一部分农民专业合作社民主管理制度不健全,"一人一票"的表决权流于形式,合作社中存在少数人控制、监督不力,违背合作社的基本原则;合作社产权模糊,导致合作社公共积累制度、分配制度以及退社规定比较混乱,不利于合作社的健康发展;盈余分配机制尚不够规范(吕娜,2016)。民主治理流于形式,有58%的合作社存在"重大问题决策的社长代理制"现象,没有严格执行重大决策的社员大会表决的途径,而是采取事后说明或社员分红大会总结时顺便说明的方式(李志荣,2011)。复次,由于《农民专业合作社法》对社员出资没有作出规定,有相当一部分社员出资很少或不出资，导致合作社经济实力不强，内部利益连接机制也不紧密（吕娜，2016）。一般合作社农民出资户均20元（占合作社总量的80%），导致社员的资金收益低，分享规模效益带来的利益有限（李志荣，2011）。最后，农民合作社品牌化建设不够。据统计，截至2017年年初，北京市仅有5.8%的农民合作社注册了商标，仅有12.4%的农民合作社进行了农产品质量认证（车红莉，2018）。

3. 社会福利企业

在我国，残疾人主要有四种就业模式，即集中就业、分散按比例就业、社区就业和个体自谋职业（北京市社会福利事务管理中心社会管理创新课题组，2013）。社会福利企业是指为安置残疾人劳动就业而兴办的具有社会福利性质的特殊企业，是残疾人集中就业模式的主要形式。社会福利企业可从事商业活动，利润可分配给股东，其认定方式是，在工商部门登记后，需到民政部门申请资格认定（岳金柱、杨柏生、冯瓅，2018）。从国际比较的视角来看，社会福利企业属于一种具有中国特色的"就业整合型的社会企业"（WISE）（余晓敏等，2018）。

目前我国关于福利企业的法律规范，除了2008年修订的《中华人民共和国残疾人保障法》与2007年《残疾人就业条例》外，现行有效的部门规章有32个，其中最新的相关政策是2007年民政部颁布的《福利企业资格认定办法》（以下简称《认定办法》）。《认定办法》第二条规定，福利企业是指依法在工商行政管理机关登记注册，安置残疾人职工占职工总人数25%以上，残疾人职工人数不少于10人的企业（王波，2017）。

福利企业最早出现在20世纪60年代，主要是由政府与集体举办。到80年代，不少大中型国营企业也开始举办福利企业，主要用于安置伤残职工以及残疾职工子弟。进入90年代以后，为适应经济体制改革的要求，福利企业纷纷与政府部门脱钩，实行股份制经营，实现了投资主体多元化（丁开杰，2007）。

在市场经济条件下，社会福利企业的发展面临种种困境。一方面，多数社会福利企业属于劳动密集型产业，由于企业规模小、设备简陋、技术陈

旧、资金缺乏、产品落后、管理人员和生产人员素质偏低等原因，相当数量的社会福利企业因无法适应迅速变化的市场形势而在竞争中处于劣势地位。另一方面，社会福利企业不仅要为残疾人提供就业机会，还要满足残疾人工作时的某些特殊需要，如无障碍设施的建设、辅助工具的提供等，这些都势必会造成社会福利企业非生产性成本的增加，导致利润率进一步降低（汪洋，2012）。

伴随市场经济改革的深入，从20世纪90年代后半期开始，社会福利企业面临减员增效压力，企业数量和雇用残疾职工人数逐步下降（余晓敏、赖佐夫，2012）。在1995年至2006年之间，社会福利企业数量由6万个下降到3万个，残疾职工数量也由94万人减少至56万人。

2007年7月，新的福利企业税收优惠政策，即《关于促进残疾人就业税收优惠政策的通知》（财税〔2007〕92号）正式发布，国家对福利企业的扶持方针进行了重大调整（汤潇，2015）。新的福利企业认定办法和税收优惠政策，对强化残疾职工的社会保障、规范企业财税制度起到了非常积极有效的作用。然而，新政在彻底放开福利企业的所有制限制的同时，并未对福利企业参与市场竞争所面临的特殊困难给予足够的制度关照，结果导致了又一轮福利企业的大规模缩减（汤潇，2015）。在2007年至2015年之间，福利企业数量由2.5万个下降到1.5万个，残疾职工数量也由56万人减少至43万人。

2016年10月，民政部印发《关于做好取消福利企业资格认定事项有关工作的通知》，决定自通知发布之日取消福利企业资格认定事项。该通知提出，省级民政部门要全面分析本地区福利企业工作现状，周密部署，统筹制定并指导实施本地区福利企业制度改革方案；做好已认定福利企业的宣传解释工作，妥善处理配套政策调整及相关后续事宜，要继续推进民政部门兴办的残疾人集中就业单位改革。

北京市福利企业曾在20世纪90年代初期达到发展的高峰，1997年福利企业总数达到2322家（汪洋，2012）。北京市直属福利企业绝大多数都具有较长的发展历史，有些是成立于20世纪50年代的老牌企业，还有一些通过自我发展成为具有较强社会影响力的明星企业，比如历史上的大宝化妆品有限公司和北京市橡胶五金厂、中华乌鸡精厂，以及现在的大宝日用化学制品厂、亚美日化厂等。因此，尽管社会福利事业改革不断深化，残疾人的就业渠道日益拓宽，但北京市直属社会福利企业不仅仍是残疾人集中就业的主渠道，而且对区级社会福利企业发挥着示范、引领和辐射作用（北京市社会福利事务管理中心社会管理创新课题组，2013）。

20世纪90年代中后期以来，随着市场竞争逐步加剧，北京市社会福利企业的经营状况日益恶化。如图5所示，社会福利企业的规模逐年缩小，社会福利企业的数量由2003年的1659家，减少为2016年的496家；残疾职工人数由2003年的18623人，减少为2016年的9080人。截至2015年年底，北京市有社会福利企业528家，同比下降8%，年末职工人数23936人（其中残疾职工9649人）。社会福利企业增加值为10.76亿元，年末固定资产38.28亿元，纳税总额2.09亿元（北京市民政局，2016）。

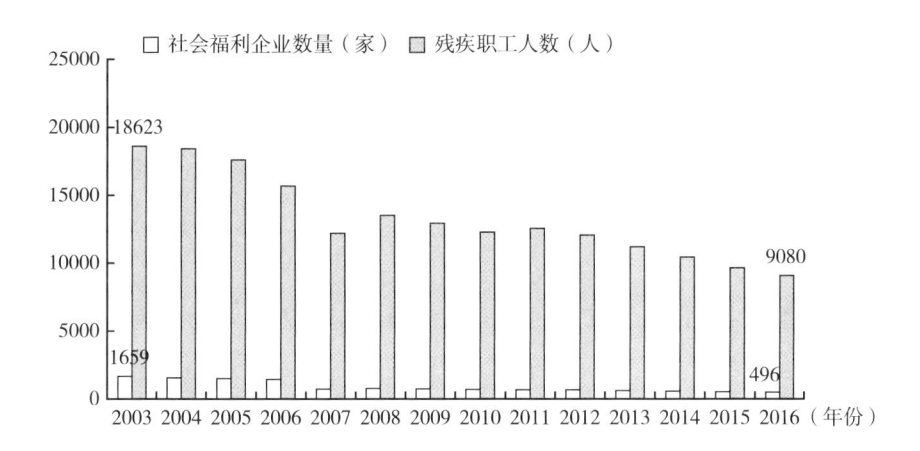

图5　北京市社会福利企业数量及残疾职工人数变化（2003~2016年）

数据来源：历年《北京市民政事业发展统计公报》。

2016年12月29日，北京市民政局发布《关于做好取消福利企业资格认定事项有关工作的通知》，决定废止《关于印发〈北京市福利企业资格认定办法〉的通知》（京民福企发〔2007〕396号），并取消福利企业资格认

定事项。

4. 工商注册的社会组织

工商注册的社会组织是指按工商企业形式登记注册，但主要从事各种非营利性社会活动的民间组织。这类组织出现的原因在于现行民间组织的相关法规和登记管理体制所设定的门槛过于严苛，致使一些公民难以通过登记注册成立民间组织，转而采取工商企业的形式（王名，2008）。

目前，采取工商注册形式的社会组织的具体数量无法通过官方公布的数据确认。但学者曾经进行过大概的估算。早在2003年，清华大学NGO研究所所长王名教授认为，整个中国的民间非营利部门总体规模在30万家到50万家以上，超出政府统计数字（23万余家）的，是那些受现行政策限制难以进行合法登记而采取工商注册形式的各种非营利草根组织（李江涛、李宾、郝成，2013）。

同样，并非所有工商注册的社会组织都是社会企业。大部分工商注册的"准社会企业"只具有社会企业的部分特点，而未将社会使命、限制利润分配、内部治理机制等加以制度化，纳入组织章程（岳金柱、杨柏生、冯瓅，2018）。结合北京市社会企业的"准官方"定义，笔者认为工商注册的社会组织只有具有如下三个特征才可能被识别为社会企业，即以优先追求社会效益为根本目标，具有持续的市场化运营活动并由此产生收入，以及取得可测量的社会成果。

据学者估计，目前北京市在工商局注册登记的以公益为宗旨的企业约3000家（岳金柱、杨柏生、冯瓅，2018），但其中有多少具备社会企业的典型特征从而属于"工商注册的社会组织"这种社会企业类型，有待进一步获取更多相关数据进行验证。

5. 社会企业化转型的慈善超市

过去十年间，在民政部门的推动下，"慈善超市"开始发展。根据民政部在相关政策中的定义，慈善超市是以社会公众自愿无偿的社会捐助为基础，借助超级市场的管理和运营模式，为困难群众提供物质帮助的公益慈善机构（民政部，2013）。这类慈善超市的主要"业务"是面向低保户和低收入家庭低价销售或免费发放社会捐赠物品,"顾客"可以采用凭券、凭卡领物等方式对所需要的物品进行挑选(徐西莹,2013)。

北京首家慈善超市2003年诞生于朝阳区高碑店。慈善超市初期脱胎于民政部门建在社区的各种救助站,最初的定位是满足捐赠者和受赠者之间双向需求的平台。它直接受街道办事处领导,不对社会公众开放,资金主要依靠政府的专项拨款和社会捐赠,服务的对象和内容相对单一,并采取行政化的层级运作模式(张晓兰,2015)。如图6所示,2004~2016年,北京市慈善超市的数量由2004年的19家,增长为2016年的152家。其中,2004~2009年是迅速增长期,2010~2013年基本持平,而在2014~2016年出现小幅下滑。

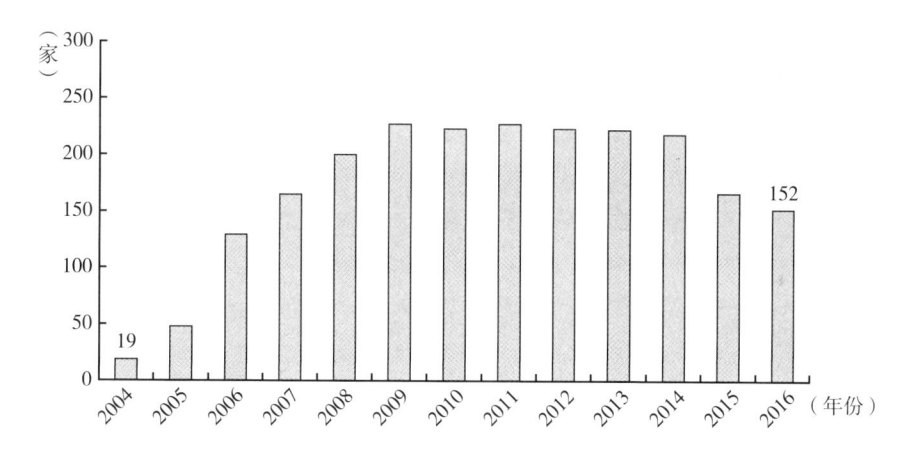

图6 北京市慈善超市数量(2004~2016年)

数据来源:历年《中国民政统计年鉴》。

2008~2018年,北京市慈善超市先后经历了市场化改革和社会企业转型。2008年,北京市慈善超市开始市场化改革,并通过与社会组织合作来降低成本和提高超市的自我造血功能(张晓兰,2015)。2009年曾引入货栈网运营慈善超市,但货栈网本身的定位是第三方物流平台,运营并不是它的强项,在坚持了3年后,最终于2012年初黯然退出。慈善超市曾因定性定位模糊、募集能力弱、运营成本高、经营能力低等问题而发展滞缓,甚至大

批倒闭关门（洪治，2016）。

2011年正值"社会企业"概念引入我国，慈善超市的发展看到了新的希望。2011年10月，北京市慈善超市发展协会注册成立，并在工商局登记注册了北京市爱心超市管理有限公司，负责慈善超市的具体运营工作，由此开始了慈善超市的社会企业化模式的转型探索（张晓兰，2015）。2013年9月，北京市民政局《关于进一步深化慈善超市创新建设的指导意见》出台，明确了慈善超市社会化管理和运营的发展方向，以及功能定位，强调了民政部门退居幕后监管推动的职能转变，最重要的是确定了慈善超市与公司指导和运营管理的地位（洪治，2016）。

如图7所示，北京社会企业型慈善超市的运营模式包括政府、协会、企业等多元参与方，具有如下特征。一是市和区民政部门负责出台相关管理意见和指导措施，并提供资金支持。二是北京市慈善超市管理协会统筹管理，

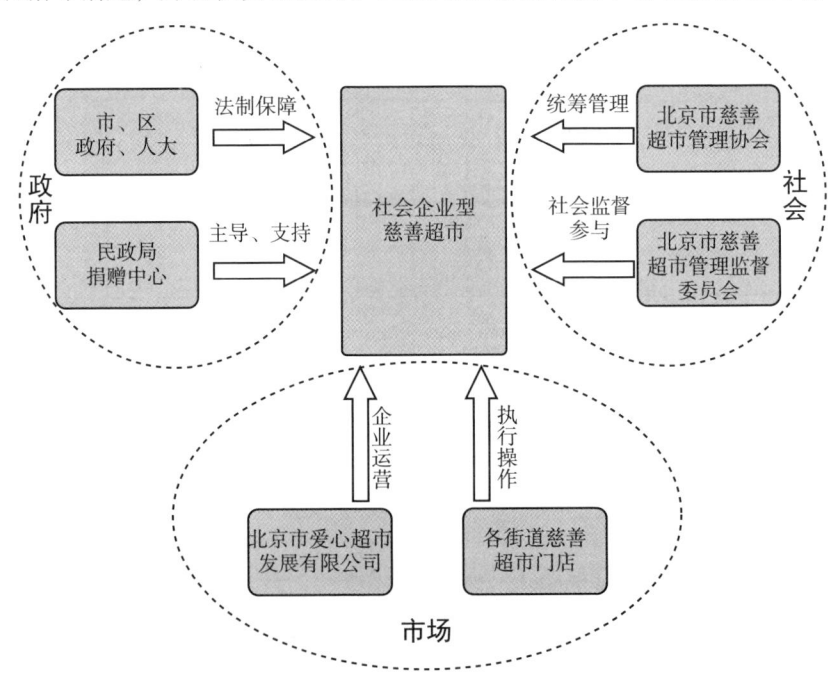

图7 北京市社会企业型慈善超市的运营模式

资料来源：张晓兰，2015。

负责慈善超市创新项目理论研究、文化指导、动员宣传和人员培训，为慈善超市创新项目的实施提供指导建议，负责运营模式设计、方案制定、信息收集等。三是北京市爱心超市发展有限公司作为社会企业，受北京市慈善超市管理协会委托，负责慈善超市项目的具体运营和管理。通过引进市场化机制，对全国社会捐助站点和慈善超市进行联网改造，实现统一品牌、统一管理、统一培训、统一配送、统一服务的连锁型经营模式，实现了自我造血功能。四是慈善超市门店作为项目执行层和一线服务窗口，为辖区居民提供各类公益服务。五是吸收人大代表、政协委员、专家学者、社区居民代表、媒体代表等组建社会监督委员会，对慈善超市进行全程监督。六是政府和人大在制度架构和政策上对慈善超市进行定位并提供法律保障。

6. 追求社会使命的商业组织

追求社会使命的商业组织，是指具有社会和商业双重使命的组织。"社会企业光谱学派"的代表性学者 Kim Alter 将这类组织定义为"socially responsible business"，主要是指追求社会和商业双重使命的营利性企业。这类企业中决策受商业动机驱动的程度以及用于社会使命实现的利润比例各不相同（Alter，2010）。"社会企业动物园学派"的代表人物美国的 Dennis R. Young 教授将这类社会企业定义为"social business"，这类组织试图在实现营利的同时追求社会使命，在现实中具有多种组织形式，包括：其所有者公开宣称追求社会与商业使命平衡的传统营利性企业；在其组织章程或其他法律文件中声明追求社会与商业使命平衡的社会企业新兴法律形式，例如"低利润有限责任公司"（Low-profit Limited Liability Company，L3Cs），"使命灵活的企业"（Flexible Benefit Corporations），以及"共益企业"（B Corporations）（Young and Lecy，2014）。诺贝尔和平奖得主穆罕默德·尤努斯（Muhammad Yunus）基于小额信贷领域的实践于 2011 年创立了"Yunus Social Business"，该组织致力于在全球范围内扶持和资助"追求社会使命的商业组织"（social business）的发展。Yunus Social Business 将"social business"定义为："将社会使命放在核心位置的商业企业，它以解决社会问题为重要目标，例如为穷人增收，或者为他们提供医疗、安全饮水、清洁能源等领域的服务与产

品。"（Yunus Social Business，2019）

从社会企业在北京的发展实践来看，"追求社会使命的商业组织"在北京主要有以下三种形式：小额信贷机构、公平贸易组织和通过认证的共益企业。

（1）小额信贷机构

小额信贷（microfinance）是一种以低收入人群为服务对象的小规模金融服务方式。小额信贷产生于20世纪70年代，旨在通过金融服务为贫困农户或微型企业提供自我就业和自我发展的机会，最终实现消除贫困、促进发展的目标。作为一种金融创新和社会创新，小额信贷摒弃了主流金融机构以财产抵押为贷款前提的传统金融服务模式，为低收入人群实现减贫和发展提供了必要的金融资本（Becchetti，2010b：165）。经过了几十年的发展，小额信贷逐步成为国际上普遍认可的创新性减贫与发展模式。2005年被联合国确定为国际小额信贷年。小额信贷之父、孟加拉国的"乡村银行"（Grameen Bank）的创始人穆罕默德·尤努斯教授，于2006年获得诺贝尔和平奖（余晓敏等，2018）。

目前，符合社会企业特征的小额信贷机构在我国主要分为商业性小额信贷机构和公益性小额信贷机构。其中，商业性小额信贷机构在小额信贷市场中占绝对优势地位，公益性小额信贷机构在机构数量、贷款余额、客户规模等方面都远不及前者（宁爱照、杜晓山，2015）。

商业性小额信贷机构主要包括两类。一类是我国农村金融体系中开展小额信贷业务的农村信用社、邮储银行和农业银行；另一类是近年来出现的新型农村金融机构（村镇银行、贷款公司、农村资金互助社、小额贷款公司）。根据银监会统计，到2012年9月末，全国新型农村金融机构（村镇银行、贷款公司和农村资金互助社）已经组建858家，小额贷款公司达5629家（宁爱照、杜晓山，2015）。近年来，小额贷款公司发展迅速，成为重要的商业性小额信贷机构。中国人民银行发布的统计数据显示，截至2019年3月末，全国共有小额贷款公司7967家，实收资本8293.24亿元，贷款余额9272.21亿元（中国人民银行，2019a）。

公益性小额信贷机构是中国小额信贷的先行者，其成功试点和发展促进了中国小额信贷模式的成熟和推广，推动了小额信贷行业和市场的发展。关于公益性小额信贷机构的数量缺乏准确的统计数据来源。据学者估计，2003年，全国先后有300多家公益性小额信贷机构。2005年，国际组织对公益性小额信贷机构的援助基本"断奶"，而商业融资无法投资非政府组织。受不能吸储、资金规模小等因素影响，许多公益性小额信贷机构业务规模扩大受到限制，不能有效满足客户贷款需求，有的机构还面临生存困难。内外因素困扰使得公益性小额信贷机构此后逐年减少。截至2013年，全国仅存100多家公益性小额信贷机构，这100多家机构主体由联合国开发计划署、中国社会科学院农村发展研究所、商务部中国国际经济技术交流中心、全国妇联系统和中国扶贫基金会下属的中和农信项目管理有限公司等部门系统对其进行运作指导和支持（杜晓山、宁爱照，2013；宁爱照、杜晓山，2015）。总体而言，多数公益性小额信贷机构仍无合法地位和融资渠道，机构也都是小型的，且总体上的业务量都不多、管理水平都不高（杜晓山，2013a）。一方面，我国NGO小额信贷在20世纪90年代成立初期，国际援助资金占比为71.7%，社会资金捐赠占比为6.5%，这两部分占了绝大部分资金来源，政府投入资金占比只有19.6%，商业化融资仅为2.2%。到21世纪初期，国际援助资金占比为70%，社会资金捐赠占比为10.6%，政府投入资金占比降到12.8%，基本很少有商业化融资。另一方面，我国现有的100多家NGO小额信贷机构总余额不足20亿元，不及商业银行向一家中型企业一年提供的综合授信额度，与我国现在约有1000个国家级和省级的扶贫开发重点县和近亿的贫困人口相比，更显得微不足道（周孟亮，2013）。针对公益性小额信贷机构面临的发展困境，被誉为"中国小额信贷之父"的中国小额信贷联盟理事长杜晓山提出，应该"大力提倡、宣传和支持追求扶贫和自身可持续发展'双底线标准'的社会企业型的公益性制度主义小额信贷"（杜晓山，2013b）。

北京是中国公益性小额贷款的发源地，见证了我国首批公益性信贷机构的诞生和发展。近年来，北京市的商业性小额信贷机构发展迅速。如图8所示，截至2018年年底，北京市共有小额贷款公司104家，实收资本143.2亿元，贷款余额152.4亿元。

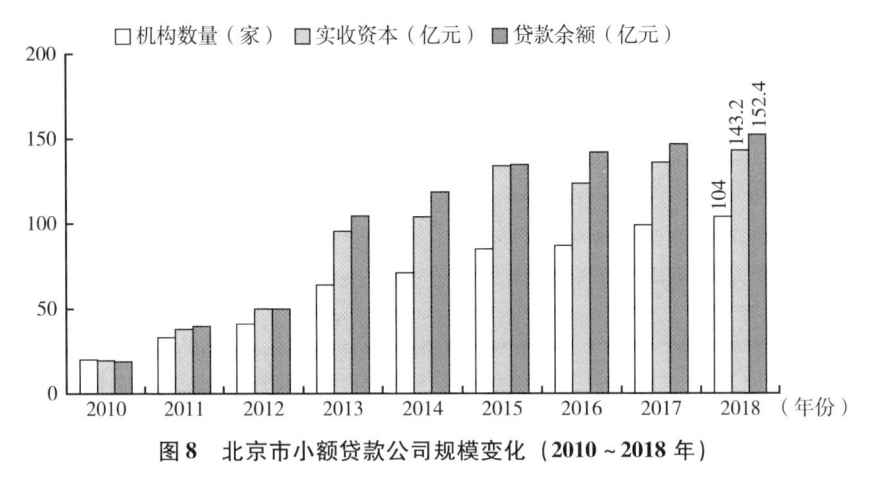

图 8 北京市小额贷款公司规模变化（2010~2018 年）

数据来源：中国人民银行，2019b。

（2）公平贸易组织

在新自由主义经济全球化盛行的背景下，在国际贸易体系中普遍存在发展中国家的生产者陷入边缘化、贫困化的问题。生产者由于难以获得直接进入市场的交易机会、缺乏有效的自组织和协调机制、在与中间商的交易中缺乏谈判能力，被迫接受不公平的交易价格和交易条件，从而持续受到贫困等一系列发展问题的困扰。"公平贸易"（fair trade）旨在通过改变商品供应链中的交易原则——提供相对稳定的采购价格、维持长期的贸易合作关系、提供信贷服务、帮助生产者能力建设等，借助发达国家消费和贸易行为来维护发展中国家处于边缘地位的生产者的权益、提升其福利，从而使国际贸易体系在整体上更好地体现经济公正和社会公平的原则（Becchetti，2010a；Hutchens，2009）。

公平贸易运动的参与主体是各种类型的"公平贸易组织"（fair trade organizations）。按照"世界公平贸易组织"（World Fair Trade Organization）的定义，公平贸易组织是遵循以下十项原则开展活动的组织：①为经济上处于弱势地位的生产者创造发展机会，即帮助贫困人口通过贸易的方式实现减贫；②透明与问责，即组织的管理和商业活动具有透明度并对组织的所有利益相关方实现问责；③开展公平贸易，即在与处于边缘地位的小生产者进行贸易交易时要考虑其社会、经济、环境福利，不能以牺牲其利益的方式追求利润最大化；④支付公平的交易价格，即通过对话和参与达成公平的交易价格，既考虑生产者的利益又具有市场竞争力；⑤确保不使用童工和强迫劳动；⑥遵循反歧视、性别平等、女性经济赋权、自由结社等原则；⑦保证提供良好的工作条件（职业安全与健康、工作时间等方面）；⑧提供能力建设服务；⑨倡导公平贸易的理念；⑩尊重环境（World Fair Trade Organization，2019）。

2001年，"江西婺源县大彰山有机茶农协会"通过了国际公平贸易标签组织（FLO）认证并获得会员资格，成为我国首家获得国际公平贸易认证的组织（王瑷嫒，2013）。

2016年，北京农研中心在全国首次开展"北京市发展公平贸易促进低收入农户增收试点工作"，并借鉴国际公平贸易的良好做法，根据我国《宪法》和《农民专业合作社法》，由北京市农民专业合作社联合会发起成立了"京合公平贸易联盟"，尝试推动这种消费者和生产者双赢的贸易方式（吕珂昕，2019）。

近年来，北京先后出现通过FLO国际公平贸易认证的组织。截至2018年7月，北京有7家机构取得FLO国际公平贸易认证。如图9、图10所示，

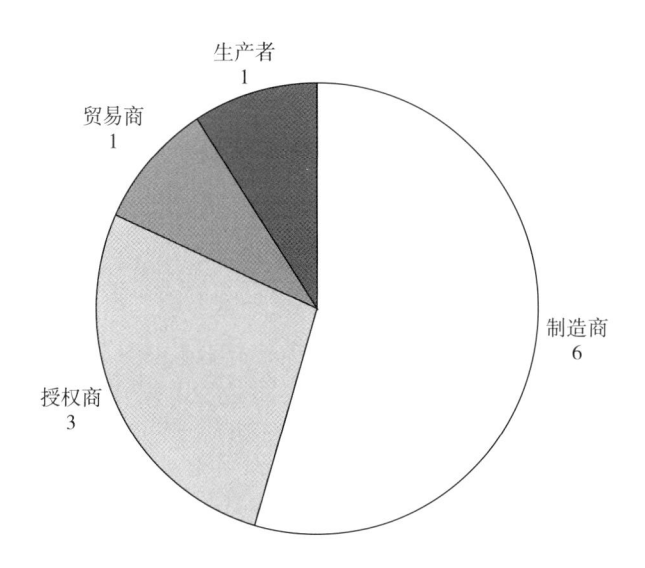

图9 北京市获过FLO国际公平贸易认证的机构：按功能划分

说明：部分机构有两种及以上的功能，因此总数超过7家。

这7家通过FLO国际公平贸易认证的组织，在国际公平贸易供应链中分别发挥制造商、授权商、贸易商、生产者的不同功能，主要分布于咖啡、茶叶、葡萄酒、可可、蜂蜜、坚果等行业。

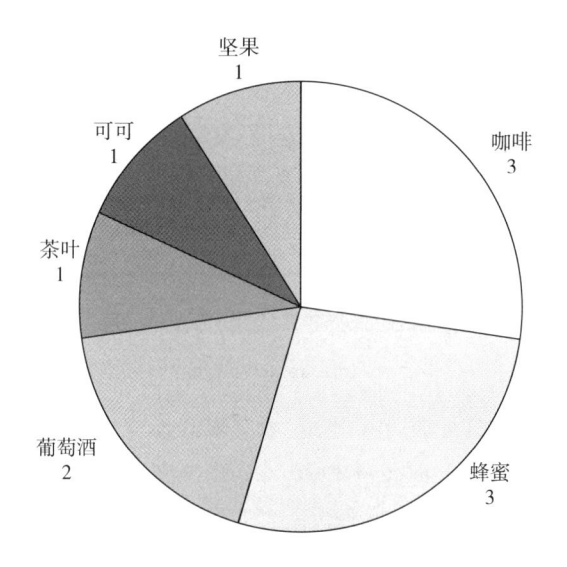

图10　北京市获过FLO国际公平贸易认证的机构：按行业划分

说明：部分机构分布于两种及以上的行业，因此总数超过7家。

获得国际公平贸易认证的公平贸易组织在当地社区产生了良好的经济与社会效益，在以下两个实例中有充分的反映。

香格里拉农场成立于2008年，是一家采购、加工、销售有机蜂蜜、有机咖啡、植物护肤品的公司。在靠近云南香格里拉的海拔800~1200米的地区，引入公平贸易购买机制，提供给农民2~5元的溢价，为每户蜂农带来每年约6300元的额外收入。截至2011年，已经帮助云南香格里拉地区1000多位农民年收入从不到3000元，提高到6000多元，并持续三年捐赠1%的盈利给云南山地遗产保护基金会（罗曙辉，2013）。2015年，香格里拉农场和一些股东，如开发金融机构、水灌溉专家、基金会及当地政府合作，设计一个基于节水技术的滴灌系统。接受滴灌项目的每户农民家庭将获得20%～30%的额外收入。滴灌项目在干旱严重的年份，会保证植物的持续产出。（香格里拉农场，2019）

阿罗科咖啡焙制（北京）有限公司于1994年成立，2013年成为经过认证的FLO公平贸易咖啡豆焙制公司。目前，公司客户已多达260多家，遍及中国众多城市，客户包括中西式餐厅、咖啡吧、酒店及公司。（阿罗科咖啡焙制（北京）有限公司，2019）

（3）通过认证的共益企业

"通过认证的共益企业"（Certified B Corporations，or Certified B-Corps）是指在社会环境绩效方面达到较高标准，并通过美国的非营利组织 B Lab 认证的企业（Chen and Kelly，2015；Vaughan and Arsneault，2018）。根据 B Lab 官网的定义，"通过认证的共益企业"是指"在社会与环境绩效、公众透明和法律问责等方面经过认证达到较高标准，从而实现商业营利与社会使命平衡的商业组织"（B Lab，2019a）。

"通过认证的共益企业"不是一种特定的企业法律注册形式，而通常是注册为传统公司形式的私营企业。与"通过认证的共益企业"不同，在美国还存在一种作为法律注册形式的共益企业（即 Benefit Corporations），它是指根据美国各种法规注册成立的兼具营利和社会使命的营利性组织（Chen and Kelly，2015；Vaughan and Arsneault，2018）。本报告中所说的共益企业是指"通过认证的共益企业"。

2016年，中国出现了首家"通过认证的共益企业"，截至2019年5月27日，中国"通过认证的共益企业"的数量达到13家，分别分布于教育、养老、健康、照明、餐饮、建筑、传媒和信息通信等行业。

2016年，北京出现了首家"通过认证的共益企业"，截至2019年5月27日，北京"通过认证的共益企业"的数量达到5家，分别分布于教育、健康、餐饮、建筑等行业（如图11、图12所示）。

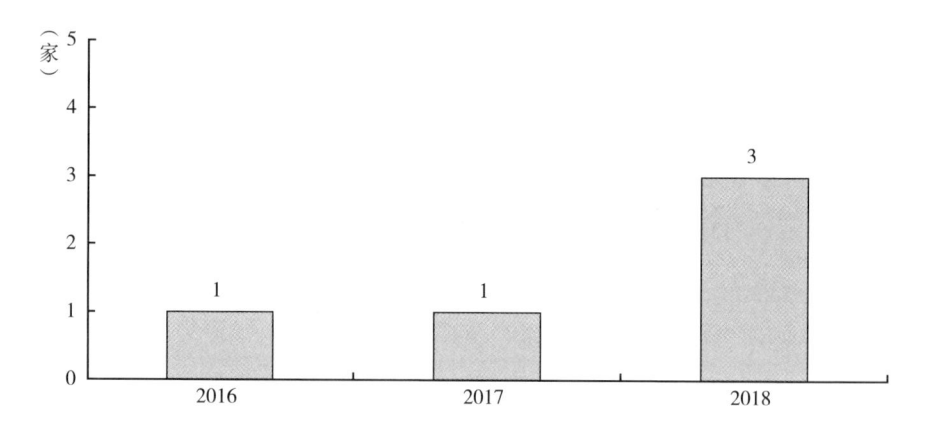

图 11　北京"通过认证的共益企业"的认证时间分布（截至 2019 年 5 月）

数据来源："B Corps CN 共益企业"微信公众号。

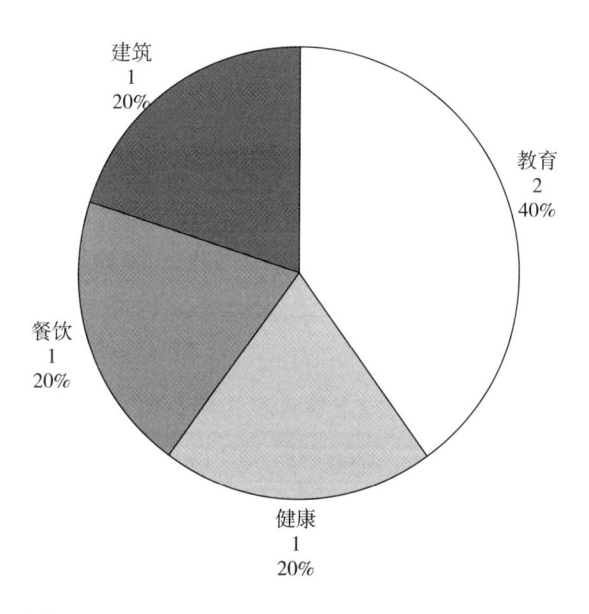

图 12　北京"通过认证的共益企业"的行业分布（截至 2019 年 5 月）

数据来源："B Corps CN 共益企业"微信公众号。

7. 承担社会责任的商业企业

由于法律、社会、文化环境不同，社会企业的定义在全球范围内存在明显的国别差异。学者发现，在美国，社会企业的定义明显比世界上的其他多数国家更为宽泛。在美国学界，社会企业被理解为呈光谱排列的一系列组织，包括创造社会价值的营利性商业组织（如强调企业慈善或企业社会责任的企业）、追求商业营利和社会使命双重目标的商业组织（混合型组织），以及开展商业活动以支持社会使命实现的非营利组织（Kerlin，2006）。美国学者在对社会企业进行分类时，将"承担社会责任的商业企业"类型的社会企业定义为，在企业社会责任、环境可持续性以及企业慈善等领域开展活动的营利性企业，这类社会企业的特征在于，尽管社会使命对于企业具有战略意义，但最终目标在于为股东实现利润最大化（Young and Lecy，2014）。

在法律意义上，"承担社会责任的商业企业"类型的社会企业与传统的商业企业的边界比较模糊。要相对准确地区分"承担社会责任的商业企业"和传统的商业企业，并且对"承担社会责任的商业企业"这类社会企业的规模和绩效进行评价，需要具备细致的操作化定义、具体的指标体系以及可靠的数据来源。由于目前这些研究条件均不具备，因此本研究难以对"承担社会责任的商业企业"这类社会企业的规模和绩效进行估算。

8. 混合型社会企业

混合型社会企业（Hybrids）是指将承担商业绩效与社会使命的不同组织整合起来所形成的新的组织。"混合型社会企业可能是由非营利组织所有的产生净收入的营利性商业机构，也可能是由营利性商业组织控制的旨在实现特定社会使命的非营利性质附属机构。尽管所有类型的社会企业一定程度上都具有混合型社会企业的特征，但最典型的'混合型社会企业'通常是具有两种及两种以上不同所有制属性（私有制/社会所有制，营利/非营利）组织类型的复合型组织。"（Young and Lecy，2014）。

从我国社会企业的发展实践来看，相当数量的社会企业属于混合型社会企业。成立时间较长、运营模式相对成熟的社会企业，更有可能发展成混合型社会企业。无论社会企业是发源于市场还是社会部门，发展到一定规模和阶段都有可能衍生出复杂的混合型组织结构，包括企业、

社会组织（基金会、社团、民非组织、社服机构等）等多种组织形式。在北京首批6家社会企业示范点单位当中，就有3家社会企业属于混合型社会企业。

石景山区乐龄老年社会工作服务中心。成立于2011年，组织性质是民非，早在2008年就注册了"北京乐龄老年文化发展有限公司"。

千林宝贝。发源于社会组织，即2008年成立的"中国PKU联盟"。2011年商业组织千林宝贝（北京）生物科技有限公司成立，2013年又在民政部门注册民非"北京大爱天使苯丙酮尿症罕见病关爱中心"。

北京保益互动科技发展有限公司。2008年注册成立，2016年又在北京市民政局进行了民非注册，成为开展一些残疾人服务项目以及汇聚志愿者资源的组织平台。

三　北京市社会企业的组织概况

从注册方式来看，北京市社会企业的组织类型呈现多样化形态，既有工商注册的市场型组织，也有采取市场化运作的非营利组织，还有相当比例的社会企业属于"混合型社会企业"。如图13所示，79%的社会企业采取了工商注册，其中，56%的社会企业为"工商部门注册的企业"，另有23%注册为"农民专业合作社"。同时，有18家社会企业属于民政部门注册的社会组织（占15%），其中，83%注册为民办非企业单位（简称"民非"），11%注册为社会团体，6%注册为基金会。此外，有6家社会企业属于具有两种及以上注册方式的"混合型社会企业"，其中，67%同时注册为民非和工商企业，33%同时注册为基金会和工商企业。

（1）注册方式（$N=124$）

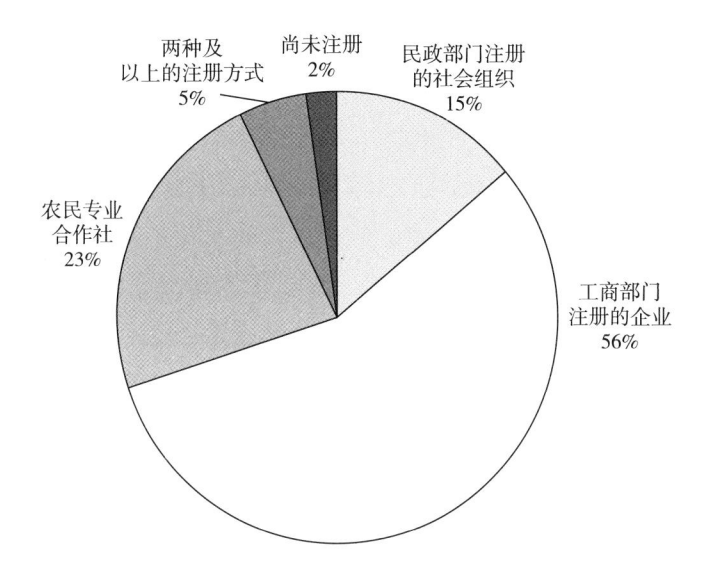

- 民政部门注册的社会组织 15%
- 两种及以上的注册方式 5%
- 尚未注册 2%
- 农民专业合作社 23%
- 工商部门注册的企业 56%

（2）民政部门注册方式（$N=18$）

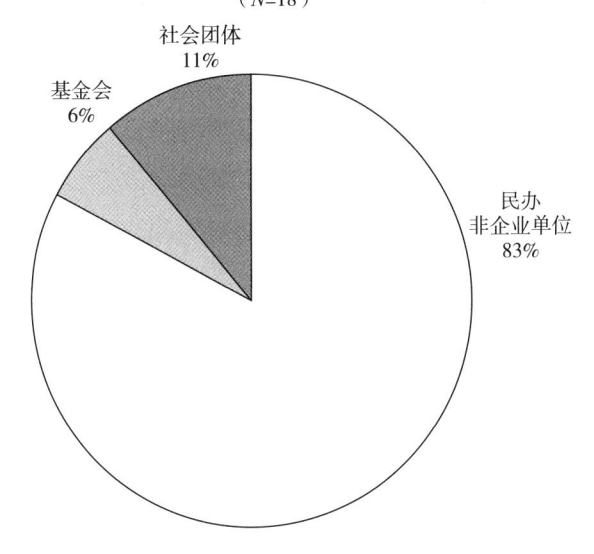

- 社会团体 11%
- 基金会 6%
- 民办非企业单位 83%

图 13　注册方式（$N=124$）

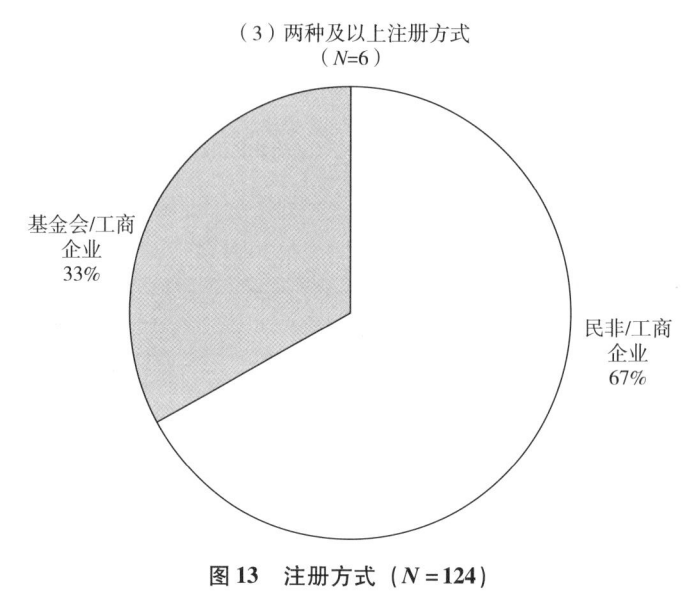

说明："工商部门注册的企业""工商注册"为"农民专业合作社"以外的企业。

对比中国社会企业与影响力投资论坛开展的"2018年中国社会企业调查"数据（以下简称"2018年中国社企调查"数据），北京市社会企业采取工商注册（包括企业和农民专业合作社）的比例（79%），明显高于全国数据（58.9%），在注册方式上具有更明显的市场化导向。

在成立时间方面，多数北京市社会企业处于组织发展的初创期。如图14所示，42家社会企业成立于2015年及之后（占34%），成立时间不超过3年，对比"2018年中国社企调查"数据，占比略低于全国数据（44%）。

四　北京市社会企业的使命与价值

在全球范围内，社会企业已经逐步发展成推动社会、经济、可持续发展的强大引擎，广泛活跃于社会服务、医疗卫生、环保、教育、科研、文化、创意等众多行业（余晓敏，2018），创造了巨大的社会、经济与环境价值。目前我国社会企业活动领域比较广泛。现有研究将我国社会企业的活动领域划

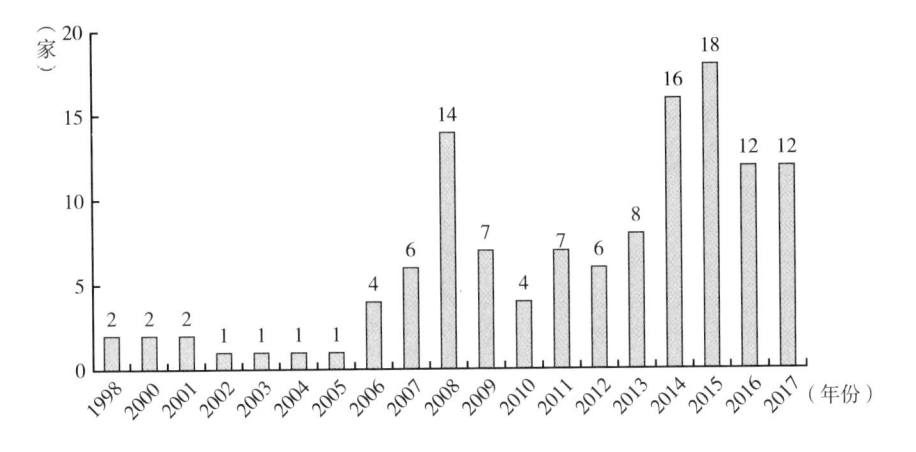

图 14 成立时间（$N=124$）

分为六个方面，包括：就业促进、消除贫困（包括小额信贷和公平贸易）、社区发展、教育促进、社会服务和合作经济（Yu，2011；余晓敏、张强、赖佐夫，2011）。2013 年，深德公益对英国大使馆文教处"社会企业家项目"历届学员机构的调研数据显示，在 107 家运营社会企业或社会企业项目的调研机构中，早期的社会企业主要活跃于较为传统的特殊儿童服务、扶贫、老年人和残障人群服务领域，新近成立的社会企业则更多关注青少年成长与就业、妇女发展、社区发展以及为其他公益组织提供服务等领域（深德公益，2013）。

本次北京市社会企业调研围绕社会企业的使命与价值，就社会企业的使命领域、服务对象、利润分配规定与方式、资产锁定情况等问题收集了数据，主要调查研究发现在如下。

（一）北京市社会企业的社会使命

北京市社会企业在广泛的社会与环境领域实现其社会使命，包括教育、社区发展、就业与技能、环境与能源、医疗与健康、老年服务与产业、扶贫、艺术文化体育等众多领域。如图 15 所示，占比超过 10% 的社会使命领域包括：就业与技能（占 16.4%）、教育（占 16.4%）、社区发展（占 12.3%）、为促进公益行业和社会创新发展提供专业服务（占 11.5%）、环境与能源（占10.7%）。占比在5%~10%的社会使命领域包括：老年服务与产业（占7.4%）和扶贫（占5.7%）。占比低于5%的领域较多，包括艺术文化体育、医疗与健康、公平贸易、农业发展、金融服务以及社会照料等。社会企业在社会使命领域的部分分布明细情况如表2所示。

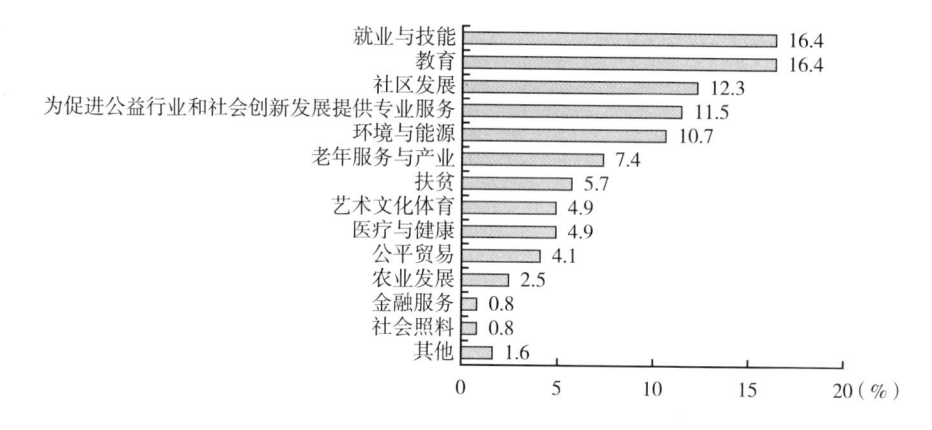

领域	占比(%)
就业与技能	16.4
教育	16.4
社区发展	12.3
为促进公益行业和社会创新发展提供专业服务	11.5
环境与能源	10.7
老年服务与产业	7.4
扶贫	5.7
艺术文化体育	4.9
医疗与健康	4.9
公平贸易	4.1
农业发展	2.5
金融服务	0.8
社会照料	0.8
其他	1.6

图15 社会使命领域（$N=122$）

表2 社会使命领域分类明细

单位：%

领域	具体表现	占比
就业与技能 （$N=20$）	残障人士	50.0
	农民工	35.0
	大学生	10.0
	边缘人群	5.0
教育 （$N=20$）	健全儿童/青少年素质教育	52.6
	残障儿童/读写困难儿童教育	15.8
	环境教育	10.5
	幼儿早教	5.3
	心理健康教育	5.3
	其他	10.5
社区发展 （$N=15$）	社区动员与社区参与	20.0
	绿色农业（有机农业、社区支持农业）	66.7
	社区治理	6.7
	其他	6.7

续表

领域	具体表现	占比
环境与能源 (N=13)	自然生态与生物多样性保护	38.5
	垃圾处理及循环利用	30.8
	动物保护	15.4
	资源保护	7.7
	其他	7.7
老年服务与产业 (N=9)	社区/居家养老服务	55.6
	机构养老(养老院)	22.2
	适老化产品	11.1
	精神文化服务	11.1
艺术文化体育 (N=6)	休闲,体育与健身	33.3
	文化创意产业	16.7
	其他	50.0
医疗与健康 (N=6)	残障人士康复与治疗	28.6
	罕见病防治	28.6
	重病大病医疗救助	14.3
	艾滋病防治	14.3
	其他	14.3
金融服务(N=1)	小额信贷	100
社会照料(N=1)	幼儿照料	100

北京市社会企业实现其社会使命的地域范围分布相对比较广泛。如图16所示，近半数（占48.4%）的社会企业面向全国开展业务；在北京市和

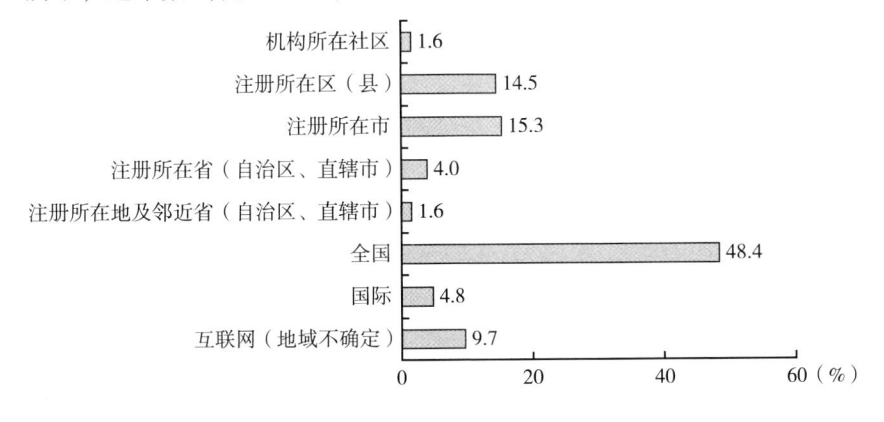

范围	占比(%)
机构所在社区	1.6
注册所在区（县）	14.5
注册所在市	15.3
注册所在省（自治区、直辖市）	4.0
注册所在地及邻近省（自治区、直辖市）	1.6
全国	48.4
国际	4.8
互联网（地域不确定）	9.7

图16 社会使命的地域范围 (N=124)

所在区开展业务的社会企业分别占 15.3% 和 14.5%；其他地域范围的占比相对较少。

北京市社会企业的服务对象分布非常广泛。如图 17 所示，排名前三位的社会企业服务对象分别是：一般公众（占 43.2%）、社区居民（占 33.9%）和儿童、青少年（占 33.1%）。占比在 20%~30% 的服务对象包括企业（占 28.8%）、社会组织（占 28.8%）、残障人士（占 26.3%）、贫困人群（占 23.7%）、老人（占 23.7%）、妇女（占 22.0%）。除此之外，北京市社会企业的服务对象还包括政府部门、大学生、农民工、创业者、长期病患者、刑满释放人员、退伍军人、长期失业者、少数民族、无家可归者、不良嗜好者。

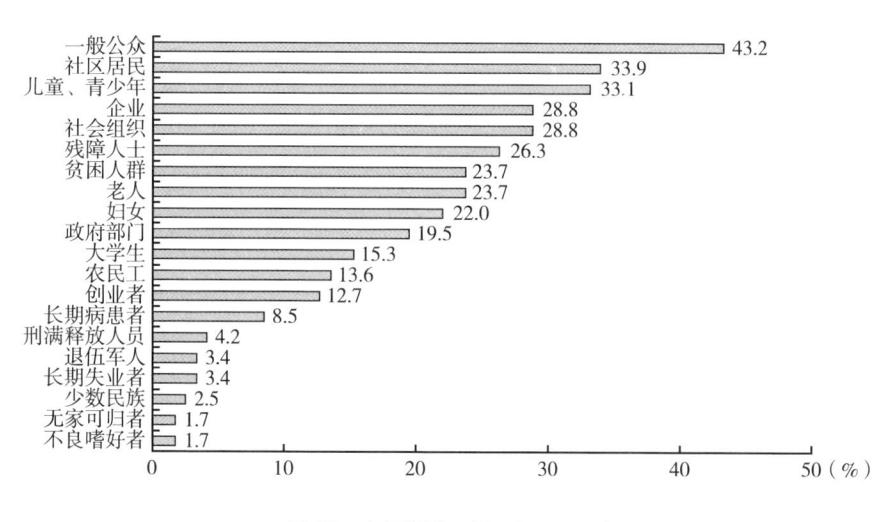

图 17 主要服务对象（$N=121$）

（二）北京市社会企业的社会价值

北京市社会企业的服务对象总量为 10.54386550 亿人次，其中服务对象人数最多的两家社会企业总和达到 10.5 亿人，均为互联网类机构。这类机构以网络为依托，为广泛的线上用户提供不同种类的产品或服务，例如利用网络 App 筹款、在线教育、信息服务等，利用网络便捷快速的特点，获取了较大规模的客户数量和服务对象数量。如果将服务对象具有一定特殊性的互联网类社会企业排除在外，北京市社会企业的服务对象目前已经超过438万，如图18所示。

服务对象总量 1054386550 人次　　非互联网类机构超过 438 万服务对象

图 18　服务对象情况

同时，北京市社会企业密切关注社会弱势人群的需求，许多社会企业将弱势人群作为其服务对象、客户群体或者受薪员工。如图19所示，有83家社会企业（占66.9%）将弱势人群作为其服务对象，目前已服务的弱势人群总量超过107万；有43家社会企业（占34.7%）将弱势人群作为其客户群体，客户总量中有超过82万人属于弱势人群；有40家社会企业（占32.3%）雇用弱势人群为受薪员工，属于弱势人群的受薪员工总量为911人。

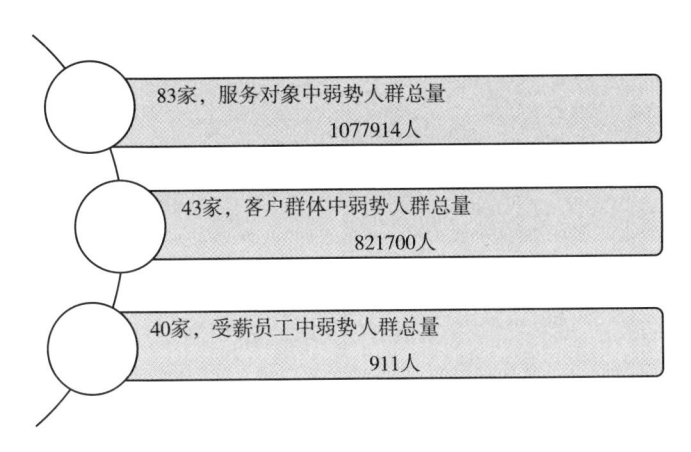

83家，服务对象中弱势人群总量 1077914人

43家，客户群体中弱势人群总量 821700人

40家，受薪员工中弱势人群总量 911人

图 19　服务弱势人群的情况

如图20所示，弱势人群在服务对象数量中的平均占比为29.2%，在客户数量中的平均占比为13.1%，在受薪员工数量中的平均占比为11.9%。

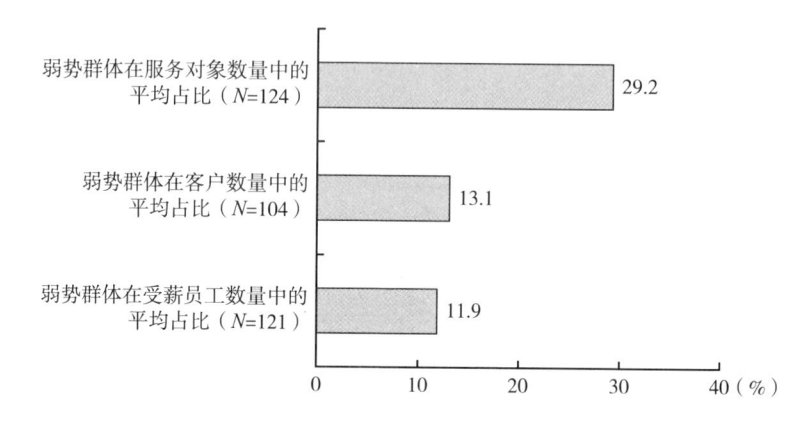

图 20　弱势人群在服务对象、客户、受薪员工数量中的占比均值

一般而言，是否禁止或者限制利润分配是判断社会企业社会属性的重要指标。本次调查发现，北京市社会企业具有三种关于利润分配的规定方式："具有禁止利润分配的规定""具有限制利润分配的规定""完全不限制利润分配"。如图 21 所示，半数（占比 50.4%）北京市社会企业"完全不限制利润分配"。同时，具有禁止或限制利润分配规定的社会企业占 49.6%。其中，26.1% 的社会企业具有限制利润分配的规定，23.5% 的社会企业具有禁

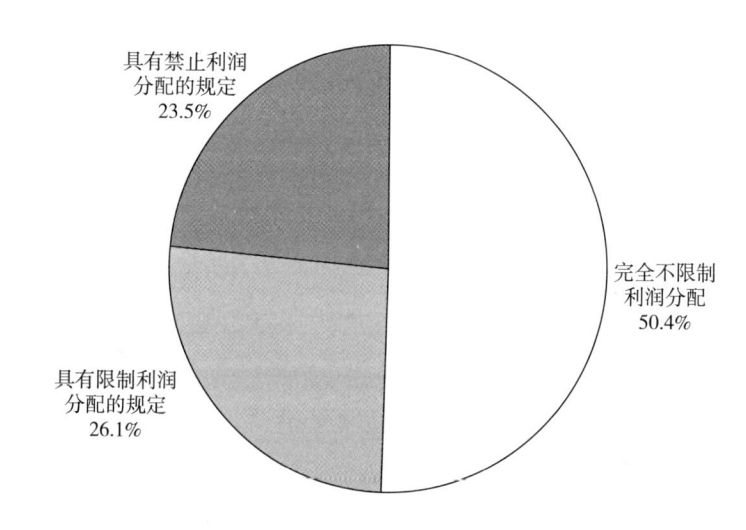

图 21　利润分配规定（$N=119$）

止利润分配的规定。对比"2018年中国社企调查"数据，有49.6%的北京市社会企业具有禁止或限制利润分配的规定，占比明显低于全国数据（61.0%）。

尽管北京市社会企业中仅有49.6%具有禁止或限制利润分配的规定，然而在实际的利润分配中，北京市社会企业表现出更显著的社会属性。如图22所示，多数社会企业的净利润用于再投资于机构的事业（占69.0%）；仅有17.2%的社会企业的净利润用于"股东分配"；还有13.8%的社会企业选择其他途径分配利润，例如向社员或会员分红。对比"2018年中国社企调查"数据，有69.0%的北京市社会企业将净利润用于再投资贵机构的事业，占比明显低于全国数据（84.5%）。

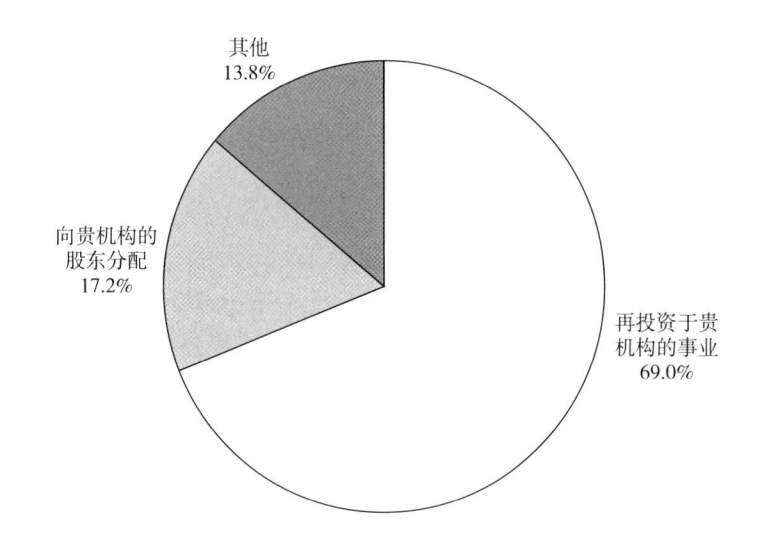

图22　占比最大的净利润分配方式（$N=29$）

资产锁定是社会企业显示其社会属性的另一个重要指标，目的在于保障机构的资产用于实现组织使命而非私人利益。北京市社会企业在是否进行资产锁定的问题上占比分布均衡，即51.6%的社会企业具有资产锁定的制度安排，而48.4%的社会企业没有进行资产锁定。

五 北京市社会企业的市场运营

作为一种运用商业手段追求社会目标的事业体,社会企业需要具备有效的市场运营模式,以获得组织发展所需的各类资源,最终实现其社会使命(余晓敏、赖佐夫,2012)。与传统的非营利组织和商业企业不同,社会企业按照"市场、再分配、互惠"三种经济原则开展市场运营活动,由此产生的收入来源具有多样性,既包括政府资助、社会捐赠等来自公共市场的收入,也包括来自私人市场的自营收入(Yu,2016)。

本次北京市社会企业调研围绕社会企业的市场运营,就社会企业是否开展市场经营活动及市场经营活动的地域范围、行业分布、类型、客户群体、销售渠道、收入结构、商业运营能力主观评价等问题收集了数据,主要调查研究发现如下。

(一)北京市社会企业的市场经营活动

社会企业与传统非营利组织相比最大的差别之一在于,社会企业持续开展市场经营活动并从中获得收入。88.7%的北京市社会企业从事市场经营活动(包括一般性商业活动和政府采购),并从中获得收入。对比"2018年中国社企调查"数据,有88.7%的北京市社会企业从事市场经营活动并从中获得收入,占比与全国数据(91.6%)基本持平。

北京市社会企业从事市场经营活动的地域范围分布广泛。如图23所示,近半数(48.0%)的社会企业面向全国开展业务;在北京市及其注册所在区开展业务的社会企业分别占19.5%和10.6%;其他地域范围的社会企业占比相对较少。

北京市社会企业从事市场经营活动所处的行业分布广泛。如图24所示,占比超过10%的行业主要包括:农业(占28.0%)、教育(占17.8%)、IT与互联网(占11.2%)。

北京市社会企业市场经营活动的类型分布相对集中。如图25所示,最

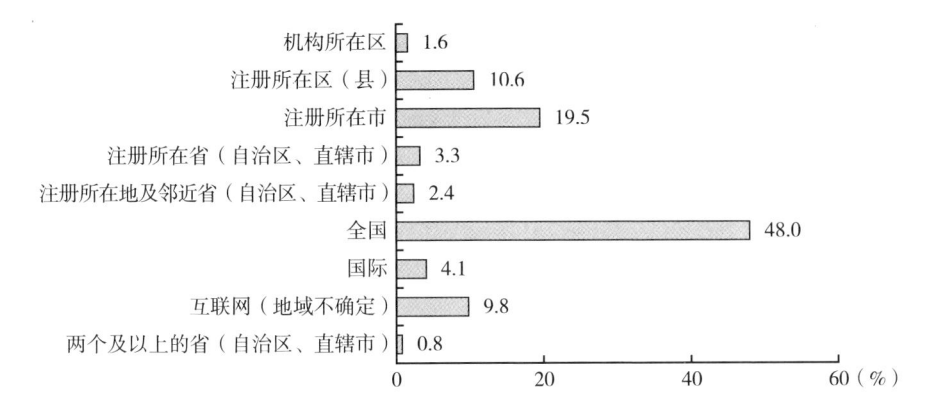

图23 市场经营活动的地域范围
($N=123$)

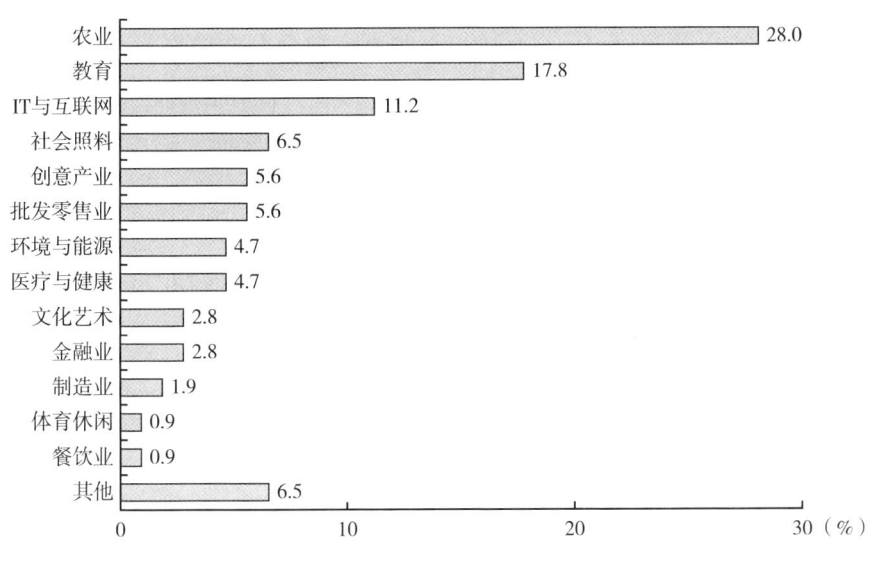

地域范围	百分比(%)
机构所在区	1.6
注册所在区（县）	10.6
注册所在市	19.5
注册所在省（自治区、直辖市）	3.3
注册所在地及邻近省（自治区、直辖市）	2.4
全国	48.0
国际	4.1
互联网（地域不确定）	9.8
两个及以上的省（自治区、直辖市）	0.8

图24 市场经营活动所在行业（$N=107$）

行业	百分比(%)
农业	28.0
教育	17.8
IT与互联网	11.2
社会照料	6.5
创意产业	5.6
批发零售业	5.6
环境与能源	4.7
医疗与健康	4.7
文化艺术	2.8
金融业	2.8
制造业	1.9
体育休闲	0.9
餐饮业	0.9
其他	6.5

主要的市场经营活动类型是"销售服务"（占40.9%）、"销售产品"（占24.5%）以及"生产用于销售的产品"（占15.5%）。

北京市社会企业市场经营活动的客户群体分布比较集中。如图26所示，75.5%的社会企业将一般公众（个体消费者）作为主要客户群体，44.5%将企业作为主要客户群体。此外，占比为20%~40%的主要客户群体包括：

045

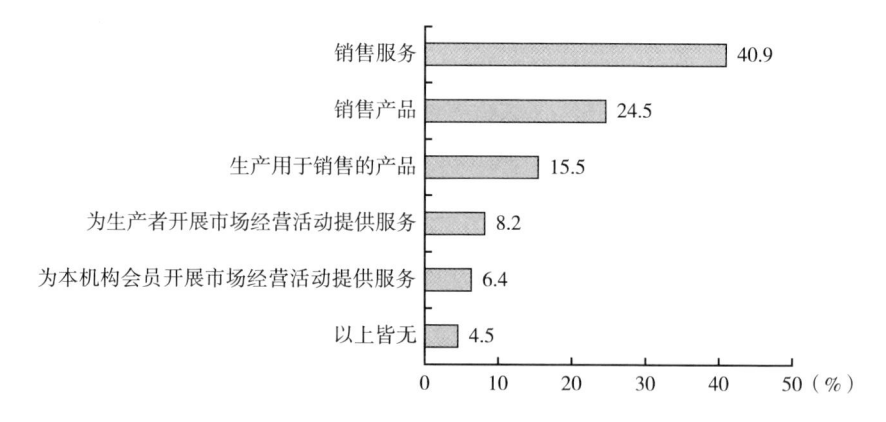

```
销售服务                              40.9
销售产品                   24.5
生产用于销售的产品        15.5
为生产者开展市场经营活动提供服务   8.2
为本机构会员开展市场经营活动提供服务  6.4
以上皆无           4.5
        0    10   20   30   40   50 (%)
```

图 25　市场经营活动的主要类型（$N=110$）

"追求社会使命、实现社会价值时的目标人群"（占35.5%）、社会组织（占30.0%）以及政府（占28.2%）。北京市社会企业的客户群体结构与"2018年中国社企调查"的全国数据在以下两个方面存在明显不同。其一，北京市的一般公众的占比（75.5%），明显高于全国数据（63.7%）；其二，北京市的政府的占比（28.2%），明显低于全国数据（41.3%）。

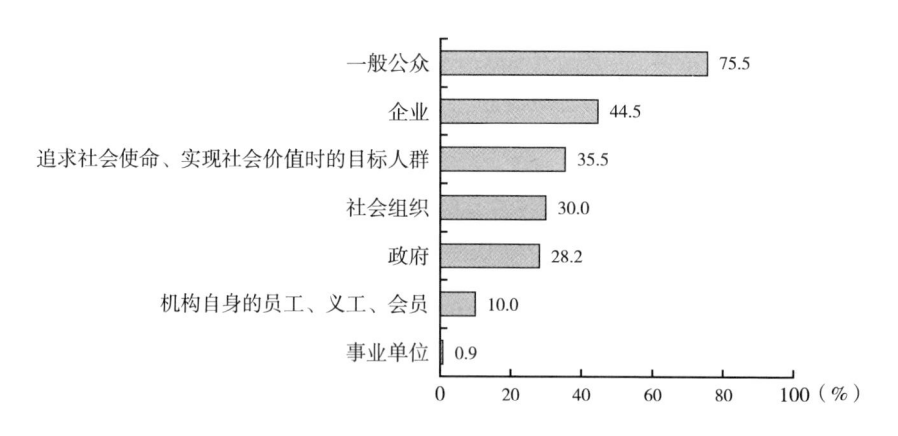

```
一般公众                                  75.5
企业                            44.5
追求社会使命、实现社会价值时的目标人群   35.5
社会组织                    30.0
政府                       28.2
机构自身的员工、义工、会员   10.0
事业单位        0.9
        0    20   40   60   80  100 (%)
```

图 26　市场经营活动的主要客户群体（$N=110$）

北京市社会企业市场经营活动的销售渠道充分体现了社会资本和互联网的商业价值。如图27所示，多数社会企业的市场经营活动借助了人际网络、信任、合作经历等社会资本。具体而言，55.2%的社会企业主要"通过之前客户的口碑和人际网络销售"；42.9%的社会企业主要"通过合作企业的商业渠道销售"。此外，互联网平台和工具成为社会企业的重要销售渠道。52.4%的社会企业"在机构的网店/微信公众号/微信朋友圈/微店/App销售"。不同于传统商业经营策略，还有31.4%的社会企业主要通过在机构开展的公益活动中销售产品或服务。

销售渠道	百分比(%)
通过之前客户的口碑和人际网络销售	55.2
在机构的网店/微信公众号/微信朋友圈/微店/App销售	52.4
通过合作企业的商业渠道销售	42.9
在机构开办的实体店铺销售	38.1
在机构开展的公益活动中销售	31.4
政府采购项目	23.8
在机构的办工场所内代售	19.0
通过政府协助销售	18.1
在商店（便利店、快餐店等）寄售	11.4

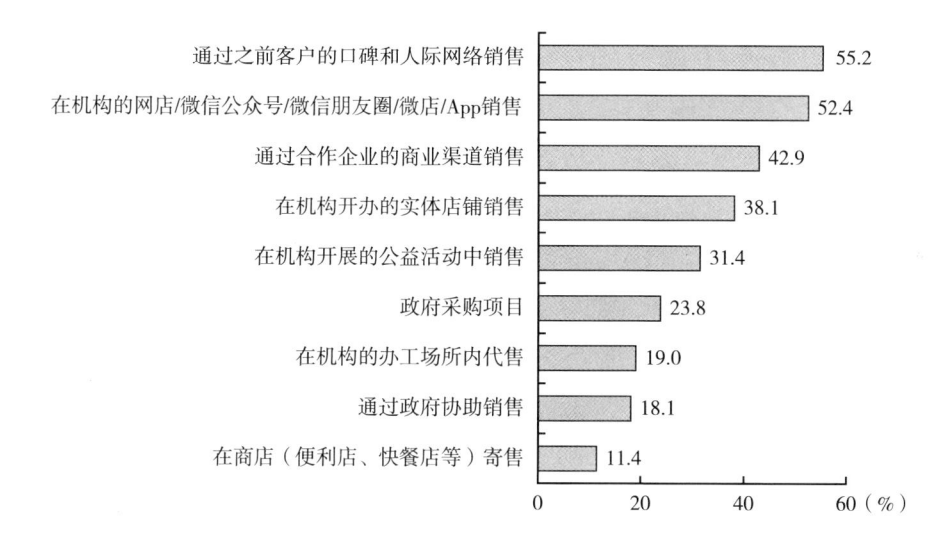

图 27 市场经营活动的主要销售渠道（$N=105$）

（二）北京市社会企业的收入来源

绝大多数（78.5%）北京市社会企业的主要收入来源是自营收入（包括市场经营收入和政府采购收入），而非慈善捐赠或政府支持（拨款、补贴、奖金等）。如图28所示，在69.0%的社会企业中市场经营收入（即一般性商业销售收入）是占比最大的收入来源；在14.6%的社会企业中捐赠收入（包括社会捐赠和企业捐赠）是占比最大的收入来源；在12.9%的社会企业中政府收入（包括政府采购收入和政府支持）是占比最大的收入来源。对比"2018年中国社企调查"数据，78.5%的北京市社会企业自营收入是最主要的收入来源，占比与全国数据（76.4%）基本持平。

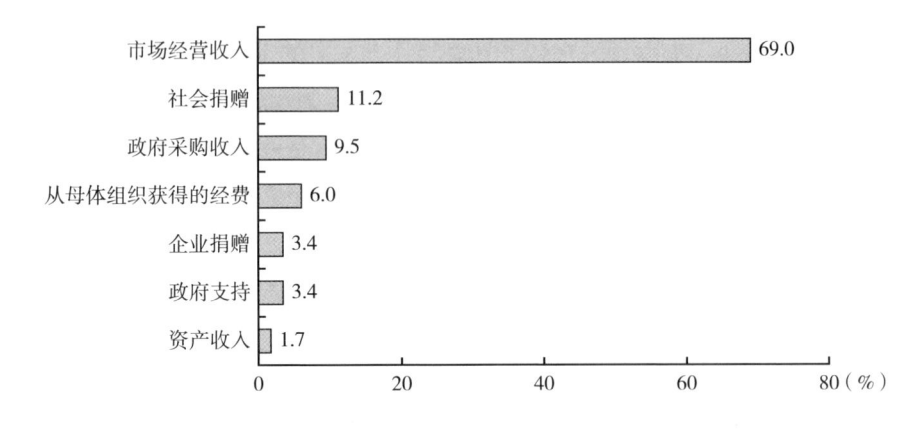

```
市场经营收入                                    69.0
社会捐赠          11.2
政府采购收入        9.5
从母体组织获得的经费  6.0
企业捐赠          3.4
政府支持          3.4
资产收入          1.7
```

图 28　占比最大的收入来源（$N=116$）

市场经营收入（即一般性商业销售收入）已经成为多数北京市社会企业（占 69.0%）最主要的收入来源，不仅如此，市场经营收入在社会企业总收入中的占比也相当高。如图 29 所示，有 57.8% 的社会企业市场经营收入在总收入中的占比超过 75%；另有 5.2% 的社会企业市场经营收入在总收入中的占比为 50.01%~75%。然而，仍有 12.9% 的社会企业在总收入中没有市场经营收入。

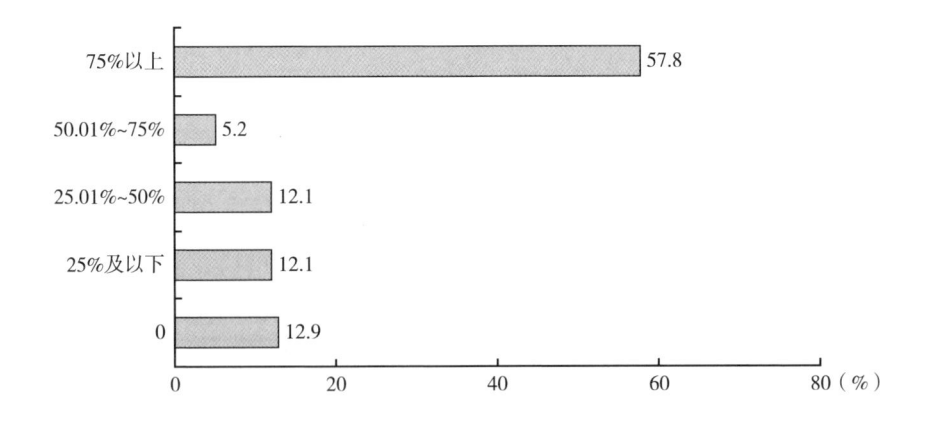

```
75%以上          57.8
50.01%~75%     5.2
25.01%~50%    12.1
25%及以下       12.1
0             12.9
```

图 29　市场经营收入占比（$N=116$）

（三）北京市社会企业的商业运营能力

上述社会企业在市场经营方面的表现很大程度上取决于社会企业的商业运营能力。在本次调研中，北京市社会企业对其在战略管理、生产管理、营销与品牌管理、人力资源管理、财务管理、利益相关方沟通与关系管理、法律税务管理方面的商业运营能力进行了自我评价。研究发现，北京市社会企业在七个方面的商业运营能力评价总体平均得分偏低（5分为能力很强，1分为能力很弱，北京市社会企业的各项得分为3.20～3.77分）。如图30所示，社会企业在七方面的商业运营能力自我评价平均得分由高到低依次为：生产管理（3.77分）、战略管理（3.66分）、利益相关方沟通与关系管理（3.53分）、人力资源管理（3.46分）、财务管理（3.46分）、法律税务管理（3.39分）以及营销与品牌管理（3.20分）。对比"2018年中国社企调查"数据，北京市社会企业的各类商业运营能力评分为3.20～3.77分，与全国数据（3.2～3.7分）基本持平。

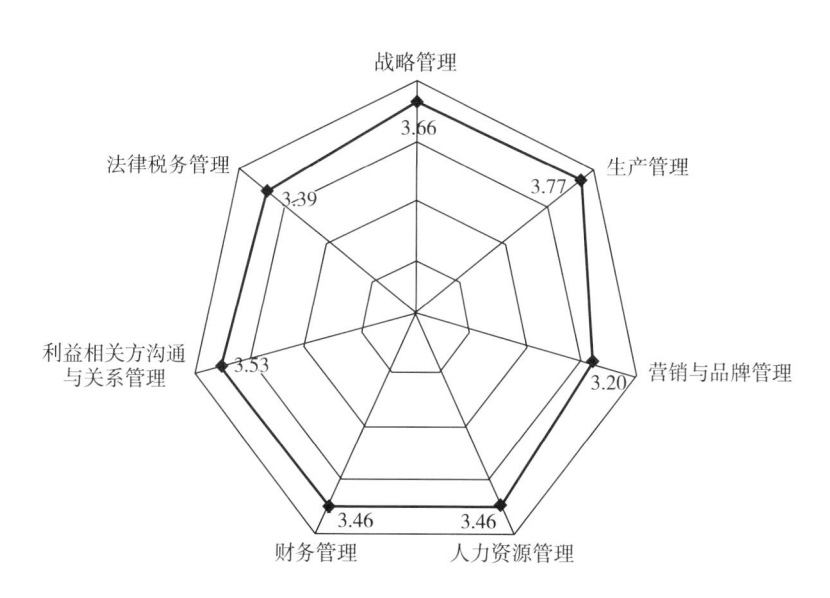

图30　商业运营能力自我评价平均得分（$N=117$）

说明：1＝很弱；2＝比较弱；3＝一般；4＝比较强；5＝很强。

六 北京市社会企业的规模与增长

组织自身具有造血能力从而实现财务可持续性是社会企业区别于传统非营利组织的典型特征之一。社会企业能否实现持续增长和规模扩张取决于其能否兼顾商业运营（以效率、竞争力、可营利性等指标评价）和社会使命（以合法性、参与性、影响力等指标评价）（Yu, 2016）。

本次北京市社会企业调研围绕社会企业的规模与增长，就社会企业的收入总额、资产总额、受薪员工总量、收入变化趋势、财务状况、绩效增长等问题收集了数据，主要调查研究发现如下。

（一）北京市社会企业的规模

在英国等社会企业发展活跃的国家，社会企业已经成为中小企业（SMEs）行业的重要组成部分，并且在增收、创新等方面实现了优于主流中小企业的商业业绩（Social Enterprise UK, 2017）。在我国，党的十八大以来，中小企业迎来了发展的"黄金时代"，中小企业数量快速增长，资产规模、收入规模、就业吸纳量持续提升，早已成为我国经济社会发展的重要力量（李子彬、郑文堂，2018），在发展经济、促进就业、改善民生、推动创新等方面发挥重要作用，是市场经济主体中数量最大、最具活力的经济组织（任兴磊、李献平、呆传勇，2018）。截至2017年年底，全国实有各类市场主体9814.8万户，其中企业3033.7万户，中小企业占比99.7%（李子彬、郑文堂，2018）。本次北京市社会企业调查数据显示，目前社会企业正在发展成中小企业行业的生力军。从年度收入总额、资产总额、融资总额等多重指标来看，多数北京市社会企业属于中小型组织。而从受薪员工数量来看，多数社会企业属于小微型组织。

就收入总额来看，如图31所示，80.9%的北京市社会企业属于中小型组织，其中收入总额101万~1000万元的占51.8%，收入总额11万~100万元的占29.1%。此外还有9.1%的社会企业属于收入总额10万元及以下

```
10001万元及以上    0.9
1001万~10000万元   9.1
101万~1000万元     51.8
11万~100万元       29.1
10万元及以下        9.1
               0    10    20    30    40    50    60(%)
```

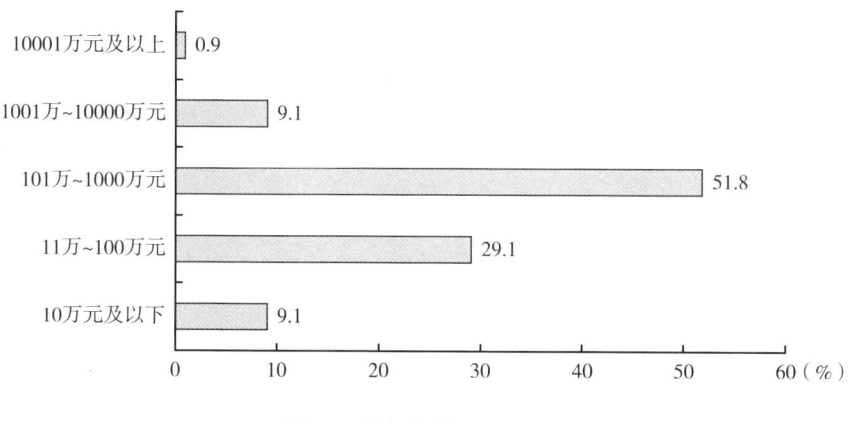

图 31　收入总额（$N=110$）

的微型组织。

就资产总额来看，如图 32 所示，69.5% 的北京市社会企业属于中小型组织，其中资产总额 101 万～1000 万元的占 42.6%，资产总额 11 万～100 万元的占 26.9%。此外，还有 9.3% 的社会企业属于资产总额 10 万元及以下的微型组织。

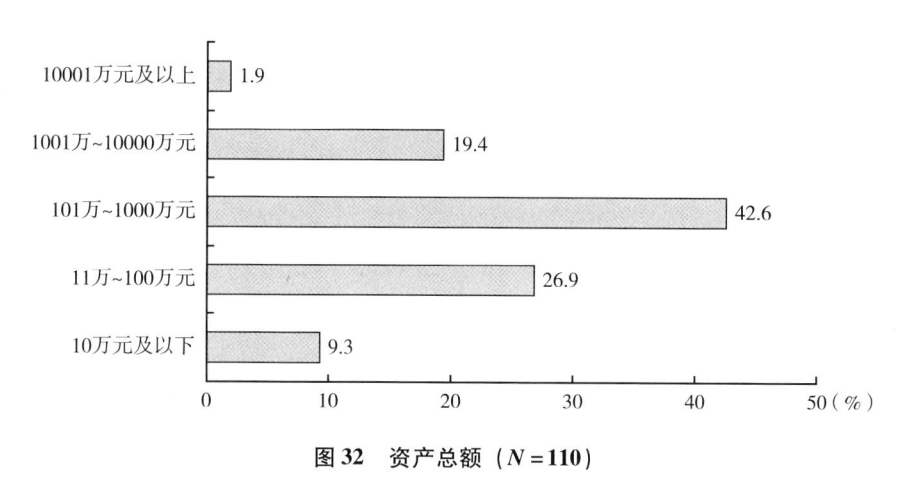

```
10001万元及以上    1.9
1001万~10000万元   19.4
101万~1000万元     42.6
11万~100万元       26.9
10万元及以下        9.3
               0    10    20    30    40    50(%)
```

图 32　资产总额（$N=110$）

就受薪员工总量来看，如图 33 所示，91.9% 的北京市社会企业属于小微型组织，其中受薪员工总量 10 人及以下的社会企业占 48.4%，受薪员工总量为 11～100 人的占 43.5%。

图 33 受薪员工总量（$N=124$）

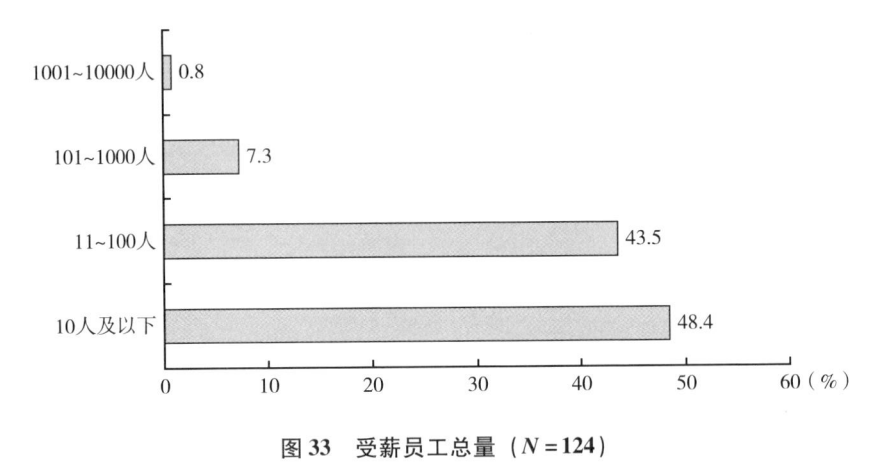

- 1001~10000人：0.8
- 101~1000人：7.3
- 11~100人：43.5
- 10人及以下：48.4

（二）北京市社会企业的增长

年度收入变化趋势是衡量社会企业发展可持续性的重要指标，多数北京市社会企业在2017年的收入变化情况呈现良好状态。如图34所示，85.9%的社会企业2017年收入总额较2016年有所增加或与2016年持平。其中，60.7%的社会企业2017年的收入有所增加；25.2%的社会企业收入与2016年

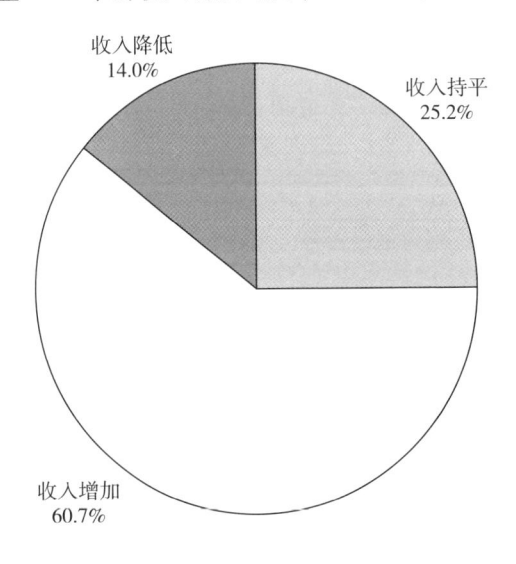

- 收入降低 14.0%
- 收入持平 25.2%
- 收入增加 60.7%

图 34 收入变化趋势（$N=107$）

持平。对比"2018年中国社企调查"数据,有85.9%的北京市社会企业处于良好的收入变化情况(有所增加或持平),占比与全国数据(85.3%)基本一致。

同时,多数北京市社会企业2017年的财务呈现健康状况。如图35所示,61.0%的社会企业在2017年实现盈余或保持收支平衡。其中,25.2%的社会企业实现了盈余;35.8%的社会企业保持收支平衡。然而,仍有39.0%的社会企业处于亏损状态,未来有待持续改善。对比"2018年中国社企调查"数据,有61.0%的北京市社会企业处于健康的财务状况(实现盈余或保持收支平衡),占比略高于全国数据(56.7%)。

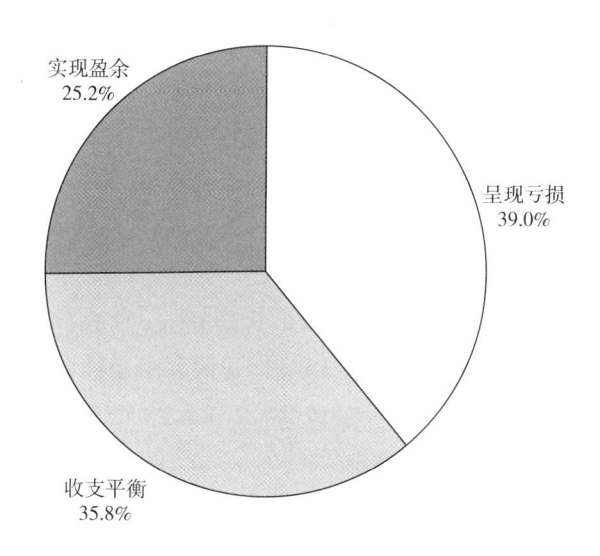

图35 财务状况（$N=123$）

除财务收支状况的指标以外,多数北京市社会企业的总体财务绩效呈现上升状态。71.0%的社会企业在2017年财务绩效有所增长。对比"2018年中国社企调查"数据,北京市社会企业实现财务绩效增长的占比(71.0%)略高于全国数据(68.5%)。

北京市社会企业财务绩效增长的具体表现各不相同,主要包括总收入增加、总资产增加、市场经营收入额增加、收入类型多样化等方式。如图36所示,占比最高的财务绩效增长表现是"总收入增加"(占73.9%);占比超过50%的增长表现还包括"总资产增加"（占58.0%）、"市场经营收入额增加"（占55.7%）以及"收入类型多样化"（占50.0%）。

类别	百分比
总收入增加	73.9
总资产增加	58.0
市场经营收入额增加	55.7
收入类型多样化	50.0
总负债降低	9.1
总成本降低	8.0

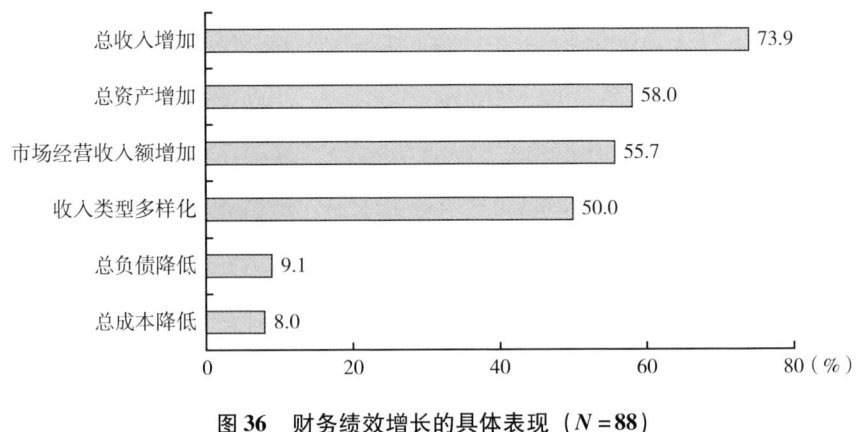

图36　财务绩效增长的具体表现（$N=88$）

社会企业有别于一般商业企业和非营利组织的最大特点在于，能够用商业运营的方法、以可持续的方式实现组织社会绩效的最大化。绝大多数北京市社会企业社会绩效在2017年度呈现增长趋势（占84.7%），在实现组织的可持续发展方面成绩斐然；仅有15.3%的社会企业社会绩效未能实现增长。对比"2018年中国社企调查"数据，有84.7%的北京市社会企业实现了社会绩效增长，占比与全国数据（84.0%）基本一致。

北京市社会企业社会绩效增长的具体表现各不相同。如图37所示，以

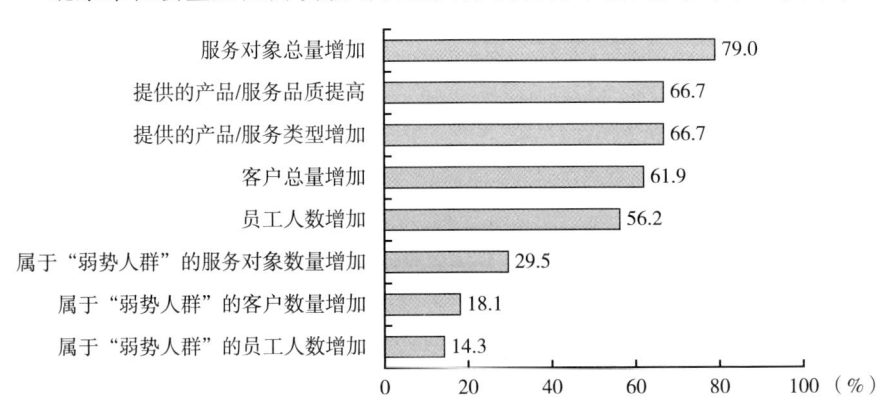

类别	百分比
服务对象总量增加	79.0
提供的产品/服务品质提高	66.7
提供的产品/服务类型增加	66.7
客户总量增加	61.9
员工人数增加	56.2
属于"弱势人群"的服务对象数量增加	29.5
属于"弱势人群"的客户数量增加	18.1
属于"弱势人群"的员工人数增加	14.3

图37　社会绩效增长的具体表现（$N=105$）

下实现社会绩效增长表现占比超过50%："服务对象总量增加"（占79.0%）、"提供的产品/服务品质提高"（占66.7%）、"提供的产品/服务类型增加"（占66.7%）、"客户总量增加"（占61.9%）、"员工人数增加"（占56.2%）。

七 北京市社会企业的融资状况

作为以商业手段实现社会使命的组织，社会企业的融资需求通常具有以下关注点：组织的能力建设、社会影响力的长期战略以及商业模式的可持续性。尽管上述社会企业的融资需求符合目前主流投资界的投资取向，但是社会企业的主要融资渠道定位于那些愿意牺牲一定财务回报用于实现可持续社会影响力的社会投资者（Shortall and Alter，2009）。具体说来，社会企业的融资方式多种多样，包括传统慈善捐赠、社会责任投资基金、风险投资、商业银行贷款等多种形式，其差异主要体现在两个维度上，即投资风险耐受程度（由强及弱渐变）和投资目标（由纯粹社会影响力向纯粹财务回报渐变）（Shortall and Alter，2009）。

本次北京市社会企业调研围绕社会企业的融资情况，就社会企业的融资总额、融资形式、融资来源等问题收集了数据，主要调查研究发现如下。

从融资总额来看，多数北京市社会企业的融资规模有限。如图38所示，87.8%的社会企业融资规模在1000万元以下。其中，15.9%的社会企业融资总额在10万元及以下；30.8%的社会企业融资总额11万~100万元；41.1%的社会企业融资总额101万~1000万元。此外，仅有12.2%的社会企业融资总额超过1000万元。对比"2018年中国社企调查"数据，北京市社会企业的融资规模总体分布与全国情况（1000万元以下占91.6%）基本相同。

从融资形式来看，股权投资是北京市社会企业最主要的融资形式。如图39所示，72.3%的北京市社会企业融资时采取的是"股权投资"方式；22.3%的北京市社会企业融资时采取的是"慈善型捐助或拨款"方式。对

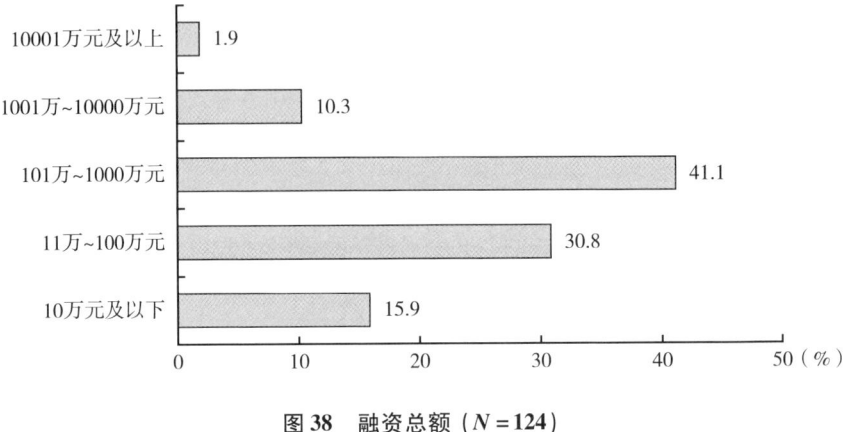

```
10001万元及以上    1.9
1001万~10000万元  10.3
101万~1000万元    41.1
11万~100万元      30.8
10万元及以下       15.9
```

图38　融资总额（$N=124$）

比"2018年中国社企调查"数据，股权投资在北京社会企业中的占比明显高于全国数据（56.4%）；而慈善型捐助或拨款在北京社会企业中的占比明显低于全国数据（31.4%）。

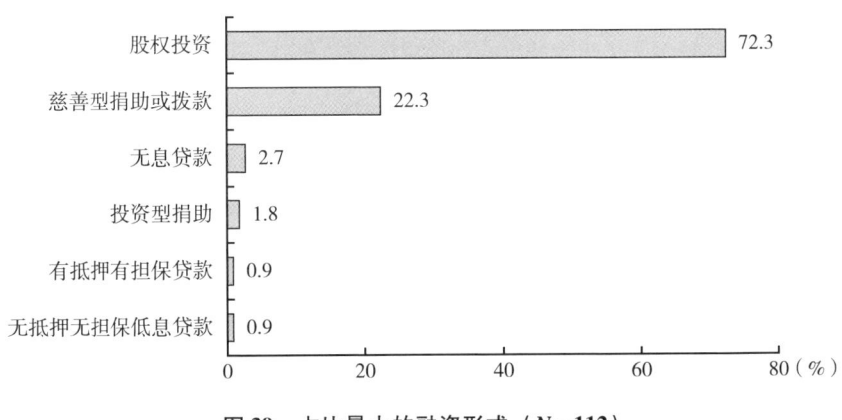

```
股权投资          72.3
慈善型捐助或拨款   22.3
无息贷款           2.7
投资型捐助         1.8
有抵押有担保贷款   0.9
无抵押无担保低息贷款 0.9
```

图39　占比最大的融资形式（$N=112$）

绝大多数北京市社会企业的原始资本主要来自社会企业家个人。如图40所示，社会企业原始资本的主要来源包括：个人（占85.4%）、企业（占24.4%）和社会组织（占17.9%）。对比"2018年中国社企调查"数据，北京市社会企业原始资本的主要来源情况（85.4%来自个人），与全国情况（86.1%来自个人）基本相同。

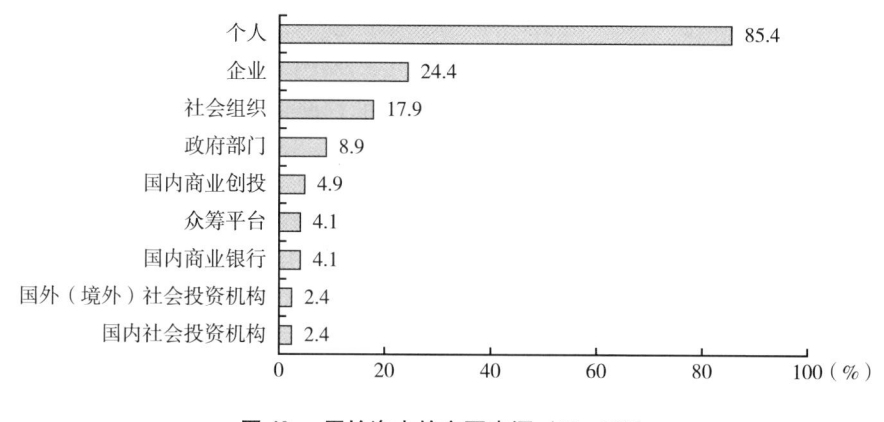

图40　原始资本的主要来源（$N=123$）

来源	比例(%)
个人	85.4
企业	24.4
社会组织	17.9
政府部门	8.9
国内商业创投	4.9
众筹平台	4.1
国内商业银行	4.1
国外（境外）社会投资机构	2.4
国内社会投资机构	2.4

总体来看，北京市社会企业在创立后，获得外部投资的成功率较低。如图41所示，仅有18.5%的社会企业申请过并成功获得外部投资；56.5%的社会企业从未申请过外部投资。对比"2018年中国社企调查"数据，有18.5%的北京市社会企业申请过并成功获得外部投资，成功率远低于全国数据（34.8%）。

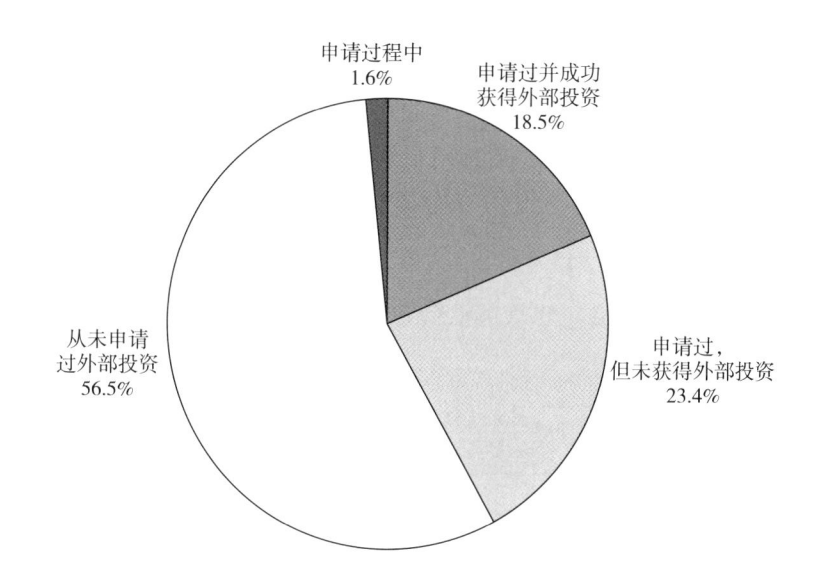

图41　创立后的融资情况（$N=124$）

- 申请过并成功获得外部投资 18.5%
- 申请过程中 1.6%
- 申请过，但未获得外部投资 23.4%
- 从未申请过外部投资 56.5%

少数成功获得外部投资的北京市社会企业，其融资规模依然有限。如图42所示，86.6%的社会企业外部融资总额在1000万元以下。其中，13.3%的社会企业融资总额在10万元及以下；30.0%的社会企业融资总额11万~100万元；43.3%的社会企业融资总额101万~1000万元。此外，仅有13.4%的社会企业融资总额超过1000万元。对比"2018年中国社企调查"数据，有86.6%的北京市社会企业外部融资规模在1000万元以下，占比与全国数据（1000万元以下占89.8%）基本持平。

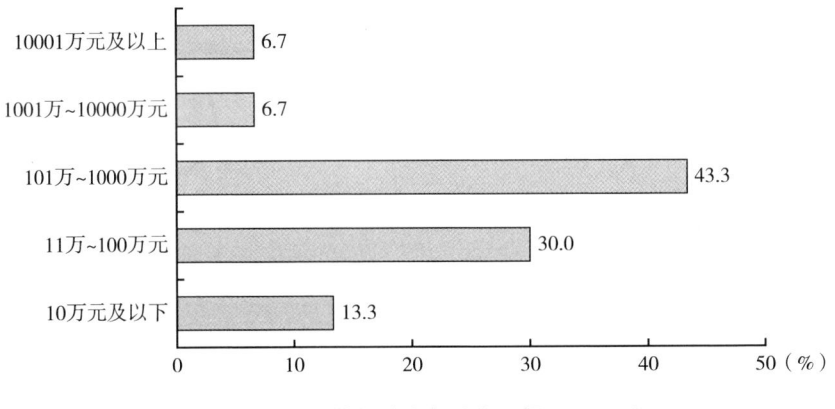

融资规模	占比(%)
10001万元及以上	6.7
1001万~10000万元	6.7
101万~1000万元	43.3
11万~100万元	30.0
10万元及以下	13.3

图42　创立后获得的外部融资总额（*N* = 23）

北京市社会企业创立后的融资渠道呈现多样化趋势。如图43所示，北京市社会企业创立后的主要融资渠道包括：个人（占43.5%）、国内商业创投（占30.4%）、社会组织（占30.4%）、企业（占21.7%）、国（境）内外的社会投资机构（占17.4%）、政府部门（占13.0%）等。对比"2018年中国社企调查"数据，北京市社会企业创立后的融资渠道与全国数据在以下三个方面明显不同。其一，国内商业创投的占比（30.4%），明显高于全国数据（18.5%）；其二，国（境）内外社会投资机构的占比（17.4%），略高于全国数据（14.8%）；其三，政府部门的占比（13.0%），明显低于全国数据（27.2%）。

绝大多数北京市社会企业创立后从未申请或从未成功获得外部投资。如图44所示，多重因素导致北京市社会企业无法顺利获得外部投资，主要因

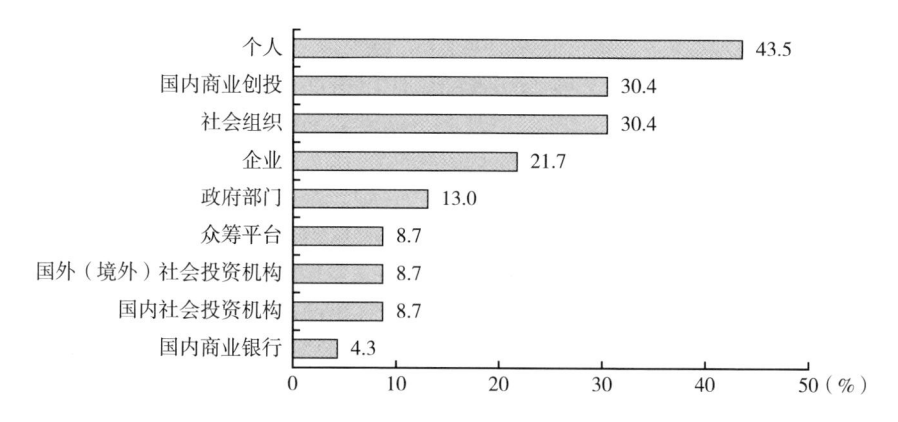

来源	百分比
个人	43.5
国内商业创投	30.4
社会组织	30.4
企业	21.7
政府部门	13.0
众筹平台	8.7
国外（境外）社会投资机构	8.7
国内社会投资机构	8.7
国内商业银行	4.3

图43 创立后的主要融资来源（$N=23$）

素包括："缺乏获得合适投资的渠道"（占44.3%）；"适合社会企业的外部投资机会太少"（占40.2%）；"缺乏寻求投资的技能"（占27.8%）；"担心引入外部投资会影响机构的运营管理"（占24.7%）；"获得合适的投资时间成本过高"（占20.6%）。

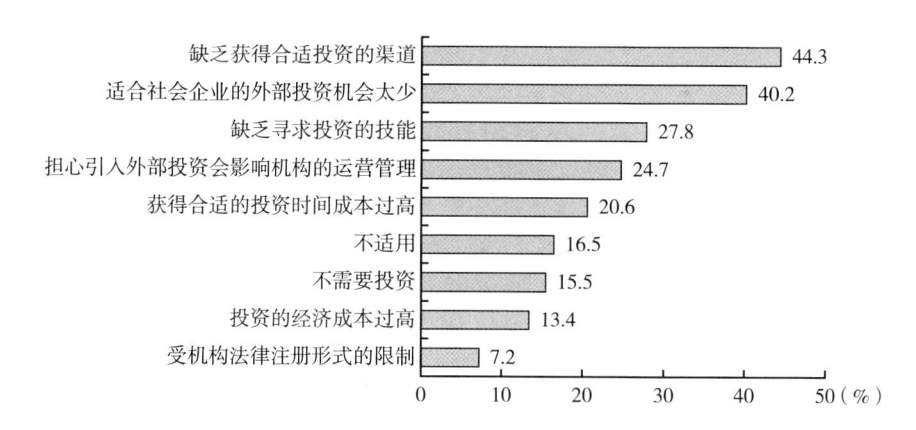

原因	百分比
缺乏获得合适投资的渠道	44.3
适合社会企业的外部投资机会太少	40.2
缺乏寻求投资的技能	27.8
担心引入外部投资会影响机构的运营管理	24.7
获得合适的投资时间成本过高	20.6
不适用	16.5
不需要投资	15.5
投资的经济成本过高	13.4
受机构法律注册形式的限制	7.2

图44 创立后从未申请或从未成功获得融资的原因（$N=97$）

八 北京市社会企业的组织治理

在许多国家，尤其是西欧国家，在社会企业的组织治理过程中，多元利益相关方（包括客户、服务对象、雇员、志愿者、投资者等主体）能够通过董事会、理事会等机构对社会企业的组织决策产生影响。这种由多元利益相关方参与的治理模式是保障社会企业商业与社会目标实现的重要机制（余晓敏，2012；Yu，2013）。

本次北京市社会企业调研围绕社会企业的组织治理情况，就社会企业的会员大会或股东大会设立、理事会或董事会设立、理事会或董事会功能、决策部门、组织运营制度化建设、绩效评估等问题收集了数据，主要调查研究发现如下。

（一）北京市社会企业的组织治理结构

多数北京市社会企业具备组织治理的制度框架。如图45所示，65.3%的社会企业设立了会员大会或股东大会。其中，35.5%的社会企业设立了股东大会，29.8%的社会企业设立了会员大会。对比"2018年中国社企调查"数据，有65.3%的北京市社会企业设立了会员大会或股东大会，占比略高于全国数据（60.9%）。

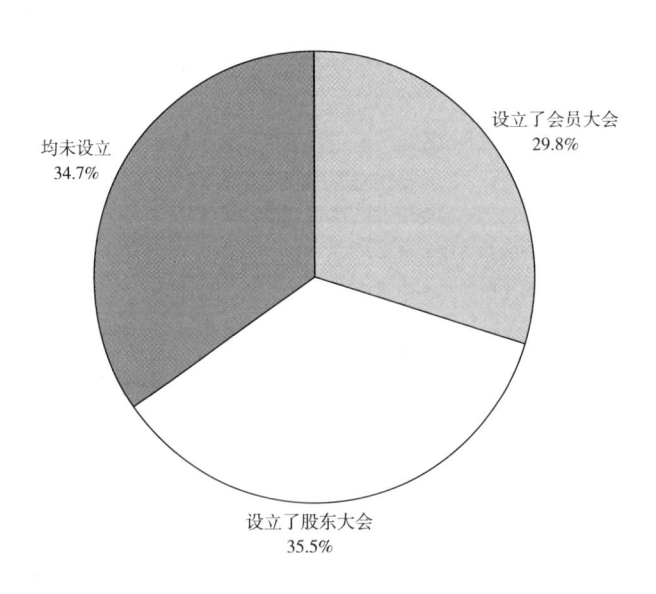

图45 是否设立了成员大会或股东大会（$N=124$）

如图46所示，65.3%的北京市社会企业设立了理事会或董事会。其中，设立了理事会的占37.1%，设立了董事会的占28.2%。对比"2018年中国社企调查"数据，有65.3%的北京市社会企业设立了理事会或董事会，占比略低于全国数据（66.8%）。

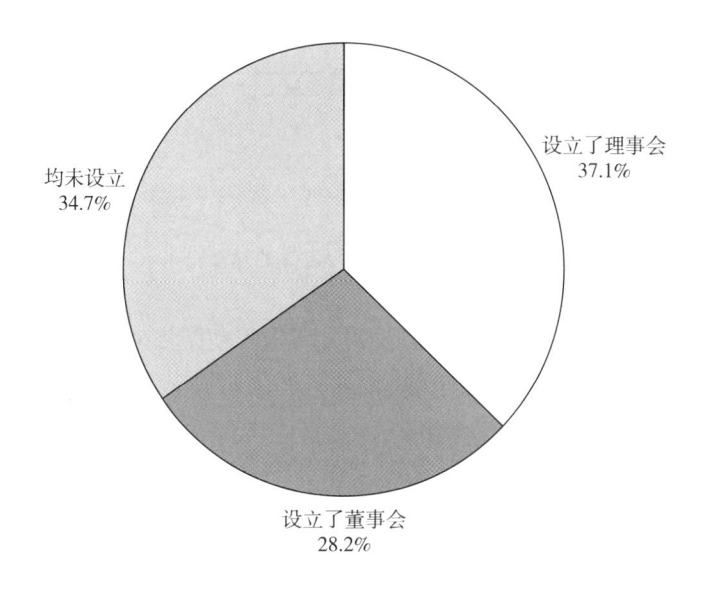

图46 是否设立了理事会或董事会（$N=124$）

（二）北京市社会企业的组织决策

在设立理事会或董事会的北京市社会企业中，绝大多数理事会或董事会在实际运作中发挥了重要功能（占88.9%）。如图47所示，理事会或董事会发挥的实际功能主要包括：就机构重要事务（长期发展规划、人事任命等）进行决策，日常事务由管理团队决策（占64.2%）；对机构运营进行全面监督，以确保组织绩效的实现（占56.8%）；有效帮助组织获得各种资源（占50.6%）；协调和平衡不同利益相关方的需求与利益（占45.7%）。对比"2018年中国社企调查"数据，有88.9%的北京市社会企业的理事会或董事会发挥实际功能，占比略低于全国数据（92.3%）。

图中数据：
- 就机构重要事务进行决策，日常事务由管理团队决策：64.2
- 对机构运营进行全面监督，以确保组织绩效的实现：56.8
- 有效帮助组织获得各种资源：50.6
- 协调和平衡不同利益相关方的需求与利益：45.7
- 发挥咨询功能：43.2
- 理事会或董事会只是一种形式，并未发挥实际功能：11.1

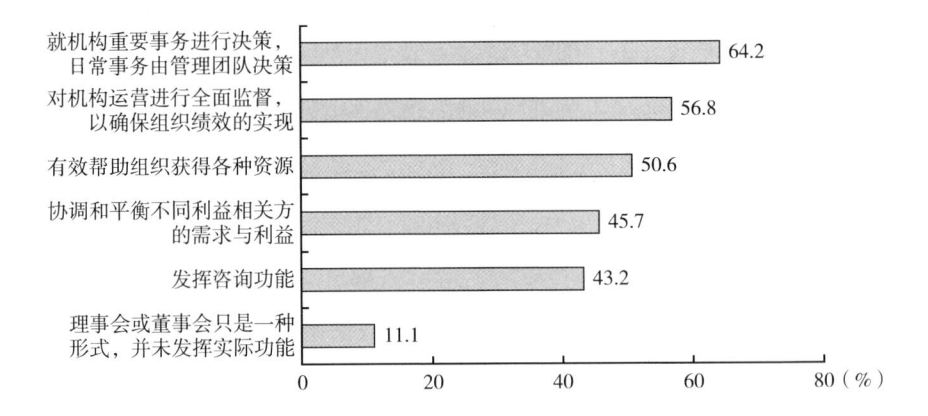

图 47 理事会或董事会实际发挥的功能（$N=81$）

北京市社会企业的重大事务决策权分布呈现多样化结构。如图48所示，社会企业的重大事务决策权主要由以下主体行使：理事会/董事会（占33.9%）；机构创办者（占23.4%）；成员大会（占21.0%）；负责机构日常运营的管理者/管理团队（占21.0%）。

饼图数据：
- 其他：0.8%
- 成员大会：21.0%
- 理事会/董事会：33.9%
- 负责机构日常运营的管理者/管理团队：21.0%
- 机构创办者：23.4%

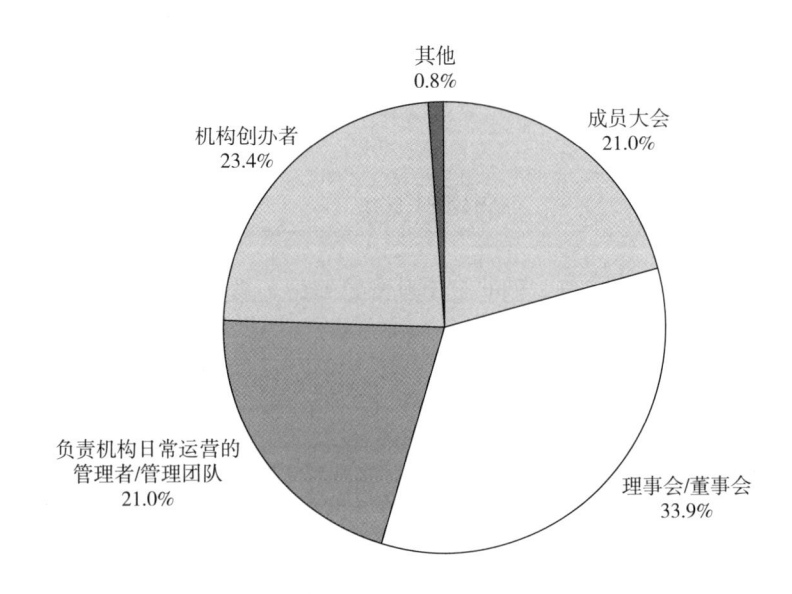

图 48 重大事务的主要决策部门（$N=124$）

(三)北京市社会企业的绩效评估

绝大多数北京市社会企业采取措施促进组织运营的制度化建设。如图49所示,北京市社会企业在制度化建设方面主要采取了如下措施:"制定组织章程"(占80.6%);"设定组织使命与愿景"(占74.2%);"制订具体业务计划书"(占66.1%)。

措施	百分比
制定组织章程	80.6
设定组织使命与愿景	74.2
制订具体业务计划书	66.1
其他	0.8

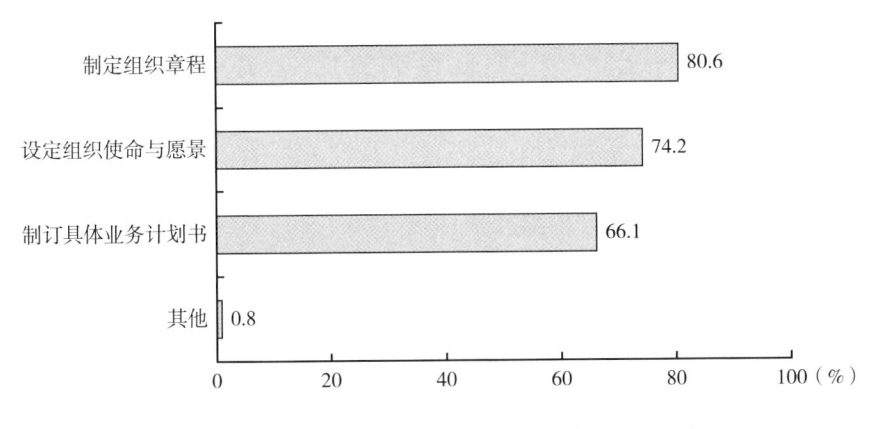

图49　组织运营制度化建设采取的措施($N=124$)

多数北京市社会企业对财务绩效、社会绩效或环境绩效进行定期评估。如图50所示,70.5%的社会企业对组织的财务绩效、社会绩效或环境绩效

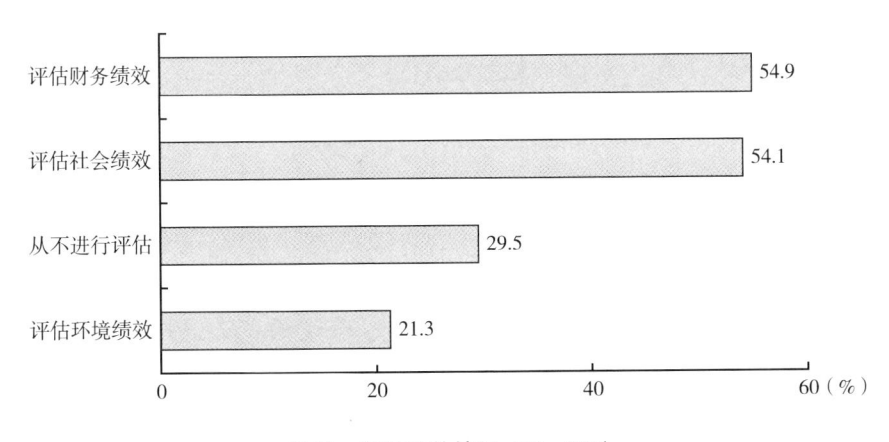

类别	百分比
评估财务绩效	54.9
评估社会绩效	54.1
从不进行评估	29.5
评估环境绩效	21.3

图50　绩效评估情况($N=122$)

进行定期评估。其中，54.9%的社会企业评估了财务绩效；54.1%的社会企业评估了社会绩效；21.3%的社会企业评估了环境绩效。对比"2018年中国社企调查"数据，有70.5%的北京市社会企业对组织的财务、社会、环境绩效进行定期评估，占比略低于全国数据（76.0%）。

在进行组织绩效评估时，北京市社会企业目前采用的评估方法在总体规范性方面有待加强。如图51所示，48.9%的社会企业采用"本机构/项目的特定评估方法"，其透明度、规范化程度以及同行业可比较性都有待提高。另外，有29.9%的社会企业采用了国内外通用性较高的社会企业绩效评估方法，包括：中国慈展会发布的社企认证体系（占13.3%）；社会投资回报（SROI）（占7.8%）；国际通用的社会企业评估框架［如影响力报告和投资标准（IRIS）、全球影响力投资评级体系（GIIRS）等］（占4.4%）；国际共益企业认证体系（BIA）（占3.3%）；国际认可的小额信贷行业评级（占1.1%）。对比"2018年中国社企调查"数据，北京市社会企业的组织绩效评估方法与全国情况在以下两个方面有明显不同。其一，有48.9%的北京市社会企业采用"本机构/项目的特定评估方法"，占比明显低于全国数据（57.5%）；其二，有29.9%的北京市社会企业采用了国内外通用性较高的社会企业绩效评估方法，占比明显低于全国数据（39.1%）。

评估方法	百分比
本机构/项目的特定评估方法	48.9
民政部门社会组织等级评估	25.6
中国慈展会发布的社企认证体系	13.3
社会投资回报（SROI）	7.8
联合国17项可持续发展目标（SDGS）	6.7
国际通用的社会企业评估框架	4.4
国际共益企业认证体系（BIA）	3.3
国际认可的小额信贷行业评级	1.1
联合国负责任投资原则（UNPRI）	1.1
未采用任何评估工具	17.8

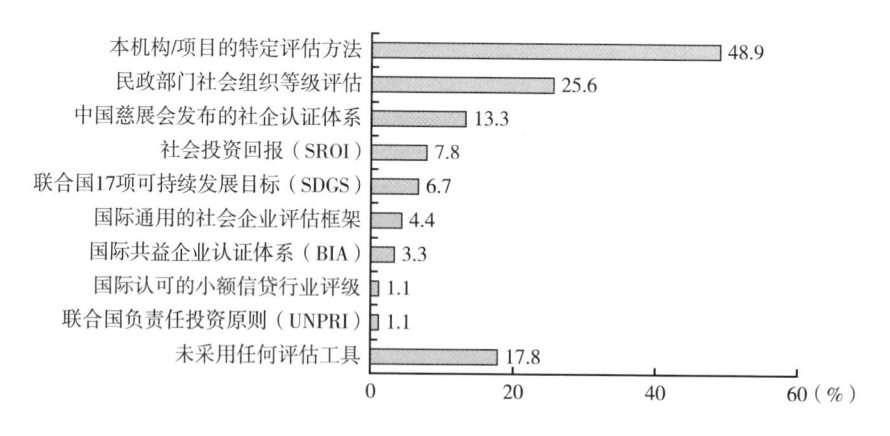

图51 社会绩效评估方法及工具（$N=90$）

九 北京市社会企业的支持体系

社会企业蓬勃发展不仅取决于社会企业的内生动力,而且取决于社会企业支持体系的发展程度。社会企业的支持体系植根于政府、市场、社会部门,由投资者、消费者、政府部门、员工、会员、志愿者、服务对象、同业机构、竞争者、媒体、公众、支持机构、研究机构等众多利益相关方组成,为社会企业提供组织发展必需的金融、人力、知识等资源。社会企业需要充分识别、密切关注不同利益相关方的需要,并积极与其开展交流与合作,从而为促进组织的自身发展和实现组织社会使命有效动员资源(Yu,2016)。

本次北京市社会企业调研围绕社会企业支持体系,就社会企业的利益相关方,社会企业支持体系的发展状态,政府、投资者、支持机构等重要利益相关方为促进社企发展未来可采取的措施等问题收集了数据,主要调查研究发现如下。

(一)北京市社会企业的利益相关方

具有多维度的复杂利益相关方关系是社会企业区别于传统非营利组织和商业企业的典型特征之一。北京市社会企业目前的利益相关方呈现多样化特征,并且各类利益相关方的重要性在社会企业看来各不相同。如图52所示,目前北京市社会企业相对重要的利益相关方(得分在2分以上),包括投资者(2.69分)、消费者(2.66分)、服务对象(2.52分)、政府部门(2.48分)、员工(2.39分)、支持机构(2.36分)、公众(2.32分)、媒体(2.24分)以及研究机构(2.21分)。

(二)北京市社会企业的支持体系

从北京市社会企业的视角来看,社会企业支持体系中各类主体的功能发挥普遍处于薄弱状态。如图53所示,社会企业支持体系各类主体的功能发挥得分为2.6~3.0分。各类主体发展状态得分由高到低依次为:员工与志

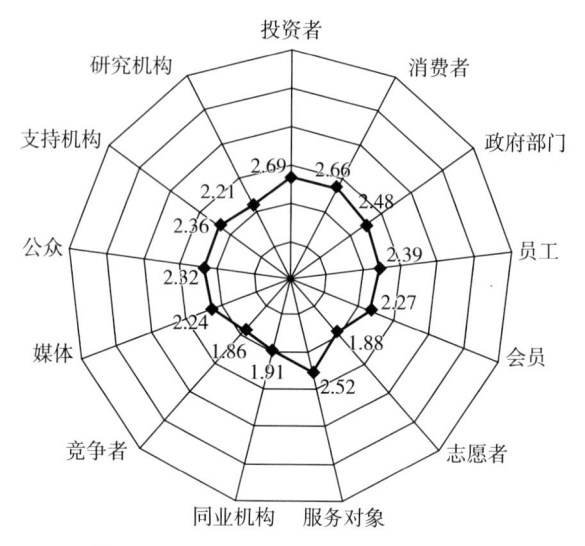

图 52　利益相关者的重要性（$N=124$）

说明：1＝有些重要；2＝比较重要；3＝非常重要。

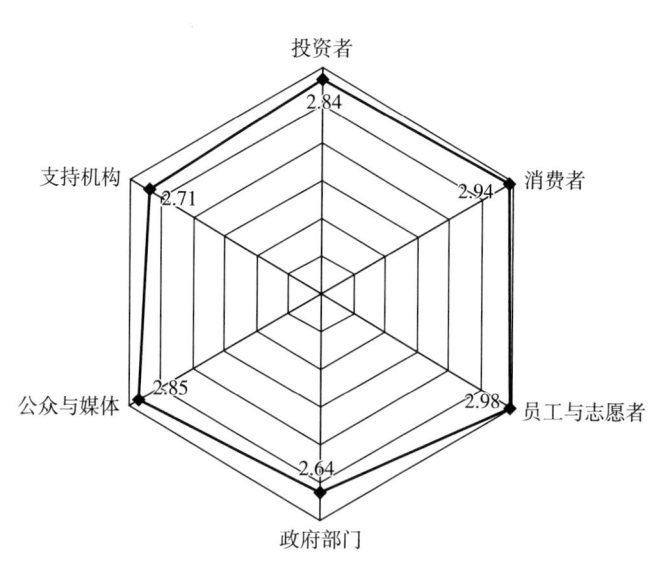

图 53　社会企业支持体系中各类主体的发展状态（$N=124$）

说明：1＝缺失；2＝比较薄弱；3＝一般；4＝比较健全；5＝非常健全。

愿者（2.98分）、消费者（2.94分）、公众与媒体（2.85分）、投资者（2.84分）、支持机构（2.71分）、政府部门（2.64分）。对比"2018年中国社企调查"数据,北京市社会企业对于支持体系中各类主体功能发挥的总体评价得分为2.6~3.0分,与全国数据(2.5~3.0分)基本相同。

面向未来,绝大多数社会企业希望政府部门、投资机构以及支持机构能够采取更多措施促进社会企业的发展。首先,96.8%的北京市社会企业希望政府部门未来能够采取更多措施促进社会企业发展。如图54所示,社会企业希望政府部门采取以下具体措施:出台相关法律、法规、政策促进社会企业的发展(占81.5%);建立专项政府基金为社会企业提供资金支持(占79.8%);给予社会企业适当的税收优惠(占79.0%);在政府采购项目中优先考虑社会企业(占76.6%);通过多种形式扩大对社会企业的宣传,提高社会认知度(占71.4%);设立社会企业支持平台,为社会企业提供孵化、投融资等支持服务(占64.5%);明确社会企业的政府主管部门(占56.5%)。

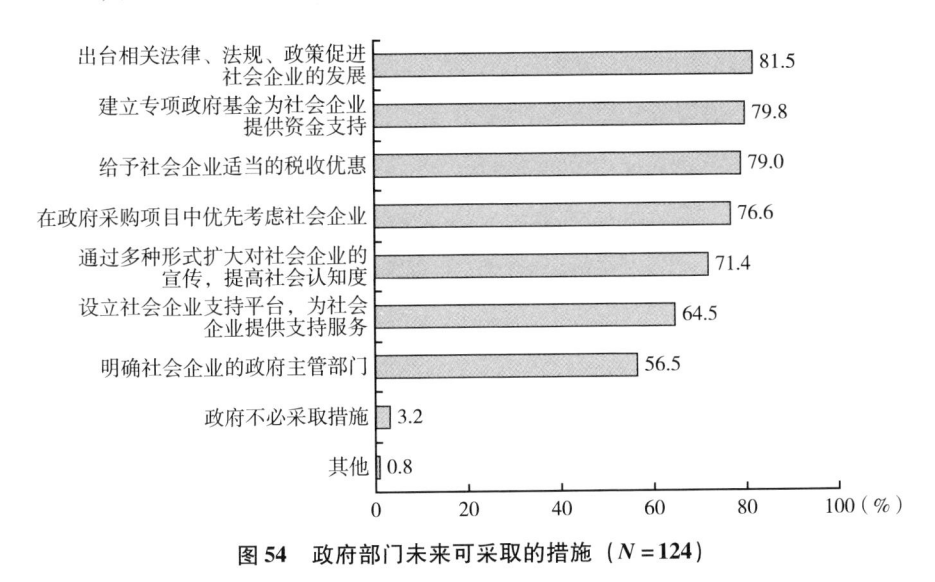

图54 政府部门未来可采取的措施（N=124）

其次,96.8%的北京市社会企业希望投资机构未来能够采取更多措施促进社会企业发展。如图55所示,社会企业希望投资机构采取以下具体措施:提供更多符合社会企业需要的投资形式(占89.5%);投资达成后,协助投资对象提升运营管理能力,改善经济、社会、环境绩效(占71.8%);提升

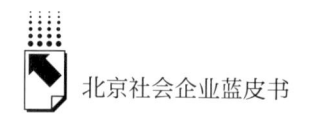

投资筛选过程的透明度和公平性（占61.3%）；完善投资信息的发布机制（占58.1%）。

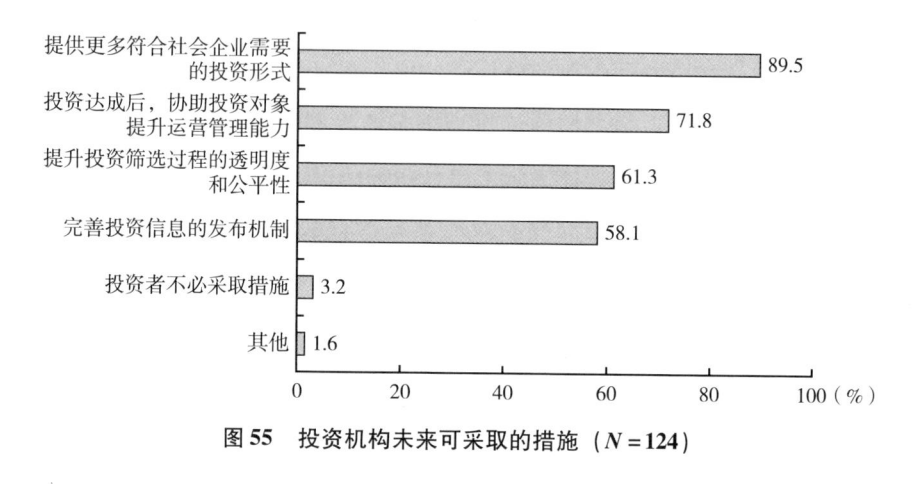

图55 投资机构未来可采取的措施（$N=124$）

- 提供更多符合社会企业需要的投资形式：89.5
- 投资达成后，协助投资对象提升运营管理能力：71.8
- 提升投资筛选过程的透明度和公平性：61.3
- 完善投资信息的发布机制：58.1
- 投资者不必采取措施：3.2
- 其他：1.6

最后，100%的北京市社会企业希望支持机构未来能够采取更多措施促进社会企业发展。如图56所示，社会企业希望支持机构采取以下具体措施：提供专业服务，提升社会企业的运营管理能力（占78.0%）；在社会企业与投资机构之间搭建信息桥梁，促进合作（占75.6%）；在社会企业与政府机构之间搭建信息桥梁，促进合作（占74.0%）；进行公众倡导，促进消费者认知与支持社会企业（占70.7%）；进行政策倡导，促进政府采取措施支持社会企业的发展（占66.7%）；提供孵化器服务（占61.8%）；在社会企业之间搭建信息桥梁，促进合作（占61.0%）；提供有关社会企业认证的信息与服务（占57.7%）；定期发布社会企业行业发展现状与趋势的相关信息（占56.9%）。

十 结论及对策建议

过去十多年间，北京市社会企业经历了蓬勃发展，逐渐成为解决贫困、医疗、教育、养老、环保、就业、社区发展、社会照料等多种社会问题的创新实践主体。

支持机构未来可采取的措施	比例(%)
提供专业服务,提升社会企业的运营管理能力	78.0
在社会企业与投资机构之间搭建信息桥梁,促进合作	75.6
在社会企业与政府机构之间搭建信息桥梁,促进合作	74.0
进行公众倡导,促进消费者认知与支持社会企业	70.7
进行政策倡导,促进政府采取措施支持社会企业的发展	66.7
提供孵化器服务	61.8
在社会企业之间搭建信息桥梁,促进合作	61.0
提供有关社会企业认证的信息与服务	57.7
定期发布社会企业行业发展现状与趋势的相关信息	56.9

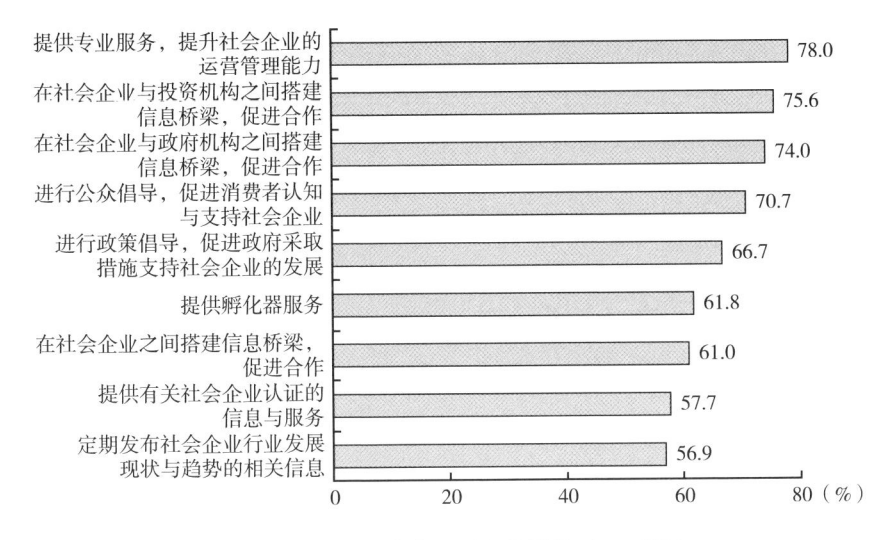

图56 支持机构未来可采取的措施（$N=123$）

在组织概况方面，多数北京市社会企业处于组织发展的初创期，社会企业的组织类型呈现多样化形态。

在使命与价值方面，北京市社会企业在广泛的社会与环境领域实现其社会使命，相当比例的社会企业直接或间接服务各类社会弱势人群，充分发挥了社会企业的社会价值；多数社会企业具有禁止或限制利润分配的规定，绝大多数社会企业的净利润分配方式具备明确的"非营利"属性，并且社会绩效在2017年度呈现增长趋势。

在市场运营方面，大多数的北京市社会企业采取市场化运营模式，市场结构呈现多元性状态，销售渠道充分体现了社会资本和互联网的商业价值，绝大多数社会企业的主要收入来源是自营收入，社会企业在商业运营能力七个方面的评价总体平均得分偏低。

在规模与增长方面，从年度收入总额、资产总额等指标来看，多数北京市社会企业属于中小型组织；从受薪员工数量来看，多数社会企业属于小微型组织。多数社会企业处于健康的财务状况，并且财务绩效在2017年度呈现增长趋势。

在融资状况方面，绝大多数北京市社会企业的原始资本主要来自于社会

企业家个人；创立后，社会企业融资的成功概率偏低且融资规模有限；商业创投机构、新兴的社会投资机构和传统的商业银行均未成为社会企业的主要融资来源。

在组织治理方面，多数北京市社会企业具备组织治理的基本制度框架，绝大多数社会企业采取措施促进组织运营的制度化建设，并对组织运营的绩效进行了定期评估。

在支持体系方面，北京市社会企业支持体系中各类主体的发展状态普遍处于薄弱状态，绝大多数社会企业希望政府部门、投资机构、支持机构未来能够采取更多措施促进社会企业发展。

展望未来，北京市社会企业的未来发展，不仅需要提升社会企业主体的内生动力，而且需要完善社会企业的外部支持体系。在社会企业主体的内生动力方面，社会企业需要不断提升自身的市场运营能力。在社会企业的外部支持体系方面，建议各类投资机构应充分认知社会企业独特的投资价值，为社会企业提供更多投资机会与多样的投资形式；建议政府部门优化社会企业运营的制度环境，在金融、财税、创业、产业、就业、公共服务体系建设等方面加大对社会企业发展的政策支持，保障既有支持政策的有效实施；建议社会企业支持机构更好发挥桥梁作用，积极促进社会企业与投资机构和政府部门的合作，广泛开展相关公众倡导和政策倡导活动，为社会企业的行业发展创造优质的政策和社会环境。

参考文献

阿罗科咖啡焙制（北京）有限公司，2019，"企业资质"，http://www.arabicaroasters.com/love/About123。
北京社会企业发展促进会，2018，《北京市社会企业认证办法（试行）》。
北京市民政局，2016，《2011-2015年北京市民政事业发展统计公报》，http://www.bjmzj.gov.cn。
北京市社会福利事务管理中心社会管理创新课题组，2013，《创新社会管理实现福利企业良性发展——北京市残疾职工权益保障和市属福利企业发展调查》,《中国民政》第3期。

北京市社会建设工作办公室,2016,《北京市"十三五"时期社会治理规划》。

车红莉,2018,《乡村振兴战略下北京农民合作社经营策略展望》,《农业展望》第11期。

陈吉,2012,《北京市社会企业发展现状及问题分析》,华北电力大学硕士论文。

程楠,2016,《民非为何变身社会服务机构——访民政部民间组织管理局副局长黄茹》,《中国社会组织》第9期。

丁开杰,2007,《从第三部门到社会企业:中国的实践》,《经济社会体制比较》第2期(增刊),第36~60页。

杜晓山,2013a,《公益性小额信贷,可能的发展前景》,《金融博览(财富)》第8期。

杜晓山,2013b,《对当前小额信贷及相关热点问题的思辨》,《科学决策》第11期。

杜晓山、宁爱照,2013,《社会企业——中国公益性小额信贷机构的一个发展方向》,《金融与经济》第5期。

杜晓山、孙同全、张群,2011,《公益性及商业性小额信贷社会绩效管理比较研究》,《现代经济探讨》第5期,第43~47页。

谷隶栗,2014,《北京市社会企业发展现状研究——以同心互惠为例》,《新西部》(理论版)第24期。

洪治,2016,《慈善超市如何华丽转身》,《小康》第3期。

黄江松、于晓静,2012,《扶持社会企业发展要突破四大障碍》,《前线》第9期。

孔祥智,2018,《中国农民合作经济组织的发展与创新(1978—2018)》,《南京农业大学学报》(社会科学版)第6期。

李江涛、李宾、郝成,2013,《社团之春:社会组织告别双头管理》,《中国经营报》4月20日。

李宁,2017,《论民办非企业单位财产属性及其权利归属——以民办非企业单位向社会服务机构转型为视角》,《中国不动产法研究》第2期。

李志荣,2011,《北京郊区农民专业合作社规范化建设的问题研究与机制建议》,《人力资源管理》第10期。

李子彬、郑文堂,2018,《中国中小企业2018蓝皮书——民营企业投资状况分析及对策建议》,经济管理出版社。

刘驰、李瑞芬、田金玉,2019,《北京密云农民专业合作社运行效率研究》,《北京农学院学报》第2期。

刘林、杨龙、吴本健、郭悠悠、徐建新、张化珍,2011,《借鉴国际公平贸易理念在贫困地区实施扶贫互助贸易》,《中国农学通报》第20期。

吕珂昕,2019,《当"公平贸易"遇上中国小农户》,《农村·农业·农民》(A版)第1期。

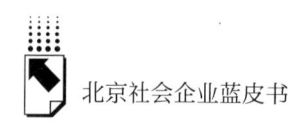

吕娜，2016，《基于生态农业的北京农民专业合作社发展方向研究》，《内蒙古农业大学学报》（社会科学版）第1期。

罗曙辉，2013，《香格里拉农场的公平贸易》，《WTO经济导刊》第12期。

民政部，2018，《2017年社会服务发展统计公报》，http：//www.mca.gov.cn/article/sj/tjgb/201808/20180800010446.shtml。

宁爱照、杜晓山，2015，《农村小额信贷市场分析》，《农村经济》第2期。

欧继中，2010，《我国新型农村合作经济组织探析》，《毛泽东邓小平理论研究》第4期，第45~56页。

萍之，2012，《北京农村合作社理论与实践座谈会综述》，《前线》第9期。

任兴磊、李献平、杲传勇（中国中小商业企业协会），2018，《分析与展望：2017—2018中国中小微企业生存与发展报告》，中国经济出版社。

社创星，2019，《北京市首届社会企业评审认定名单公示》。

深德公益，2013，《社会企业领域发展新趋势》，http：//www.ventureavenue.com/va_insights/zh/2013/11/08/%E7%A4%BE%E4%BC%9A%E4%BC%81%E4%B8%9A%E9%A2%86%E5%9F%9F%E5%8F%91%E5%B1%95%E6%96%B0%E8%B6%8B%E5%8A%BF/。

汤潇，2015，《由公益到博弈：福利企业的市场化足迹与境遇——以上海市为例》，《上海经济》第5期。

王波，2017，《福利企业的"社会企业"定位及其实现》，《理论探索》第1期。

王名，2008，《中国民间组织30年：走向公民社会（1978—2008）》，社会科学文献出版社。

王瑷媛，2013，《中国需要公平贸易》，《生产力研究》第9期。

汪洋，2012，《北京市残疾人就业问题研究》，北京交通大学硕士论文。

香格里拉农场，2019，"咖啡项目"，http：//www.shangrilafarms.com/col.jsp？id=126。

徐西莹，2013，《善淘的定位之路——一家社会企业的商业机制构建》，《企业管理》第7期。

英国文化教育协会，2019，《中英社会企业及社会投资名录》，https：//www.britishcouncil.cn/programmes/society/index。

于晓静，2011，《放大社会企业的价值与效应》，《前线》第12期。

于晓静，2018，《以社会企业创新推动公共服务供给》，《前线》第9期。

余晓敏，2012，《社会企业的治理研究：国际比较与中国模式》，《经济社会体制比较》第6期。

余晓敏等，2018，《社会企业与中国社会发展的创新实践》，中国经济出版社。

余晓敏、赖佐夫，2012，《社会企业与社会企业家精神》，载《社会创新蓝皮书》，中国社会出版社。

余晓敏、张强、赖佐夫，2011，《国际比较视野下的中国社会企业》，《经济社会体制比较》第1期,第157~165页。

苑鹏、曹斌、崔红志,2019,《空壳农民专业合作社的形成原因、负面效应与应对策略》,《改革》第4期。

岳金柱、杨柏生、冯璨,2018,《北京社会企业发展现状、面临挑战和对策建议》,《社会治理》第4期。

张文学,2015,《宗教社会企业的实证考察——以北京天颐养老院为例》,《中国非营利评论》第1期。

张晓兰,2015,《北京慈善超市:一段变革与创新运营模式的历史》,《中国社会组织》第20期。

中国人民银行,2019a,《2019年一季度小额贷款公司统计数据报告》,http://www.pbc.gov.cn。

中国人民银行,2019b,《2010-2018年小额贷款公司统计数据报告》,http://wzdig.pbc.gov.cn。

中国小额信贷联盟,2019,《中国小额信贷联盟2017年年报》,www.chinamfv.net/upload/link/1806/f018811/pdf。

中国银行业监督管理委员会、中国人民银行,2008,《关于小额贷款公司试点的指导意见》(银监发〔2008〕23号),http://www.gov.cn/gzdt/2008-05/08/content_965058.htm。

周孟亮,2013,《NGO小额信贷资金困境与覆盖面广度的考察与诠释》,《求是学刊》第6期。

Alter, Kim, 2010, "Social Enterprise Typology", http://www.4lenses.org/setypology.

B Lab, 2019a, "About B Corps", https://bcorporation.net/about-b-corps.

B Lab, 2019b, https://bcorporation.net.

Becchetti, Leonardo, 2010a, "The fair-trade debate and its underpinnings", in Leonardo Becchetti and Carlo Borzaga (eds.) *The Economics of Social Responsibility: The World of Social Enterprises*, New York: Routledge, pp. 123-144.

Becchetti, Leonardo, 2010b, "Microfinance", in Leonardo Becchetti and Carlo Borzaga (eds.) *The Economics of Social Responsibility: The World of Social Enterprises*, New York: Routledge, pp. 165-193.

Bengtsson, Steen and Lars Hulgard, 2001, "Denmark: Co-operative Acitvity and Community Development", in Borzaga, Carlo and Jacques Defourny (eds.) *The Emergence of Social Enterprise*. London; New York: Routledge, pp. 65-81.

Borzaga, Carlo and Jacques Defourny (eds.), 2001, *The Emergence of Social Enterprise*. London; New York: Routledge.

Borzaga, Carlo, Riccardo Bodini, Chiara Carini, Sara Depedri, Giulia Galera and Gianluca Salvatori, 2014, "Europe in Transition: The Role of Social Cooperatives and Social Enterprises", *Euricse Working Paper* n. 69 | 14.

Chen, Xiujian and Thomas F. Kelly, 2015, "B-corps—A Growing Form of Social Enterprise: Tracing Their Progress and Assessing Their Performance", *Journal of Leadership & Organizational Studies*, 22 (1): 102 – 114.

Defourny, J., and S. Y. Kim, 2010, *A Cross-country Analysis of Social Enterprises in Eastern Asia*. In Proceedings of International Conference on "Social Enterprises in Eastern Asia: Dynamics and Variations", Taipei, June 14 – 16.

Hutchens, Anna, 2009, Changing *Big Business: The Globalisation of the Fair Trade Movement*. Cheltenham, UK; Northampton, MA, USA: Edward Elgar Publishing.

Kerlin, Janelle A., 2006, "Social Enterprise in the United States and Europe: Understanding and Learning from the Differences", *Voluntas*, 17: 247 – 263.

Shortall, Jessica and Kim Alter, 2009, *Introduction to Understanding and Accessing Social Investment: A Brief Guide for Social Entrepreneurs and Development Practitioners*, p. 4.

Social Enterprise UK, 2017, *The Future of Business: State of Social Enterprise Survey* 2017, p. 4, 6.

Vaughan, Shannon K. and Shelly Arsneault, 2018, "The Public Benefit of Benefit Corporations", *Political Science & Politics*, 51 (1): 54 – 60.

World Fair Trade Organization (WFTO), 2019, "10 Principles of Fair Trade", https://wfto.com/who-we-are.

Young, Dennis R. and Jesse D. Lecy, 2014, "Defining the Universe of Social Enterprise: Competing Metaphors", *Voluntas*, 25: 1307 – 1332.

Yu, Xiaomin, 2011, "Social Enterprise in China: Driving Forces, Development Patterns and Legal Framework", *Social Enterprise Journal*, 7 (1): 9 – 32.

Yu, Xiaomin, 2013, "The Governance of Social Enterprises in China", *Social Enterprise Journal*, 9 (3): 225 – 246.

Yu, Xiaomin, 2016, "Social Entrepreneurship in China's Nonprofit Sector: The Case of Innovative Participation of Civil Society in Post-Disaster Reconstruction", *China Perspectives*, 3: 53 – 61.

Yunus Social Business, 2019, "About us", https://www.yunussb.com/about-us.

政策篇

Policy Reports

B.2
中国社会企业政策环境分析

于晓静[*]

摘　要： 我国进入社会主义新时代，经济发展的基本特征是由高速增长转向高质量增长，社会企业与经济发展大趋势高度吻合，应该成为我国经济发展新动能的重要力量。从宏观政策来看，以供给侧结构性改革为主线，强调发挥市场配置资源的决定性作用和更好发挥政府作用，为社会企业发展提供了有利条件。从行业政策来看，发展方向愈加清晰，放开公共服务市场、扩大政府购买、激发市场和社会活力成为主旋律。从地方实践来看，北京、成都、深圳福田、佛山顺德都进行了各具特色的实践，为其他地区学习借鉴提供了宝贵经验。

---

[*] 于晓静，首都社会经济发展研究所社会处二级调研员兼副处长，副研究员，研究专长为公共政策、社会企业、社区治理。

关键词： 中国社会企业 政策环境 公共服务市场

一 宏观政策环境

经过对我国近年来宏观经济和社会政策的梳理，笔者认为我国社会企业发展的宏观政策环境向好，但在国家层面出台"社会企业"专项法规政策条件还不成熟。

宏观政策向好的判断依据，来源于近年来国务院在社会及经济领域发布的系列文件，择要列举如下。2013年国务院办公厅出台《关于政府向社会力量购买服务的指导意见》，明确要求在公共服务领域更多利用社会力量，加大政府购买服务力度。承接政府购买服务的主体包括依法在民政部门登记成立或经国务院批准免予登记的社会组织，以及依法在工商管理部门或行业主管部门登记成立的企业、机构等社会力量。此后，各地陆续出台了落实该文件的地方意见或实施细则。2015年国务院办公厅转发财政部、发改委、人民银行《关于在公共服务领域推广政府和社会资本合作模式的指导意见》，明确要求改革创新公共服务供给机制和投入方式，发挥市场在资源配置中的决定性作用，更好地发挥政府作用，引导和鼓励社会资本积极参与公共服务供给，为广大人民群众提供优质高效的公共服务。该文件还在放宽行业准入、扩大投融资渠道、落实土地税费政策、促进融合创新发展、加强监督优化服务等方面提出了具体工作部署。2017年国务院办公厅下发《关于进一步激发社会领域投资活力的意见》，针对放宽准入不彻底、扶持政策不到位、监管体系不健全等问题，明确提出要深化社会领域供给侧结构性改革，进一步激发医疗、养老、教育、文化、体育等社会领域投资活力，着力增加产品和服务供给，不断优化质量水平，以此来提升人民群众获得感、挖掘社会领域投资潜力、保持投资稳定增长、培育经济发展新动能、促进经济转型升级、实现经济社会协调发展。此外，国务院关于创新创业和"放管服"改革的一系列政策文件，都鲜明地体现出国家正在积极转变政府职能，开放公共服务市场,发挥市场在资源配置中的决定性作用,注重调动社会力量,降低制度性交易成本,吸引各类投资进入社会领域。这些都为社会企业发展提供了良好的宏观政策环境。

尽管有一些学者和官员主张我国要对社会企业进行立法,在制度上要做出顶层设计,但笔者认为目前在国家层面出台"社会企业"专项法规政策的条件还不成熟,原因有三。首先,社会企业概念本身的模糊性、管理上的复杂性以及与我国现有政策的衔接性等问题,在一定程度上影响着国家对社会企业的认识和态度。至今国家政策文件中"社会企业"还从未以专有名词形式出现,显然出台专项政策甚至立法的时机未到,普遍的认知共识还有待进一步达成。其次,从全国范围来看,我国经济发展区域差异性还很大,社会企业在经济发展水平相对较高、城乡居民社会服务购买力强的发达地区会有较好的发展前景,但在欠发达地区则可能举步维艰。最后,社会企业所带来的社会和经济效益还有待进一步评估。社会影响力评估是社会企业检视自身社会目标达成情况的一把尺子,也是向政府和公众表明其社会价值的公告。但对社会价值的测量和评估还缺少切实可行、行业公认的一套方法。同时,现有法规政策体系及地方政策创新对社会企业发展及作用发挥的影响也还需要在实践中进一步监测评估。

二 行业政策环境

尽管目前我国还没有针对社会企业的法律法规和专项政策,但在与社会企业高度匹配的教育、养老、医疗、环保、文化、三农、助残、扶贫等领域改革政策加紧出台,对各行业社会企业创新实践有望产生积极影响。

在教育领域,2018年新修订的《中华人民共和国民办教育促进法》,首次为营利性与非营利性教育机构分类登记管理提供了法律依据。营利与非营利民办学校将在审批、扶持、税收、退出等方面享有不同优惠,各地正在加紧制定落实政策。2016年国务院出台的《关于鼓励社会力量兴办教育 促

进民办教育健康发展的若干意见》提出：对民办学校设立应实行负面清单制，"只要是不属于法律法规禁止进入以及不损害第三方利益、社会公共利益、国家安全的领域，政府不得限制"，并在税费减免、土地划拨、购买服务、补贴奖励等方面提出具体要求。2019年5月李克强主持召开国务院常务会议决定自6月1日至2025年年底，对提供社区养老、托幼、家政相关服务的收入免征增值税，并按90%计入所得税应纳税额。这一政策的实施又是对学前教育行业的利好。此外，成人教育（老年教育）、互联网+教育等领域，也蕴含着越来越大的受益人付费市场。

在养老领域，民间资本参与养老服务业的市场环境日益完善。2013年国务院印发《关于加快发展养老服务业的若干意见》，指出要"充分发挥市场在资源配置中的基础性作用，逐步使社会力量成为发展养老服务业的主体，营造平等参与、公平竞争的市场环境"。2015年民政部等十部委联合发布《关于鼓励民间资本参与养老服务业发展的实施意见》，明确规定"对于举办者没有捐赠而以租赁形式给予组织使用的固定资产以及以借款方式投入组织运营的流动资金，允许其收取不高于市场公允水平的租金和利息。行业管理部门和登记管理机关应当对其关联交易进行披露并进行必要监管"。这有利于社会资本减少投资顾虑，进一步加速养老服务业的市场化进程。2019年国务院办公厅再度下发《关于推进养老服务发展的意见》，从深化"放管服"改革、拓宽投融资渠道、扩大服务消费及创业就业、完善基础设施、促进高质量发展等方面作出了重要部署。在养老服务中"医养结合""智慧养老"可以成为社会企业着力探索的创新方向。

在医疗领域，2015年国务院办公厅在《全国医疗卫生服务体系规划纲要（2015—2020年）》中提出要"坚持政府主导与市场机制相结合"的原则，放宽举办主体要求，放宽服务领域要求，凡是法律法规没有明令禁入的领域，都要向社会资本开放。2017年国务院办公厅就进一步激发医疗领域社会投资活力又出台了《关于支持社会力量提供多层次多样化医疗服务的意见》，明确要严格按照有关规定全面落实社会办医疗机构各项税收优惠政策，对社会办医疗机构提供的医疗服务按规定免征增值税，进一步落实和完善对社会办非营利性医疗机构缴纳企业所得税的优惠政策。同年国务院办公厅出台《关于推进医疗联合体建设和发展的指导意见》，指出"根据社会办医疗机构意愿，可将其纳入医联体"。社会办医疗机构由此便可以参与地区医疗资源配置，并享有相应服务。此外，国务院办公厅出台的《关于促进和规范健康医疗大数据应用发展的指导意见》《关于促进"互联网＋医疗健康"发展的意见》等文件，有望引导社会企业在医疗健康领域利用互联网＋、大数据、人工智能等新技术，创新医疗及健康服务模式。

在科技与"互联网＋"领域，2015年中共中央、国务院出台的《关于深化体制机制改革　加快实施创新驱动发展战略的若干意见》，在营造公平市场环境、发挥金融创新作用、完善成果转化激励政策等方面吹响了改革的号角。同年8月全国人大常委会通过《关于修改〈中华人民共和国促进科技成果转化法〉的决定》，把科研成果处置权下放至科研单位，并提高科研人员奖励和报酬的最低标准。2016年国务院发布《"十三五"国家科技创新规划》。规划名称中首次增加"创新"二字，并倡导"负责任的研究和创新"，提出围绕现代农业、清洁高效能源等十大领域构建现代产业技术体系；围绕生态环保、资源高效循环利用、人口健康、新型城镇化、公共安全和社会治理五个领域构建服务民生改善和可持续发展的技术支撑体系。2015年国务院发布的《关于积极推进"互联网＋"行动的指导意见》提出"互联网＋"创业创新、现代农业、智慧能源、普惠金融、益民服务、便捷交通、绿色生态等11项具体行动。"互联网＋"有望引领社会企业创新创业的新风向。

在文体领域，国家正在积极构建政府、市场、社会共同参与的公共文化服务体系，文体类社会企业将享有更多市场机会。2015年中共中央办公厅、国务院办公厅下发《关于加快构建现代公共文化服务体系的意见》，提出将通过政府购买服务、鼓励社会捐赠、公共文化设施社会化运营试点、政府和社会资本合作等方式，鼓励和引导社会力量参与公共文化服务。同年《关于做好政府向社会力量购买公共文化服务工作的意见》《关于推进基层综合性文化服务中心建设的指导意见》相继下发。值得一提的是《关于推动文化文物单位文化创意产品开发的若干意见》，鼓励文化事业单位在坚持把社会效益放在首位、实现社会效益和经济效益相统一的前提下，为社会力量广泛参与文创产品研发、生产、经营等活动提供条件。文创产品开发取得的收入要按规定纳入本单位预算统一管理，可用于加强公益文化服务、藏品征集、继续投入文化创意产品开发等。文化单位的这一改革方向与社会企业高度契合。

在环保领域，国家正在积极构建肯定自然价值、发挥市场机制、强调多元共治的生态文明体制。2015年国务院出台了《关于加快推进生态文明建设的意见》。同年，中共中央、国务院印发了《生态文明体制改革总体方案》，该方案提出树立自然价值和自然资本的理念，充分肯定自然生态是有价值的，保护自然就是增值自然价值和自然资本的过程，应该得到合理回报和经济补偿，同时鼓励各类投资进入环保市场，政府还会加大对环境污染第三方治理服务的购买力度。同年发布的《党政领导干部生态环境损害责任追究办法（试行）》《环境保护督察方案（试行）》首次提出对党政领导干部生态环境损害终身追责，倒逼地方领导干部承担环境保护与生态建设责任。2016年，国务院发布《"十三五"生态环境保护规划》，环境保护部出台《关于积极发挥环境保护作用 促进供给侧结构性改革的指导意见》，提出支持环保类PPP项目、健全社会资本投资环境治理回报机制等。政府多措并举培育市场主体，社会企业理应成为我国发展绿色低碳循环经济的生力军。

在助残领域，2015年新出台的《残疾人就业保障金征收使用管理办法》设定以上年用人单位在职职工年平均工资作为残保金计算基数，大幅提高了薪酬高于地区平均水平用人单位的残保金年度缴费额。2016年《关于促进残疾人就业增值税优惠政策的通知》规定，用人单位每雇用1名残疾人可按当地最低工资的4倍即征即退增值税。新政策激发了用人单位雇用残疾人的刚需。残疾人职业教育与培训、职业康复、从教育到就业之间的转衔服务、创新性的就业援助以及残疾人创业孵化服务等都孕育着日益庞大的市场需求。根据国务院《关于加快推进残疾人小康进程的意见》，在残疾人康复、托养、护理等服务领域，政府都将加大购买服务力度。既倡导社会力量兴办公益性医疗、康复、特殊教育、托养照料等机构，又要发挥市场作用，壮大残疾人服务产业，形成多元化的残疾人服务供给模式。

在三农领域，当前我国农业正处在转方式、调结构、育主体的历史性变革中，政策利好频出，产业规模庞大，消费升级突显，社会企业大有可为。2018年中共中央、国务院出台的《关于实施乡村振兴战略的意见》，是今后一个时期指引我国三农领域发展的纲领性文件。《关于支持农民工等人员返乡创业的意见》《关于推进农村一二三产业融合发展的指导意见》《关于加快转变农业发展方式的意见》《关于开展农村承包土地的经营权和农民住房财产权抵押贷款试点的指导意见》《关于促进农业产业化联合体发展的指导意见》等政策创新将激发农业农村更大的发展活力。社会企业应发挥跨界创新优势，积极探索一、二、三产业融合发展模式。特别是政府积极培育新型农业经营主体，包括规范合作社发展以及提出家庭农场和农业产业化联合体等新思路，并给予产业化经营项目和金融支持等政策。可以尝试建立"社会企业+合作社+农户/家庭农场"的方式，以社会企业为核心，实现生态循环农业，帮助农民享有更多增值收益。这将有助于社会企业在三农领域产生更大规模的社会影响力。

在扶贫领域，2015年中共中央、国务院发布《关于打赢脱贫攻坚战的决定》，提出"鼓励支持民营企业、社会组织、个人参与扶贫开发，进一步引导社会扶贫重心下移"。2016年《"十三五"脱贫攻坚规划》发起"万企帮万村"精准扶贫行动，并推广政府与社会资本合作、政府购买服务等多种扶贫开发模式。2016年中国证监会发布的《关于发挥资本市场作用 服务国家脱贫攻坚战略的意见》，对符合条件的贫困地区企业申请首次公开发行股票或申请在全国中小企业股份转让系统挂牌，发行公司债、资产支持证券，将实行"即报即审""审过即发""审过即挂"等相关支持政策。次年全国首单社会责任公司债在上海证交所挂牌上市，募集的5亿元全部用于精准扶贫项目。2017年国务院扶贫开发领导小组发布《关于广泛引导和动员社会组织参与脱贫攻坚的通知》，支持社会组织特别是行业协会商会、农村专业技术协会等参与落实贫困地区特色产业发展规划。社会企业应结合贫困地区产业特色，抓

住"互联网+"浪潮中的机遇,闯出跨界合作精准扶贫的新路。

尽管上述行业政策普遍鼓励在公共服务领域引入市场机制或在产业发展中更注重社会和环境效益,但国家法规、中央政策的落实还需要解决好"最后一公里"的问题。要使社会企业能享受行业内的各项扶持和优惠政策,还需要地方政府结合各自实际情况出台细则、执行落实的过程。有些政策本身还存在概念边界不清晰、责任部门不明确、配套政策不健全等问题,加之各地政府重视程度和财政资金局限等原因,政策落实进度不尽统一。基于部门管理限制和社会企业发展状况,在国家层面出台社会企业发展的整体性政策还不具备成熟条件。

三 地方实践

2018年地方政府对社会企业发展的支持态度和行动有了突破性进展。北京、成都、深圳福田、佛山顺德四地政府出台相关政策,对国内其他地方政府具有积极示范意义。地方政府支持社会企业发展的势头有望进一步扩大。

(一)北京

早在2011年,中共北京市委《关于加强和创新社会管理,全面推进社会建设的意见》和《北京市"十二五"时期社会建设规划纲要》中就提出"积极扶持社会企业发展",使北京成为全国最早在市委、市政府文件中提出鼓励社会企业发展的省级行政单位。2016年《北京市"十三五"时期社会治理规划》更加重视社会企业的作用,将之作为创新社会服务的一支生力军,提出:"开展专题调研,研究扶持政策,分类开展试点,大力推动以服务民生和开展公益为重点的社会企业发展。按照政企分开、分类改革、试点先行、鼓励创新的原则,推动政府直接主办的公益类、经营性事业单位转变为社会企业,引导具有公益性质的养老、助残、教育培训等机构转变为社会企业。制定配套政策,加大政府购买社会企业服务力度,探索慈善、福彩、体彩等公益资源进入社会企业,鼓励基金会和社会企业合作。加大培育扶持力度，开展社会企业家继续教育和专业培训，提高社会企业家能力素质。推动建立北京市社会企业联盟，建立社会企业绩效评估体系，发挥市场激励与社会监督作用，提升社会企业服务水平和公信力，促进社会企业可持续发展。建立激励机制，每年培养树立一批贡献突出的社会企业家。"

2017年下半年，在前期相关课题研究的基础上，中共北京市委社会工作委员会（以下简称市社工委）启动社会企业试点工作。首批入选机构12家，其中社会企业示范点单位6家、社会企业试点单位6家，服务涉及领域包括养老、助残、教育、环保、文化、体育、物业服务等10个方面。市社工委委托两家支持型机构为它们提供教育培训、管理咨询、交流参访等能力建设服务。

2018年3月在市社工委的推动下，北京社会企业发展促进会成立。同年8月，市社工委指导北京社会企业发展促进会、北京社启社会组织建设促进中心共同主办中国社会企业论坛首次城市峰会——北京峰会。会议期间，北京社会企业发展促进会发布《北京市社会企业认证办法（试行）》，认证和分级标准如下。

1. 使命任务：有具体明确的社会目标，以社会问题和民生需求为导向，以解决社会问题、创新社会治理、提升公共服务水平为首要目标或宗旨，包括但不限于养老服务、公益慈善、社区服务、物业管理、环境保护、精准扶贫、文化体育、生态农业、食品安全等。

2. 注册信息：在北京依法登记注册成立两年以上的企业或社会组织，并有相应的合格纳税记录。

3. 信用状况：有良好的信用，企业高管或社会组织负责人近三年没有被登记管理机关通报的失信行为。

4. 经营管理：有不少于3人的全职受薪团队，具有健全的财务制度、实行独立核算，企业或社会组织内部经营管理科学规范。

5. 社会参与：以企业或社会组织自身力量为基础，积极整合社会资源，广泛动员各类社会力量参与解决社会问题，形成社会合力。

6. 社会效益：有可测量的证据显示其创造的市场成果及社会价值。

7. 可持续发展能力：有清晰的商业模式、能实现财务可持续性和盈利性的商业计划以及有价值的产品或服务，有机制保证其社会目标的稳定。

8. 创新性：运用市场机制、现代信息技术等创新手段和方法，有效推动社会痛点、堵点、难点以及基层社会治理"最后一公里"问题的解决，提高、保障和改善民生水平。

9. 行业影响：对本领域产生一定的社会影响，得到行业认可。

分级标准，依据机构财务可持续发展能力和社会效益的程度划分为三个等级。

——一星级社会企业

（1）收入来源：收入来源的30%来自商业收入（包含竞争性政府采购部分）。

（2）社会效益：有可测量的证据显示其创造的社会价值。社会企业应能够明确阐释其项目年度受益人数、资源节约、环境友好、员工保障、社会影响等方面的数据。

（3）服务覆盖面：社会企业开展市场经营活动、实现社会使命或创造社会价值的地域范围覆盖到本市区级层面。

——二星级社会企业

（1）收入来源：收入来源的50%来自商业收入（包含竞争性政府采购部分）。

（2）社会效益：有证据显示改变了该类人群的生活工作质量。能够有效整合配置资源，创新性地解决社会问题或提供公共服务。

（3）服务覆盖面：社会企业开展市场经营活动、实现社会使命或创造社会价值的地域范围覆盖到本市。

——三星级社会企业

（1）收入来源：收入来源的50%来自商业收入（包含竞争性政府采购部分）。

（2）社会效益：通过政策倡导和社会倡导，在服务模式探索上形成规模化的社会问题解决方案与实践，在本行业领域发挥良好的示范引领作用。

（3）服务覆盖面：社会企业开展市场经营活动、实现社会使命或创造社会价值的地域范围覆盖到本市以及其他省市。

2018年11月，北京市社会企业发展促进会启动首次认证工作。有超过130家机构通过线上申请参与认证，经过材料初审、尽职调查、专家评审以及财务和法务审查，最终有46家机构通过认证，其中企业30家、社会组织16家，服务覆盖养老、助残、教育、环保、文化、体育、心理服务、物业服务等民生领域。

2019年5月，北京社会企业发展促进会召开第二次会员大会，并为首届通过认证的社会企业授牌。经过分级评定后，筛选出三星级社会企业7家、二星级社会企业11家、一星级社会企业25家、普通社会企业3家。

（二）成都

成都市委书记高度重视社会企业，并将其作为加强和完善城乡社区治理的新抓手。2017年9月，成都市委、市政府发布《关于深入推进城乡社区发展治理 建设高品质和谐宜居生活社区的意见》，首次提出"鼓励社区探索创办服务居民的社会企业"。2018年4月，成都市人民政府办公厅下发《关于培育社会企业 促进社区发展治理的意见》，并将社会企业发展及社会企业项目运行纳入各区（市）县政府年度目标管理体系进行绩效考核。按照职责分工，市工商局牵头草拟《关于培育社会企业 促进社区发展治理的意见》，初步构建起对社会企业培育、支持、监管的政策框架。2018年6月，成都市工商局出台《关于发挥工商行政管理职能 培育社会企业发展的实施意见》，规定经认定的社会企业可以在企业名称中使用"社会企业"字样。2018年年底至2019年年初，紧随成都首届社会企业认证名单揭晓，区级层面实质性扶持政策相继出台，如《成华区社会企业培育扶持办法（试行）》《武侯区社会企业扶持办法（试行）》《金牛区促进社会企业发展的若干政策（试行）》等，普遍从登记便利、认证奖励、孵化支持、房租补贴、人才支持、活动支持、购买服务、招新引优等方面提供20项左右的扶持政策，为成都社会企业发展和服务社区需求提供了实实在在的资金与政策支持。

（三）深圳福田

深圳市福田区把建设社会影响力投资高地提升到区域发展战略高度，从构建生态体系的宽阔视角服务社会企业发展。2017年年底，福田区政府出台了《福田区关于打造社会影响力投资高地的若干意见》。这是国内第一份支持社会影响力投资的政府文件，它对实现福田金融产业和社会事业跨界融合、创新发展具有里程碑意义。2018年福田区出台《关于打造社会影响力投资高地的扶持办法》及实施细则，对社会影响力投资生态体系中的各类主体给予事后资金扶持。福田区先后举办了全球公益金融论坛、社会企业与影响力投资论坛等高端国际会议，高姿态支持社会影响力投资行业发展。相关政府部门已开展青年交友、普法教育两个试点，探索社会影响力债券，正在筹备的还有1～3个社会影响力投资基金和4个影响力债券项目。

（四）佛山顺德

佛山市顺德区政府是在国内最早开展社会企业认证的地方政府。在大部制改革的背景下，2014年8月顺德区委、区政府出台了《顺德区深化综合改革规划纲要（2013—2015年）》，提出"加快社会组织和社会企业培育发展"。顺德社会创新中心于2014年9月出台了《顺德社会企业培育孵化支援计划》，明确在企业中开展社会企业认定工作的标准和程序。2016年社会创新中心发布了《顺德社会企业培育孵化支援计划（修订稿）》，调整了准入门槛，采取分级认证，意在鼓励更多企业参与。截至2018年年底共有20家企业通过认证。目前，顺德区已将推动社会企业发展列入区国民经济和社会发展第十三个五年规划纲要。顺德社会创新中心牵头，已经构建起跨部门扶持工作体系。

从上述四地社会企业相关政策实践来看，其政策执行效果与以下三点紧密相关。一是如何处理好政府、市场、社会的关系。尽管宏观政策坚持"放管服"改革，坚持发挥市场在资源配置中的决定性作用，更好发挥政府作用、激发社会活力，但在基层实践中，要打破行政惯性，真正构建起三方合作伙伴关系还需要一个从观念转变到行为转变的过程。二是社会企业作为一个创新领域，其管理和服务是哪个政府部门的法定职责还不明确。政策制定与执行会因领导变更、机构调整等原因产生不稳定性。三是社会企业政策环境需要跨部门协同创新，这对牵头部门的统筹协调能力和责任处室干部的学习创新能力都提出了更高要求。

综上所述，我国社会企业与社会投资行业宏观政策环境向好，但国家出台"社会企业"专项法规政策的条件还不成熟。行业政策对广义社会企业类创新实践有不同程度的支持，但政策普遍落实尚需时日。地方政府创制社会企业政策的主要动因是高层领导支持，顺应地区发展战略，同时还有赖于各级政府部门的认知共识。目前地方政策探索处于落实之初，执行效果有待关注。其影响因素包括：政府、市场、社会之间的合作伙伴关系，主管部门体制及一线公务员业务能力。

B.3
英国社会企业政策分析

李健 陈曦[*]

摘　要： 作为一种高效的公共服务供给途径，社会企业自20世纪90年代以来在全球范围内蓬勃发展，在市场失灵和志愿失灵的环境下帮助政府提供公共服务，具有独特、明显的作用，为各国政府运用，并逐渐成熟。英国在推进社会企业发展方面具有先行性和示范性，其所拥有的社会企业数量庞大且体系成熟，可以为处于起步阶段的中国社会企业提供经验借鉴，对我国社会企业的发展有所启示。

关键词： 英国社会企业　社会企业战略　社会理念认同

一　英国社会企业政策背景

（一）福利制度改革提供政策支持

英国在1948年宣布建立福利国家制度，为国民提供高标准和高水平的福利保障。但是长期的福利开支让英国政府财政支出不堪重负，且20世纪70年代中期的经济危机又进一步恶化了财政入不敷出的状况，大量的失业人口以及贫困问题阻碍了福利制度的继续推行。英国政府针对此种情况，

---

[*] 李健，中央民族大学管理学院教授，博士生导师，研究方向为社会企业；陈曦，中央民族大学管理学院学生，研究方向为社会企业。

着手对福利制度进行全面的改革。推行社会福利的私有化以及福利责任的均分，使政府、市场、非营利组织三方成为承担福利责任的主体（Alter et. al, 2006）。政府此时亟待拥有一个集慈善理念和经济效益为一体的社会组织，因此社会企业成为政府支持的首选目标。

（二）公共服务民营化提供经济基础

英国的公共服务民营化开始于1979年撒切尔政府改革，此次改革利用政府授权、合同外包、公司合作以及补贴等形式将公共服务项目交由私营机构或非营利组织承办，目的在于精简政府部门的职能，节省政府支出，以及提高公共服务的专业水平和质量。撒切尔政府开了英国公共服务民营化的先河，后来的政府也都继续完善这一政策。在不断改革的过程中，政府的角色逐步从公共服务的主要提供者转变为购买服务者、合作者和主要资助方。与此并行的是在公共服务领域也出现了市场竞争机制，让社会企业通过公平竞标的方式承包项目，增加了社会企业资金来源的多样性。

（三）非营利组织转型提供内在动因

英国传统的非营利组织运作主要依靠政府的资助和社会的帮助扶持，但是由于英国的福利国家制度改革不断深入，政府拨款日渐乏力。而非营利组织数量急剧上升，抢占政府拨款的竞争日渐剧烈，飞速增加的社会需求和日益紧张的组织资金的问题成为非营利组织所面临的主要问题。这些困难推动着非营利组织进行内部改革，寻求通过商业手段来获得额外的社会帮助和资金来源，促进组织的自我完善不断加快（陈雅丽，2014）。在上述一系列的改革中，社会企业将社会使命和经济效益二者逐渐融合，随之成为新兴的组织形式，这被其他非营利组织所效仿。

（四）企业社会责任运动提供社会文化环境

自20世纪80年代开始，企业社会责任（Corporate Social Responsibility）运动开始兴起，呼吁各企业在追求经济效益的同时承担社会责任，以达到企业利益与社会效益双赢（Carol & Santuari，2003）。英国是企业社会责任运动的模范，不仅政府积极引导企业履行社会责任，英国公众也高度关注着企业社会责任的履行。在这种社会氛围下，企业逐渐意识到，承担社会责任不仅能带来更可观的社会名誉提升度，还能给企业带来可持续的经济利益。因此，企业社会责任运动不仅让企业增强了社会责任感，还为社会企业的发展营造了良好的社会风气。

二 英国社会企业发展政策及探索实践

社会企业通常根据自身从事活动的内容和关键利益相关者的要求来选择采用何种法律形式。法律形式的确定将会影响资金的主权归于何者，也会影响组织运作的整体框架（王世强，2012）。英国社会企业的定义随其本身发展不断改变，但官方以贸易和工业部（Department of Trade and Industry）在2002年提出的定义"社会企业是具有某些社会目标的企业，按照自身的社会目标将盈利再投入业务本身所服务范围，而非为股东和所有者赚取最大利润"[①] 为准。

（一）推行"社会企业战略"

2001年，英国贸易和工业部为了增加社会企业管理的责任体，成立了社会企业组（Social Enterprise Unit），2002年政府公布的《社会企业：一项成功战略》（*Social Enterprise: A Stratery for Success*）标志首个"社会企业战略"问世。这篇策略报告说明了社会企业对经济发展的重要作用，并且指出营造社会企业生长良好环境的重要性。推行社会企业战略意在确定现有环境下的市场问题，并帮助社会企业克服这些问题，使社会企业在市场环境下站稳脚跟。此策略的目的是营造有利环境、给社会企业提供商业运营新体制

---

① 《英国财政部报告》，见英国内阁办事处网站：*Social Enterprise: A Strategy for Success*，http://www.cabinetoffice.gov.uk/media/cabinetoffice/third_sector/assets/se_strategy_2002.pdf，2009年10月12日。

以及制造社会企业的价值。同年,财政部还出台了关于"志愿者及社区团体提供服务的角色"的政策,促进中央和地方政府与社会企业达成有效合作,使社会企业更顺利地参与公共服务。在同年的下半年,英国社会企业联盟(SEUK)成立。

2006年11月英国政府发布了《社会企业行动计划:勇攀高峰》,进一步明确了政府在推动社会企业发展上的责任。此行动计划确认了一个事实,即政府"不创造社会企业",但可与社会企业团体合作,并"解决市场失效问题"。政府行为包括四个方面:建立营造了解社会企业潜力的氛围;疏通社会企业经营者的信息渠道,减少信息差;金融服务逐渐重视社会企业;让社会企业更频繁地参与政府合作(赵莉、严中华,2009)。

卡梅伦政府时期,受到欧债危机的影响,英国政府意识到"第三条道路"理论中政府承担过多社会职责所造成的负面影响,确立了"大社会"的执政理念,即扩大公民和社区权利范围来构建公民社会。在该理念的指导下,2010年政府启动"大社会"项目,第三部门办公室被改为公民社会办公室,并同时发布《建设更强大的公民社会:志愿、社区、慈善组织及社会企业的策略》,将社会企业发展提升到国家战略层面,释放了更大的社会企业发展空间(王振香,2014)。

(二)制定法律明确社会企业法律地位

目前英国并没有设立特定的整体性的社会企业法,但是有针对具体组织形式颁布的规定。2004年,英国政府颁布了《公司(审计、调查和社区企业)法令》[1],2005年7月1日颁布了《2005年社区利益公司规定》,对社会企业的审批、资产、评估等方面制定了详细的条款(涂智苹,2018)。英国通过营造发展的良好环境,从法律、税收、金融等各方面为社会企业的发展构建支持性的环境,并成立专职负责部门,促进社企发展。其他组织形式的相关政策法律散见于公司法以及第三部门的相关法律中。英国社会企业相关

---

[1] Companies (Audit, Investigations and Community Enterprise) Act. 2004.

法律政策的颁布主体为英国政府，这些法律政策属于国家立法的政策范畴。

2013年1月，英国政府颁布了《公共服务（社会价值）法案》，要求英国公共部门在购买社会服务时，不能局限于价格因素，而应将目光放在体现社会、经济与环境价值上，以能够负担的价格购买真正造福于当地公民的公共服务，在服务项目竞标时必须优先侧重于社会企业。

（三）积极优惠的税收框架

英国政府建立了一个金融税收支持系统来扶持社会企业的发展。自1997年起，英国内政部投资成立了"风险资本基金"，为社会企业提供足够的金融支援和商业指导。2002年政府出台了"社区投资税减免计划"，为社会企业的投资者减免了高达25%的税费，来鼓励更多的社会资金投向社会企业。2003年5月，英格兰银行发布了关于社会企业融资问题的报告。这份报告对英国社会企业群体进行了详细分析，并为其改善融资环境做出了专业指导。报告引导主流银行和金融机构利用传统债权工具投资社会企业（赵萌，2009）。2012年4月英国政府推出"大社会资金"，成立了首家社会投资银行，给社会企业提供更加广泛的金融服务。资助对象为资助社会企业的金融中介，首批社会投资超过3700万英镑，主要面向影响力风险投资基金、社会股票交易所等12类中介机构，以此来充实社会企业的成长资金。特别是对于刚刚起步的社会企业而言，政府资金和社会援助的力量太过薄弱，最常见的资金来源依旧是银行，而目前阻碍发展的最大因素就是资金短缺。2012年7月，政府又启动了"社会孵化器基金"，资助初创期的社会企业，让其快速成长以吸引更多的社会资本。

（四）建立人才培养机制

英国政府贸易和工业部总体负责规划社会企业的业务培训计划。2002年，英国政府为了提高社会企业的运营能力，投资1.25亿英镑建立"英格兰未来建设者基金"，以期加强社会企业人才的扩充和培养，协助社会企业获得新资助项目。与此同时，政府还建立了"业务通"网站，为社会企业员工提供商业信息和专业建议。同时，贸易与工业部还提供专项拨款，利用外部机构提供专业能力培训来促进社会企业发展。2008年10月21日，英国政府宣布着手成立一家第三部门技能机构，来弥补第三部门的技能差距。英国政府还与大学密切合作，在大学内开设社会企业专业课程，鼓励大学生致力于社会企业的事业，发掘和培养青年社会企业骨干力量。

（五）成立专门管理部门

2001年10月成立的英国社会企业组，致力于促进政府为社会企业营造有利环境。社会企业组的职责有宏观把控社会企业决策、促进社会企业发展以及尽力消除社会企业发展的障碍等。2004年英国政府又成立了社区利益公司（Community Interest Company，CIC）管理局来调控社区利益公司。其工作内容主要有：考虑成立社区利益公司的申请是否符合标准；通报在英国公司注册署的成功注册申请并颁发营业执照；鼓励适合的公司采用社区利益公司模式；为成立和监管社区利益公司提供指导；对社区利益公司实施宽松的监管，尽可能减少干预；调查投诉，即如果管理局发现社区利益公司的经营并不符合该社区的利益要求，便会采取执法行动，将该公司清盘，确保社区利益公司重视并规范执行其法律责任（于魏华，2015）。此外，2005年，英国第三部门办公室成立，并专设了社会企业和融资组。该项措施的实施卓有成效，不仅为社会企业提供了政策项目并创造了良好的社会环境，而且给社会企业提供了强有力的支持。第三部门办公室和新的社区与地方政府部门密切合作，在地方和区域性的政策制定中尽可能多地发挥第三部门组织的作用。

此外，社会企业采取的不同法律形式分别受到不同的专门政府部门监管。"公司之家"和CIC管理局监管CIC，"公司之家"监管担保有限公司（CLG）和股份有限公司（CLS）形式的社会企业，英国金融管理局（FSA）监管IPS（Industrial and Provident Society，"工业工人互助协会"）形式的社会企业，英国慈善委员会监管采取慈善组织形式的社会企业。CIC监管人是一个独立的公共事务官员，经公开招聘产生，招聘过程由英国公共任命委员

会办公室监督（王世强，2012）。

英国政府授权"CIC监管人"来管理CIC和负责登记。与有限公司类似的是，CIC也需要到"公司之家"申请登记。CIC的登记程序比有限公司更加复杂，必须上交一份描述其组织架构的"社区利益报告书"，其中包括由CIC的董事签署的"社区利益声明"。慈善组织可以转变为CIC的主要前提是获得英国慈善委员会的批准。CIC在停止资格之后也可以向慈善组织方向发展。CIC则需要按照市场价值付费来接管慈善组织的财产。适当修改章程和向"公司之家"提交申请程序完成后，普通的CLS或CLG也可以转变为CIC（顾慧芳、郑可栋，2013）。

三 政府推动下的社会企业发展实绩

（一）社会企业影响力扩大

在英国，对社会企业的认可和对社会企业家精神的准确认知正在不断增强，特别是在志愿组织、其他非营利组织和传统媒体中，对具有成功经验的社会企业的形象肯定较多。英国社会企业家精神报告调查数据表明，自2004年第一份社会创业监测报告发布以来，对社会创业的社会企业的兴趣呈指数增长。同时，创立社会企业是英国创业环境中的一个重要现象，大约35%的新兴创业者以社会企业为目标。有关社会企业部门信息的数据在不断增加，特别是关于社会企业创业的信息正在走进创业者的视野，使社会企业创业领域的建设不断增强，提高了决策制定者们对社会企业形象的认知水平。

（二）促进社会企业经济效益和社会效益双收

在政府税收的优惠政策和基金支持下，34%的初创社会企业和社会企业家从公共资源中获得超过50%的资金，约43%的社会企业家拥有商业收入。社会企业部门的规模正在迅速扩大，目前英国的社会企业数量在70000~75000家，盈利240亿英镑，带动近100万员工就业。自2005年起，已有超过 13000 家社区利益公司成立。经过多年的发展，英国的初创社会企业持续涌现，数量是主流中小企业的 3 倍。许多初创社企都是小微企业，直接面向公众销售，因为规模较小，故超过 1/3 的企业在居民区或者当地运作，直接与社区合作。而且英国的社会企业商业适应力也在增强，2017 年 53% 的社会企业盈利，20% 达到收支平衡，47% 在过去的一年中营业额增加；相比之下仅有 34% 的中小企业营业额增长。社会企业的发展，在英国经济与社会层面做出了双重贡献。

（三）促进社会企业模式多样化，更好适应社会发展现状

在英国，随着经济、社会的快速发展，政府行为或市场行为已不是万能的，单纯依靠政府或市场很难有效解决环境污染、食品安全、医疗保健、养老等社会问题，因此英国政府需要更加灵活的社会企业来帮助应对问题（Parker & Gallagher，2007）。采用商业模式的社会企业逐渐稳定成熟，组织形态日趋多样，社会功能全面先进，正在成为社会各界影响力的主体。推出新产品或新服务的社会企业占 50%，而中小企业的占比降至 33%。多种新兴商业模式较好地回应了社会需要和问题。不仅商业模式多样化，社会企业领导力的多元化也非常明显。社会企业的领导团队符合居民居住和工作的社区特征：12% 的社会企业由非裔、亚裔或其他少数族裔主导；34% 的社会企业管理者拥有非裔、亚裔或者其他少数族裔负责人。社会企业继续以不同方式进行贸易活动并展示了其巨大的商业适应力，在营业额增长、创新性、企业乐观指数、领导力多样性等多种指标上表现优异，成熟稳健的企业精神更好地适应了当前英国社会发展情况。

四　英国社会企业政策相关经验借鉴

英国政府通过税收优惠、成立专门管理部门等措施，来减少非营利组织成立社会企业的阻碍，推动社会企业飞速发展。时至今日，英国的社会企业被视作社会发展的"第三推动力"，得到了政府更多的认同。因为我国社会企

业起步相对较晚、公信力较弱，加之公民慈善意识有待提高等诸多因素，社会企业的进一步发展受到影响，我国政府期望从西方社会企业发展的经验中寻求发展中国社会企业的经验，塑造成熟的社会企业体系。就英国发展社会企业的成功经验而言，我国社会企业的培育和发展可从以下几个方面入手。

（一）倡导社会理念，增强观念认同

作为一种新型的社会组织发展模式，社会企业能够专业地提供公共服务，解决社会问题，可以有效改善公共服务能力，激活供给机制，补充政府公共服务供给不足，同时可以扩大就业、减少贫困。Estrin 等（2013）通过对发展中国家社会企业的研究发现，一国的创业比率与创业者所获的社会资本呈正相关，即创业者的创业行为能增加社会企业的社会资本，从而带动更多创业。公众的认同、支持和积极参与对社会企业的良性发展尤为重要，政府在培育和倡导社会企业理念方面占据主导地位。我国社会企业发展缓慢，尚未进入大众视野，政府不仅要在制度、政策等方面支持社会企业发展，还应积极弘扬社会企业慈善理念，充分利用互联网时代的媒体大力宣传和推广社会企业，增加公众对社会企业的了解和认同，从而获得公众的支持和参与。此外，社会企业的健康发展也同样需要重视高素质的社会企业家以及在全社会培育企业家精神的作用。高素质的企业家拥有正确积极的企业观念，能够帮助社会企业处理好与政府部门和社会各界的关系[1]，从而促使社会企业树立良好的社会形象，扩大社会企业的知晓度和公信力，推动政府部门和广大群众更加支持社会企业的工作，形成社会治理的新格局。

（二）建立跨部门合作机制

从国家、市场、社会三方共营的角度来看，三个主体各有其运作机制和显著优势。社会企业的发展，同样有政府、企业、慈善家、基金会、志愿者等参与者积极参与，他们之间也有着直接或间接的互补关系（李德，

---

[1] Mulgan, G. *The Process of Social Innovation.* http://mitpress.mit.edu/innovations.

2018)。如果从多价值特质观察社会企业，会发现其并非政府社会服务失灵下的单纯替补性部门，社会企业可以通过志愿性行动，具体实现社会目标（Nyssens et. al, 2006）。因此，政府要整合现有的管理部门或设立专门机构作为社会企业的主管部门，同时还可以从政策制定、项目策划、建立专项资助资金等方面进行推动，实现优势资源的协调利用，为社会企业提供支持平台。同时，社会企业想获得进一步的发展，也要谋求商业企业的支持和广大志愿者以及群众的积极参与，处理好与政府和社会各界之间的关系，建立新型的伙伴关系，推动社会企业与政府、广大群众之间的沟通和合作，建设社会企业服务中心等支持型组织，建立高效协调的跨部门合作机制。另外，政府还应完善激励保护社会企业发展的制度法规，严格规范和监管社会企业发展，将更多资源用于提供公共服务。政府可以从政策制定、项目监管、活动开展等方面进行推动，从制度建设、资金支持等方面来发挥其引导和推动作用（句华，2017）。

（三）建立健全法律法规体系

目前我国社会企业的法律制度体系尚不完善，导致社会企业的法律地位得不到认可和有力保障。相关法律法规涉及资质要求、注册登记、税收管理、运营架构等多个方面，法律形式因而具有多样性，各类型社会企业在税收减免政策、运作方式等方面具有不同的特征（余晓敏、丁开杰，2011）。随着我国社会企业的不断成长和发展，我国社会企业将会发挥越来越重要的作用。政府需要关注社会企业法律方面的保障，建立引导和规范社会企业发展的法律法规，在法律体系建立条件成熟的条件下，适时地出台社会企业相关法律，建立成熟的法律体系，对社会企业的管理制度等进行规范，确保社会企业具有法律保障。

（四）培育人才，推进能力建设

社会企业在不断发展中势必向人才市场寻求更多的精英。借鉴英国经验，我国政府可以创立社会企业基金，为社会企业的建立提供经济帮助。同时，政府可以鼓励高等院校和私营机构开办社会企业专业课程，提供社会企业实习与就业机会，增强新一代创业者和社会领袖的社会创业意识与能力，选拔有志于投身公益领域的社会企业家和公益创业人才。政府还应通过召开专业会议、人才交流等方法推动社会企业之间的联系和交流，使社会企业家能够互相交流经验，推动社会企业群体的自组织与横向交流。

参考文献

陈雅丽，2014，《社会企业的培育与发展：英国经验及其对中国的启示》，《社会工作》第3期，第43~48、153页。

顾慧芳、郑可栋，2013，《英美国家"社会企业"的制度设计》，《国家行政学院学报》第6期，第121~123页。

句华，2017，《社会组织在政府购买服务中的角色：政社关系视角》，《行政论坛》第2期。

李德，2018，《发达国家（地区）发展社会企业对中国的启示》，《上海师范大学学报》（哲学社会科学版）第1期，第71~77页。

涂智苹，2018，《英美日韩社会企业发展比较研究及其启示》，《改革与战略》第8期，第116~122页。

王世强，2012，《社区利益公司——英国社会企业的特有法律形式》，《北京政法职业学院学报》第2期，第92~96页。

王振香，2014，《社会企业在英国的发展及其对中国的启示》，吉林大学硕士学位论文。

于魏华，2015，《英国社会企业的特征、经验及启示》，《中国经贸导刊》第15期，第60~63页。

余晓敏、丁开杰，2011，《社会企业发展路径：国际比较及中国经验》，《中国行政管理》第8期，第61~65页。

赵莉、严中华，2009，《英国促进社会企业发展的策略研究及启示》，《特区经济》第3期，第94~95页。

赵萌，2009，《社会企业战略：英国政府经验及其对中国的启示》，《经济社会体制比较》第4期，第135~141页。

Alter, Kim, & Sutia, 2006, "Social Enterprise Models and Their Mission and Money Relationships." In Nicholls, A. (Ed.) *Social Entrepreneurship: New Models of Sustainable Social Change.* London: Oxford University Press, pp. 205-232.

Carol, Borzaga & Santuari, Alceste, 2003, "New Trends in the Non-profit in Europe: The

Emergence of Social Entrepreneurship." in OECD (Ed.) *The Non-profit Sector in a Changing Economy*. OECD.

Estrin, S., Mickiewicz, T., & Stephan, U., 2013, "Entrepreneur-ship, Social Capital, and Institutions: Social and Commercial Entrepreneurship across Nations." *Entrepreneurship Theory and Practice* 37 (3): 479 – 504.

Nyssens, Marthe, Adam, Sophie, & Johnson, Toby, 2006, *Social Enterprise: At the Crossroads of Market, Public Policies and Civil Society*. New York: Routledge.

Parker, S. & Gallagher, N., 2007 *The Collaborative State*. Demos.

B.4
韩国社会企业发展情况与经验分析

金仁仙 姜思柔*

摘 要: 本文基于政府在促进社会企业发展及其生态构建中发挥主导作用的视角,首先,梳理韩国社会企业的政策背景;其次,分析在政府法律框架下韩国社会企业的发展现状;再次,立足中央政府、地方政府、中间支持机构、政府基金、国际组织以及政策支持下的其他补充机构维度,分别解读韩国社会企业的生态环境;最后,基于上述内容提出对中国社会企业成熟发展的启示。

关键词: 韩国社会企业 社会企业战略 社会政策

一 引言

社会企业创新性地运用商业模式解决社会问题,已经成为社会力量弥补政府部门和市场部门不足、参与社会治理的新潮流。社会企业兼顾社会性和经济性的双重目标,决定它既解决社会问题、提供公共服务,又面向市场、参与商业竞争。其存活和发展不仅有赖于领导者和组织的优秀竞争力,而且离不开外部环境广泛的支持(Todres M. et al., 2006),尤其是政府作为最大的制度行动者在社会企业发展生态环境构建中发挥的核心作用(Kerlin, 2013)。

---

* 金仁仙,对外经济贸易大学公共管理学院副教授,中韩日社会经济研究中心主任;姜思柔,对外经济贸易大学公共管理学院硕士研究生。

20世纪90年代以来,社会企业在各国兴起并得到快速发展,英国、美国、比利时、意大利、葡萄牙、西班牙、希腊、波兰、法国、芬兰、立陶宛、拉脱维亚、加拿大、韩国等十余个国家已经为社会企业立法,将扶持社会企业发展的政策上升到法律层面(王世强,2018),相关法律政策有效引导着社会各界共同促进社会企业的发展。与中国同属于东亚文化圈的韩国是亚洲唯一为社会企业立法的国家,于2007年正式实施了《社会企业育成法》,运用政府政策引导社会企业生态环境的有效构建。研究韩国政府对社会企业的认证体系和支持措施,对于中国社会企业的规范化发展具有重要借鉴意义。

二 韩国社会企业促进政策的发展

1997年亚洲金融危机后,在经济改革的过程中,韩国社会企业经过政府的制度化建设,作为社会经济的主要载体,已成为韩国解决社会问题、实现可持续发展的核心路径。

受到金融危机影响,韩国从高收入国家跌落到中等偏上收入国家行列,社会失业率激增至7%,贫困阶层比例扩大导致社会矛盾激化。政府通过公共部门、劳动关系等方面的改革推动经济缓慢复苏,但针对非正式和低收入劳动者实施的公共劳动事业政策并未有效缓解就业矛盾,导致贫富差距拉大,离婚率、自杀率飙升,少子化问题加剧(金仁仙,2015)。为了克服公共劳动事业在解决社会问题方面的局限,政府提供政策和资金支持推动低收入者等弱势群体建立自主性企业,短期内缓解了就业矛盾,但这类企业财政依赖度高、运营主体经营意识不足、岗位连续性和稳定性弱等问题也显现出来(金仁仙,2015;金美少,2015),社会两极化进一步加剧,并且老龄化加速,公共服务需求增加。韩国政府亟待探索出社会治理与福利保障的创新之道。

2005年,韩国国会和就业劳动部[1]展开社会企业制度化路径的探索。基

---

[1] 为强调对就业的促进作用,2010年,韩国原"劳动部"改名为"就业劳动部",本文中统一称之为就业劳动部。

于此，2006年12月，就业劳动部出台了《社会企业育成法》，该法2007年7月正式实施，韩国成为亚洲唯一以专门法律形式支持社会企业发展的国家（韩国就业劳动部，2006）。以往政府为弱势群体提供就业岗位的公共劳动事业、自主事业等实体，均转化为具有法律保障和支持的"社会企业"（金仁仙，2015）。基于中央政府为社会企业构建的法律框架，韩国17个广域自治团体①（地方政府）均出台条例，对社会企业进行有针对性、具体的扶持（金仁仙，2016）。在中央和地方政府的推动下，社会各界也结合各自的特点发挥优势，助力社会企业发展。社会企业逐步发展为创造就业机会和提供社会服务的重要力量（韩国就业劳动部，2012）。

朴槿惠总统执政时期（2013~2017年），《社会经济基本法》《社会价值基本法》《社会经济企业产品和市场促进法》三项法律相继被提案，从法律层面，将社会企业归为社会经济的重要组成部分。社会经济相关法律提出振兴社会经济组织，引导企业关注社会价值，优先购买社会经济企业产品，尝试从中央层面为社会经济组织构建统一的、完备的法律体系，鼓励社会企业等组织不只在目前集中的就业领域，而且在更加广阔的领域创建丰富的社会价值。

2017年，韩国总统文在寅上台后，一些社会问题形势仍然严峻，更好地构建社会企业发展环境依旧是重要课题。2018年，韩国全年失业率达3.8%，整体失业人数为107.3万人，是2000年统计以来的新高。由于失业率增长、生活成本上涨等，2018年，韩国总生育率（该国家或地区的妇女在育龄期间，每个妇女平均生育的子女数）进一步下降，仅为0.98，远低于支撑世代更替的总生育率2.1，老人贫困率和自杀率也居高不下（韩国统计厅，2019）。为创造就业机会、满足公共需求，文在寅政府在中央政府设置社会经济相关责任部门，出台"社会经济刺激计划"，并承诺建立专属机构继续推动《社会经济基本法》《社会价值基本法》《社会经济企业产品和市场促进法》的制定。经过十余年的发展，社会企业经营范围不断地朝着

---

① 韩国的一级行政区即广域自治团体共有17个，含特别市（首都）、特别自治市、广域市、道及特别自治道。其中世宗市的社会企业由大田市社会企业管理部门负责，故17个地方政府有16个社会企业管理部门。

更加多元丰富的方向发展，政府的支持也由直接性的、短期的状况朝着间接性的、可持续的方向转变。2018年，社会企业培育计划进一步凸显"政府直接推动社会企业发展"向"间接推动社会企业多元、独立自主发展"转变的趋势（韩国就业劳动部，2018）。

在法律和制度的支持下，韩国社会企业作为社会经济的主要载体，已成为韩国经济可持续发展的重要力量（金仁仙，2015；Kim Jin Ryul，2016）。法律和制度支持不仅在短期内提升了社会企业的数量，而且使社会企业的理念得以推广，提高了社会各界对社会企业的认知度和参与度（童赟，2012；金仁仙，2016），逐步构建起支持社会企业发展的良性生态环境。下文首先把握韩国社会企业的发展现状，分析经过十余年的发展，社会企业在韩国经济社会中取得的成果以及展现的特征。之后梳理韩国社会企业发展的生态环境中政府、中间支持机构、金融机构、学界、民营企业、国际组织六方提供的支持，把握促进韩国社会企业生态环境的现状与趋势。最后探讨韩国社会企业生态环境中存在的优化空间，为中国最大可能地构建完备的社会企业支持体系提供启示。目前中国社会企业有了初步的实践，北京市、成都市等的地方政府和民间组织参与了社会企业的认证、推动工作。研究借鉴韩国社会企业的发展路径，对中国社会企业政策的设计、社会企业生态环境的构建具有重要参考意义。

三 《社会企业育成法》与韩国社会企业发展现状

韩国《社会企业育成法》第2条中将社会企业定义为"通过商品生产、销售及服务等营利活动，为弱势群体提供社会服务和就业岗位，实现提高居民生活水平等社会目标，并获得就业劳动部认证的组织"（韩国就业劳动部，2006）。该法规定了组织形态、有偿雇用、社会目标、决策机制、商业占比、公司章程、利润分配方面的社会企业认证标准（第8条）；同时明确了社会企业应兼具社会性与商业性，规定其应具备社会目标、可支配利润需用于再投资发展并且商业收入应当维持在一定水平（见表1）。在韩国，已认证的社会企业有机会获得经济、运营等方面的政府支持（第10～16条），未经认证而擅自使用"社会企业"或类似名称将被处以罚款。社会企业相关的法律支持为社会企业提供了明确发展方向的同时，也限制了社会企业的社会目标和经营范围。

在《社会企业育成法》的基础上，《培养（预备）社会企业创造就业项目指南》规定暂未满足社会企业认证标准的组织可以申请为预备社会企业（韩国就业劳动部，2010）。预备社会企业即具有社会目标与商业营利能力、满足最低法律要求且未来有可能获得社会企业认证的组织（见表1）。在此制度框架下，各地方政府均制定了社会企业育成和支持条例，针对地方就业和公共需求，认定区域型预备社会企业；中央部门结合林业、关爱女性等部门业务，认定部门型预备社会企业，为其提供公共购买等特色支持。预备社会企业在认定后一年内有效，满期可申请延期，最长有效期为三年，有机会享受咨询管理、财政等方面的部分支持政策。

表1 韩国社会企业认证标准

认证标准	认证具体内容	针对对象 社会企业	针对对象 预备社会企业
组织形态	须符合大总统令所涉及的5类组织形态，即依照民法成立的法人与组织、依照商法成立的公司与协作组织、依照特别法成立的非营利民间团体。	√	√
有偿雇用	需雇用1人以上的有薪劳动者，进行商品和服务的生产、销售等经营活动。	√	√
社会目标	主要目的是为弱势群体提供工作岗位、社会服务或者改善当地居民的生活品质等。	√	√
决策机制	采取服务受益人、劳动者等各利益相关方共同参与决策的机制。	√	
商业占比	在申请认证日之前6个月的商业收入应占总劳务支出的30%以上。	√	
公司章程	应制定包含经营目标、业务内容、公司名称、公司位置、决策机制、利润分配、投融资、雇用体系、破产与清算等内容在内的规章制度。	√	√
利润分配	当组织形态是公司形式时，其财务年度内可分配利润的2/3以上用于实现社会性目标。	√	√

资料来源：《社会企业育成法》（2012年修订）、《培养（预备）社会企业创造就业项目指南》（2010年）。

经过十余年的发展，韩国社会企业从认证数量、雇用员工数、销售额、在国内生产总值中的占比方面取得了一定的社会和经济成果。第一，2007年认证社会企业仅55家，截至2018年12月，具备认证资格的社会企业已达到2122家，增长了约38倍，呈现出稳步上升趋势。同时韩国预备社会企业数已达到919家，展示了韩国社会企业的发展潜力。第二，随着社会企业数量的提升，社会企业的雇用员工数和弱势群体雇用数量稳步增长。社会企业雇用人数从2007年的2539名增长至2017年的41417名，同期的弱势群体雇用人数从1403名增至25171名。第三，2017年社会企业的总销售额已经达到3.5兆韩元[①]，平均销售额从2012年的8.9亿韩元增长至2017年的19.3亿韩元（韩国就业劳动部，2018），反映了社会企业可持续发展能力的提升。第四，2017年度，韩国社会企业的生产总值在国内生产总值中占比0.25%（SK Group，2017），意味着社会企业在国民经济中取得了初步的发展。同年度，澳大利亚社会企业对GDP的贡献占2%；2018年度，英国社会企业预计全年对GDP的贡献也占2%左右（黄建忠，2018）。对照社会企业发展较早的欧美国家，韩国社会企业在国内生产总值中的占比有一定的上升空间。

目前，韩国社会企业呈现出集中于首都圈、大部分注册方式为营利组织、以就业整合型为主、经营领域多为服务类的特征。第一，首尔市较早发布社会企业培育条例（2009年），提升了当地社会企业认知度，并且首都圈集中较多中间支持机构等资源，现存韩国认证社会企业中超过40%集中于首都圈（首尔18.3%、京畿道16.7%、仁川5.9%）。第二，以商法公司为主的营利组织形态在社会企业中占比最高（75.0%），具备较大商业空间的优势，在追求利润的同时实现社会目标。第三，按主要目标类型分，就业整合型社会企业最多（67.2%），其后依次为其他（12%）、混合型（9.1%）、社会服务提供型（6.0%）、地区社会贡献型（5.7%）。第四，根据政府划分的社会服务领域，占比依次为文化艺术类（11.5%）、保洁类（9.6%）、

---

① 根据2019年10月汇率，165韩元约等于1元人民币。

教育类（8.6%）、环保类（5.4%）等。社会企业的经营领域以服务业为主，且业务细化，创新性强，过半暂纳入"其他类"（50%）（韩国社会企业振兴院，2018）。

四 政策主导下社会企业发展生态环境的构建

（一）中央政府

中央政府在韩国社会企业的发展中，扮演着构建法律框架、提供规范管理和官方支持的角色。中央政府和地方政府共同构建了统筹协作的社会企业支持体系。

2006年，韩国就业劳动部出台的《社会企业育成法》，作为社会企业成立与运营的基本法律，涵盖了社会企业的定义、认证、支持、监督、认证取消、破产清算等细则，确立了社会企业的法律地位和认证标准，规范了社会企业的经营领域，保证了社会企业育成的制度基础。

《社会企业育成法》中的支持措施以经营管理支持、社会保险费补助、劳务费用补助为核心（金仁仙，2015），具体涵盖：①经营管理支持；②专业知识培训；③设施费等补助；④税收补助；⑤社会保险费补助；⑥专业岗位补助；⑦劳务费用补助；⑧公共部门采购；⑨财政支持（见表2）。预备社会企业，仅获得设施费、管理咨询等有限支持。

表2 韩国认证社会企业的支持政策

类别	详细内容
经营管理支持	提供管理、技术、税务、劳动等方面的运营支持（每个社会企业最多获得5次支持且金额不限，预备社会企业最多每年获得1000万韩元的支持）。
专业知识培训	提供专业人才的培训。
设施费等补助	国家和地方政府对社会企业使用土地、公有财产等产生的设施费用提供补贴或贷款。
税收补助	国家和地方政府可提供一定的税收减免。

续表

类别	详细内容
社会保险费补助	未领取劳务费补助的社会企业可获得社会保险补助(限于全员参保且薪酬高于国家最低薪酬标准的社会企业)。
专业岗位补助	会计、销售等专业的新员工可获得额外补助(每家社会企业最多3名,最长3年)。
劳务费用补助	录用新员工时,可获得最长5年的劳务费成本补助(社会企业最长2年,预备社会企业最长3年)。不同支持年度,具体补助比例不同。
公共部门采购	优先采购社会企业的产品,并需要将社会企业产品采购计划和上年采购结果告知就业劳动部,由就业劳动部向公众公开。
财政支持	韩国就业劳动部在预算方面为筛选中的社会企业提供劳务费、经营费、咨询费等财政支持,针对从关联企业或关联地方政府获得社会企业可额外追加项目费。

资料来源：韩国就业劳动部（2018）。

获得认证的社会企业在享受权利的同时承担着公开透明经营、接受监督管理等义务。《社会企业育成法》第17条规定社会企业应在每会计年度的4月末和10月末向就业劳动部提交包括经营业绩和利益相关者决策意见在内的简单报告。韩国就业劳动部根据报告对社会企业进行评估，对不符合要求之处的可责令改正甚至取消认证（第18条）。

为提升社会企业的可持续发展水平，《社会企业育成法》第5条还规定每隔5年编制社会企业育成基本计划，总结上一阶段社会企业的发展成果与问题，向社会各界公开社会企业的发展现状，并布置下一阶段目标与具体政策任务，提供阶段性的操作措施。2008年起的两次基本计划围绕"提高民间认知度、增加社会企业数量"展开管理工作，2018年的第三次基本计划围绕"社会企业多元化发展、推动间接和民间支持"，在构建社会经济发展的生态环境、构建以地方和民间为中心的支持体系以及扩大国际合作等方面布置任务，促进从"数量提升"到"质量进步"的转变。各地方政府基于该基本计划制定社会企业支持计划，且每5年针对社会企业进行调查。

2013~2017年，《社会经济基本法》《社会价值基本法》《社会经济企业产品和市场促进法》被提案，在中央政府层面统筹规划，将社会企业纳入更加广阔的社会经济范畴，分别从社会经济的定义与发展、社会价值的评

价、购买高社会价值的产品方面着手，力图推动社会企业等组织创建更多社会价值，共建良好的社会经济生态系统（韩国同胞经济和社会研究所等，2017）。

除了就业劳动部，其他中央政府部门也在所管辖领域内推动社会企业的培育。在现有法律框架下，林业部、环境部、文化厅等9个中央政府部门结合各自特点，在相关领域指定部门型预备社会企业，并为其提供优先购买、公共委托等支持。2011年，中小企业厅还修订《中小企业基本法》，通过认证赋予社会企业以中小企业地位，提供同等支持措施。此举有助于商业活动受到诸多限制的非营利组织类社会企业与一般企业进行平等竞争，获得更多的市场资本，提升运营水平和竞争力（Lee Hoe-Soo，2011）。2018年，战略财政部宣布将在《国家当事者契约法》中增加"社会企业在招标中可获得额外加分"的条款，有利于社会企业在招标中拥有更多机会。

部分中央政府部门发布一系列引导措施，鼓励地方政府参与，提高地方政府对社会企业的重视度。2009年，行政安全部将地方政府优先购买社会企业产品或服务的比重作为地方政府的绩效考核指标之一（Kim Hye-Won et al.，2009）。2012年，就业劳动部的《第二次社会企业育成基本计划（2013~2017年）》将强化地方对社会企业的支持作为重要任务之一，鼓励地方政府利用公共部门闲置设施为社会企业提供产品展览销售的场地等。就业劳动部每年还在社会企业育成事业表彰大会上公布优秀地方政府，为其提供额外支持。

（二）地方政府

地方政府结合当地公共需求和社会问题特点，贯彻落实中央政府对社会企业的支持政策。目前韩国17个地方政府均指定区域型预备社会企业并对社会企业及预备社会企业提供支持。2010年，全国所有地方政府均积极响应就业劳动部的号召，设立专门承担相关业务的社会企业主管部门。受《社会企业育成法》的初衷和就业劳动部的影响，九成以上相关责任部门隶属于当地就业部门，为就业政策服务。同时，各地均制定了社会企业相关条例（金仁仙，2015），结合当地社会需求，促进社会企业成长。

基于中央政府为社会企业构建的法律框架，地方政府在各地的条例中发布了具体措施，整体看来各地方政府针对社会企业及预备社会企业的扶持措施与《社会企业育成法》中的支持措施大体类似（见表3），部分政府进行了个性化的探索。

表3 韩国全国地方政府的社会企业主管部门及支持政策

地方政府	支持政策
首尔市	业务开发费、成长阶段支持、劳务费支持、创新的社会企业支持（每年1亿韩元左右的业务开发费，定制咨询融资支持、宣传支持），预备社会企业享受部分政策。
釜山市	管理支持、专业员工劳务费、财政支持、业务开发支持、母基金支持、优先购买、设备费、税务减免、社会保险金支持等，预备社会企业享受前五项。
大邱市	管理支持、财政支持、劳务费、专业员工劳务费、业务开发费、社会保险金支持、金融支持、无偿专业服务、税务减免、优先购买、开拓市场支持，预备社会企业享受前八项。
仁川市	管理支持、财政支持、业务开发支持、母基金支持、专业员工劳务费、优先购买、设备费、税务减免、社会保险金支持，预备社会企业享受前四项。
光州市	劳务费、专业员工劳务费、业务开发支持、管理支持、融资支持、财政支持、母基金支持、优先购买、税务减免、社会保险金支持等，预备社会企业享受前四项。
大田市/世宗市	劳务费、专业员工劳务费、业务开发支持、管理支持、优先购买、税务减免、社会保险金支持、设备费、母基金支持，预备社会企业享受劳务费等。
蔚山市	管理支持、劳务费、专业员工劳务费、业务开发支持、母基金支持、设备费、优先购买、税务减免、社会保险金支持，预备社会企业有机会享受前六项。
京畿道	劳务费、专业员工劳务费、业务开发支持、管理支持、金融支持、公共部门优先购买、税务减免、设备费，预备社会企业有机会享受前五项。
江原道	劳务费、专业员工劳务费、业务开发支持、管理支持、金融支持、财政支持、优先购买、税务减免、社会保险金支持、会计项目培训、宣传、志愿、育成支持等，预备社会企业享受部分支持。
忠清北道	劳务费、业务开发支持、专业员工劳务费、管理支持、产品宣传、优先购买，预备社会企业享受前三项。
忠清南道	劳务费、业务开发支持、专业员工劳务费、管理支持、税务减免、优先购买，预备社会企业享受前三项。

续表

地方政府	支持政策
全罗北道	管理支持、专业员工劳务费、劳务费、业务开发支持、母基金、设备费、税务减免、社会保险金支持、优先购买,预备社会企业享受前五项,小微预备社会企业适用于设备费。
全罗南道	劳务费、业务开发支持、专业员工劳务费、社会保险金支持、金融支持、税务减免、优先购买,预备社会企业享受前五项。
庆尚北道	创业(经营管理支持、会计劳务管理支持)、成长(指导咨询、市场准入、问题诊断等)、独立(项目咨询、设计、营销、绩效评估等专门领域支持)三个阶段的支持,预备社会企业享受部分政策。
庆尚南道	管理支持、市场支持、网络支持、设备费等,预备社会企业享受前三项支持。
济州岛	劳务费、业务开发支持、专业员工劳务费、社会保险金支持,预备社会企业享受前三项。

资料来源:韩国社会企业振兴院(2018)、韩国社会企业中央协会(2020)、地方政府网站。

首尔市最早认证和培育了地方性社会企业——"首尔型社会企业",为全国地方政府树立了榜样。2009年,首尔市制定《首尔市社会企业育成相关条例》,对首尔型社会企业进行制度探索。2012年该条例修订之后,首尔市地方政府不再自己直接指定社会企业,而是指定和培养区域型预备社会企业,并为就业劳动部认证社会企业提供支持。目前该条例旨在培育和支持(预备)社会企业,创造更多社会服务与就业岗位,实现当地社会和谐发展、居民生活水平提升。首尔市在社会企业育成计划、指定预备社会企业、经营、教育培训、设备费、财政、优先购买、税务减免、民营企业合作、宣传等方面,对(预备)社会企业提供支持。结合地区公共需要,首尔市还使用地方政府预算,针对当地优秀社会企业以及创新型社会企业额外提供业务费支持、宣传费支持。

部分地方政府基于社会企业及预备社会企业的基本支持政策,把握当地社会需求和资源优势,在流通渠道、人才和资金支持层面进行了探索,提出个性化、创新的支持措施。大邱市在开拓市场方面,协助社会企业进行市场调研、营销策略设计,开拓电视购物和国内外分销渠道,建立社会企业产品介绍网站等;江原道在志愿服务方面,为社会企业免费提供经营、法律、会计、人力资源等专业志愿者；釜山市等地方提供了官民共同出资的母基金支持。

（三）中间支持机构

中间支持机构是沟通社会企业和公共部门、民间力量端的媒介组织，着力于社会各界资金、人力等资源的整合和有效配置，为社会企业提供支持。随着韩国社会企业多元化发展，社会企业振兴院作为公共部门，替代政府对社会企业进行全面系统的支持，成为韩国社会企业生态环境中的重要中间支持机构。该中间支持机构致力于支持措施的细化、多元化，提升社会企业解决多样性的社会问题的能力，有利于社会企业生态环境的建设。

2010年，韩国社会企业振兴院依据《社会企业育成法》第20条正式建立，旨在有效促进韩国社会企业的育成和发展。目前基本业务包括挖掘和培育社会企业、提升社会企业竞争力、建立社会企业生态系统三大板块（见表4）。挖掘和培育社会企业板块包含挖掘新的社会企业创意、培育社会企业、认定预备社会企业、认证社会企业；提升社会企业竞争力板块包含平台支持、管理支持；建立社会企业生态系统板块涵盖建立支持网络、提升认知度。这三大模块涵盖了社会企业从创业到成长的支持业务，推动了韩国社会企业质与量的提升。

表4 韩国社会企业振兴院的社会企业业务汇总

业务板块	内容	具体方式
挖掘和培育社会企业	挖掘新的社会企业创意	举办社会创业大赛、支持大学社会风险投资社团、举办社会企业创业学院。
	培育社会企业	为创业的社会企业家提供培训业务,办理成长支持中心,提供办公空间、能力建设计划、管理、会计、税务、法律等方面的专业指导。
	认定预备社会企业	筛选合适的预备社会企业,推荐给就业劳动部,由就业劳动部最终认定。
	认证社会企业	负责认证中的咨询、接受申请、书面审核、现场审核、向各中央部门和地方政府推荐、提交报告材料、发布认证结果等,就业劳动部最终认证。

续表

业务板块	内容	具体方式
提升社会企业竞争力	平台支持	提供提高产品和服务竞争力的分析、改进支持;在电视购物或国内外网站等渠道提供销售机会;建立产品介绍网站,便于优先购买。
	管理支持	提供企业经营中的管理咨询、个性化专业咨询、社会企业家培训课。
建立社会企业生态系统	建立支持网络	开设企业和社会企业的伙伴项目,提供专业志愿者支持、与国际组织合作,推动社会企业众筹和金融支持建设。
	提升认知度	推广社会绩效衡量指标,在线宣传推广社会企业,每年7月开展为期一周的社会企业相关活动。

资料来源:韩国社会企业振兴院(2018)。

一方面,社会企业振兴院把握了公共部门的核心价值——法律、财政等资源优势。通过社会企业创业比赛,筛选优秀(预备)社会企业进行最终认证或认定,既为社会企业的持续发展营造孵化土壤,又减轻了公共部门的行政压力。另一方面,有效利用大型企业丰富的商业经营经验、人才资源、资金,通过创业选拔、经营指导、人才培养、资金支持等方式,为社会企业的发展成熟提供后盾,并且有助于社会企业提升市场竞争力。截至2017年年底,社会企业振兴院已完成或正在进行中的民间合作项目共21个。代表性的项目有:现代汽车集团的 H-on Dream 项目,每年选拔优秀的社会企业创业团队,并提供创业支持;KDB 分享基金会的社会企业支持项目,为(预备)社会企业的独立运营提供资金和经营指导;LG 集团的社会学院项目,为环保类社会企业提供成长所需的资金、经营、人才等支持;SK 集团的社会成果激励项目,对社会企业产生的社会价值进行评估,并提供现金激励。

(四)政府基金

政府提供的财政支持对社会企业创业初期的发展有一定的帮助,但从可持续经营的长远角度,金融市场作为社会企业生态环境的重要环节,更有助于韩国社会企业资金独立和可持续发展。目前韩国政府正在通过政府基金促进社会企业金融环境的逐步构建。

2007年,《社会企业育成法》正式实施,韩国各政府部门和民间力量针对社会企业认知度的提升,共同构建了社会企业相关基金,这类基金成为韩国社会企业的金融环境中的亮眼环节,代表性的有社会投资支持基金、首尔社会投资基金、釜山社会经济扶持基金以及社会价值联合基金。

社会投资支持基金最早关注社会价值和经济价值,目前为包括社会企业在内的社会经济组织提供全面的支持,是政府引导民间力量参与社会投资的重要探索。该基金于2007年正式成立,成立之初曾获得韩国就业劳动部和保健福祉部50亿韩元的业务委托。目前由政府出资、民间参与,旨在解决弱势群体的经济困难问题,并满足地区社会的需要,推动社会经济的稳定和积极发展。业务包括社会经济从业者角色强化(提高社会经济从业者知识素养)、社会经济发展(经营管理支持)、社会经济政策探索、社会经济自助融资支持(通过共同体基金支持和自发融资实现内部资金支持)等各个层面的支持。

首尔社会投资基金成立于2012年,截至2018年累计投入708亿韩元(首尔市政府共投入526亿韩元,民间共投入182亿韩元),是韩国规模最大的社会投资基金。主要业务是向社会企业、农村企业等提供融资援助及长期和短期低息贷款,有助于当地社会企业以较低的成本获取融资,创造更多的社会价值。

釜山社会经济扶持基金成立于2018年,是韩国首个多家地方公共部门共同合作成立的基金,旨在向釜山地区的社会经济组织提供支持,促进当地就业和经济可持续发展。成立该基金的8家机构计划在5年间出资50亿韩元投入社会经济组织的经济支持、管理支持和成长支持中(yonhapnews,2018)。

2018年,政府计划建立社会价值联合基金,旨在扩大政府对社会金融的支持以吸引更多民间参与,进一步构建以民间资金为主的社会金融生态环境(FN News,2018)。该基金的重要特点是借鉴英国的"大社会资本"(Big Society Capital),不直接向社会经济组织提供资金,而是间接地由社会金融机构根据社会企业的经济和社会价值有效分配资金,实现社会资源的良性循环。

（五）国际合作

以政府为主导与国际组织交流合作，借鉴国际社会企业的发展经验，不仅促进韩国社会企业在商业模式等方面的进步，而且有助于韩国社会企业生态环境的完善。

由于韩国政府和社会对社会企业的关注、推动，韩国的政府和社会企业相关组织积极参与了社会企业世界论坛、亚洲公益创投协会会议两大国际组织活动，在全球范围内交流和探讨社会企业生态环境的建设问题。2014年韩国成为社会企业世界论坛的东道国，举办以"通过社会企业实现社会变革"为主题的论坛，吸引了50多个国家的1000多家组织参加讨论，推动韩国社会企业进一步国际化。截至2018年，韩国地方政府社会经济与团结协会等公共部门、现代汽车等民营企业，以及影响力投资机构共15家机构参与了亚洲公益创投协会，进行国际投资经验交流，推动着韩国社会金融的进步。

（六）其他补充支持机构

在政府的法律政策支持框架下，韩国社会企业在社会各界的认知度与认可度显著提升。政府促进社会企业发展的政策，有效引导了金融界、学界、民营企业从金融支持、研究支持、商业合作等方面的各自优势出发，推动社会企业的成熟化、规模化发展，共同构建社会企业生态体系。

第一，金融机构中的银行、影响力投资机构从公益创投层面为社会企业拓宽融资渠道，提供金融支持。银行作为传统金融市场的重要主体，随着韩国社会金融的发展，逐步响应政策号召，成为社会企业的主要融资渠道。目前，韩国银行主要有两种社会企业支持方式。一种是与韩国的社会企业中间支持机构——社会企业振兴院合作，借助韩国社会企业振兴院的筛选提供精准的捐赠或者专业咨询服务，主要方式有开发满足社会企业需求的金融产品、提供业务开发费和培训等支持、提供低息贷款等（韩国社会企业振兴院，2018）。另一种是银行独立支持社会企业，以此履行企业社会责任。至2018年，响应政府建设社会经济组织生态环境的政策号召，自发开展社会企业支持业务的银行增多，这些银行多以提供低息贷款等方式，在支持社会企业发展的同时一定程度上控制了风险。

影响力投资机构兼顾社会价值和经济价值，要求资助对象展示出明确的财务回报和可衡量的社会价值，不具备补贴和公益性质，是社会企业对自身融资和偿还的突破，这也是欧美社会企业融资的重要手段。自2008年韩国首家影响力投资机构成立后，机构数量呈增加的趋势，截至2017年，韩国已有十余家机构展开影响力投资业务（Walking with Us，2017）。从现状分析，韩国代表性大型民营企业借助韩国社会企业振兴院的平台，以合办选拔比赛等方式，为社会企业等经济主体提供投资支持。大型民营企业积极参与社会企业影响力投资，为更多民营企业的加入树立了良好的榜样，提升了社会影响力投资机构的公众认知度。同时，目前的影响力投资不局限于认证社会企业，而以能否解决社会问题为标准，任何产出社会价值的社会经济主体均有机会获得影响力投资。在未来发展中，影响力投资机构保持社会企业投资信息的公开透明，如每年投资数量、投资金额、回报率以及具体产出的社会成果等，这些信息是至关重要的。

公益创投与影响力投资相比，侧重于扶持解决社会问题的组织成长，推动其产出更多的社会价值。它不强调对财务回报的追求，更接近传统慈善，在欧美国家已经成为社会企业融资的主要渠道之一。目前韩国公益创投机构不限制申请对象的类型，主要为非营利组织提供孵化、资金等支持。

第二，韩国学界从相关论文发表、高校专业设置、学术期刊三个方面，为社会企业的理论与实践、人才培养做出贡献。韩国学界结合社会企业不同阶段的特征，对社会企业的政策与法律、运营管理、发展模式等进行了理论探索。研究内容紧密契合社会企业发展现状，从"概念认知、经验学习"到"与国外横向比较、分析社会企业成功因素、提出政策改革方案"，再到"政策改进措施、展望社会经济、评价社会企业的发展成果"等。

韩国部分高校采用开展社会企业家培育项目、开设社会企业专业、同民营企业合作等方式，不仅为韩国社会企业的发展输送人才，缓解社会企业专业人才不足的问题，还引领高校的年轻人关注社会企业的发展，也为社会企

业学术研究提供了新鲜的力量。

专门的学术期刊——《社会企业研究》自2008年起正式发行，于2016年正式被 Korea Citation Index 收录，为系统性研究社会企业搭建了平台，有助于韩国社会企业理论与实践的发展。

第三，韩国民营企业凭借商业经营、人才运用、财务管理等方面丰富的经验和资源，对社会企业市场竞争力和宣传度的提升发挥了重要作用。在扶持社会企业过程中，韩国代表性的大型民营企业发挥着带头作用，采取与韩国社会企业振兴院合作，或成立社会企业，或与社会组织合作支持社会企业的方式对社会企业展开了多样、个性化的支持。一方面，引领民营企业履行社会责任的方法逐步从传统的"输血型"公益活动转变为扶持"造血型"社会企业，有助于企业投入社会责任的资金良性循环。另一方面，运用民营企业积累的流通、管理等优势资源，有助于社会企业拓宽市场渠道，促使社会企业创造更多的就业岗位和满足多样化的公共服务需求，产出更多的社会价值。

五 对中国的启示

亚洲金融危机后，韩国政府经过政策尝试，将社会企业作为促进经济可持续发展、解决就业矛盾、缓解贫富差距的重要政策手段，各级政府为社会企业在韩国的落地和规范发展创造了良好的法律制度环境。韩国是亚洲唯一以专门立法形式保障社会企业法律地位的国家，颁布的《社会企业育成法》界定了社会企业的概念、认证标准以及权利义务，推动韩国社会企业数量的迅速提升，一定程度上缓解了各类社会问题，促使更多主体参与社会经济发展。韩国社会企业对整个社会经济的影响力正在逐步提升，成为解决社会问题的重要力量，对中国社会企业的发展非常有借鉴意义。下文根据韩国的社会企业及其生态环境的实际情况，分析其优势和不足，为中国社会企业的发展和生态环境的构建提供启示。

第一，制定社会企业的相关政策。韩国通过法律从根本上赋予社会企业合法地位，明确社会企业的概念、认定标准、义务以及支持措施，比如为社会企业提供明确的税收优惠政策、弥补非营利组织商业竞争的不足等。政策制度的构建，有利于提高社会企业的社会认知度，增强公众对社会企业的认同，建立市民力量支持的基础。

第二，促进社会企业人才集聚。社会企业的本质要求其从业人才既要有解决社会问题的意识，又要具备一定的经营能力。在社会企业发展艰难的初期，政府应该引导韩国学界设置专门课程、进行相关科研、搭建社会企业学术研究平台等，进行理论和实践的研究，为社会企业培养和输送高素质人才。政府还可通过社会企业竞争力提升政策、提供专业劳务费等，提升社会企业对专业人才的吸引力。人才集聚的促进，有助于竞争力进一步提升，关乎社会企业的可持续经营。

第三，构建社会各界合作支持机制。随着社会企业发展阶段的进步，支持体系从政府单一"输血型"的捐助，转变为社会各利益相关方"造血型"的支持，为社会企业提供独立成长需要的金融、人才、管理、国际合作等诸多支持。韩国政府最初将社会企业作为实现就业政策目标的手段，从立法层面介入社会企业的规范发展（Jang Won-Bong, 2018；Kim Sung-Kee, 2009），导致韩国社会企业的发展有着政策依赖性。政府作为主要力量推动社会企业，弥补了公众对社会企业认知度和参与度的不足（韩国就业劳动部，2012；2018）。为实现社会企业经济自立及可持续发展，政府的角色正在从指导者转变为监管者，社会企业的支持主体由政府过渡为社会（Kim Taeg-eun et al.，2014）。比如借鉴韩国中间支持机构经验，沟通社会企业和一般企业、学界、国际社会等资源端；加强与国际社会企业组织的合作，学习国外社会企业的创意和经验，为解决中国的贫困、环境等社会问题提供全新思路。

第四，提升社会企业创新性。社会企业相关法律对其社会目标和认证标准的限制，有利于就业等特定政策目标的实现（金仁仙，2015）。但认定社会企业范围狭窄，会限制社会企业的多样性和创新性（Kim Taeg-eun et al.，2014），影响其社会创新与社会价值的进一步发展。基于社会企业通过创新

商业模式解决各类社会问题的本质（Son Young-Gi，2015），韩国政府对社会企业创新性的增强愈加重视，在最新的五年基本计划中，着手推动社会企业在多元化领域的蓬勃发展，最大限度解决多样的社会问题。

第五，构建社会金融市场。社会企业经济独立能力是可持续发展的核心因素。在韩国，政府同样在促进社会企业的融资生态环境的逐步完善（Kwak Kwan-hoon，2015）。政策初期，政府财政支持作为韩国社会企业的主要资金来源（金仁仙，2015；Sang-Mi Cho et al.，2017），有悖于社会企业的本质属性，并且其来源于公民税收，容易受经济形势波动的影响，对每家社会企业的支持也存在时间限制，非长久之计。社会企业的健康发展需要灵活运用银行、社会企业交易所、公益创投机构、社会影响力投资机构等丰富的资金来源渠道，挖掘社会企业自身融资能力。在健全社会企业金融支持体系过程中，政府可以引导国有银行、政府基金、影响力投资机构等运用现有的资金筹措方式，并鼓励金融机构设计多种融资规模和短、中、长期的贷款产品，满足社会企业多层次的资金需求，提升社会企业的市场信用，吸引更多民间资金。

参考文献

大邱社会企业支持中心，2020，"业务介绍"，http：//www.cne.or.kr/sub0201.php。
大田/世宗社会企业支持中心，2002，"业务介绍"，http：//www.djse.org/app/page/index？md_id=suppor。
釜山社会企业支持中心，2020，"业务介绍"，http：//www.bse.or.kr/main/main.php。
光州社会企业支持中心，2020，"业务介绍"，http：//www.gjsec.kr/。
韩国就业劳动部，2006，《社会企业育成法》，http：//www.law.go.kr/LSW/LsiJoLinkP.do？lsNm=%EC%82%AC%ED%9A%8C%EC%A0%81%EA%B8%B0%EC%97%85+%EC%9C%A1%EC%84%B1%EB%B2%95#。
韩国就业劳动部，2010，《培养（预备）社会企业创造就业项目指南》，http：//www.moel.go.kr/local/ulsan/news/notice/noticeView.do？bbs_seq=1264144152215。
韩国就业劳动部，2012，《第二次社会企业育成基本计划（2013~2017年）》，https：//

academic. naver. com/article. naver? doc_ id =55322630。

韩国就业劳动部,2018,《第三次社会企业育成基本计划(2018~2022年)》,http：//ikose. or. kr/? module = file&act = procFileDownload&file _ srl = 279019&sid = 05f243edff7b54822 f4c11127175fa12。

韩国社会企业振兴院,2018,http：//www. socialenterprise. or. kr/index. do。

韩国社会企业中央协会,2020,"政策研究",http：//www. ikose. or. kr/news01。

韩国同胞经济和社会研究所等,2017《新政府应该努力构建金融等社会经济基础设施》,http：//www. hani. co. kr/arti/economy/economy_general/799842. html。

韩国统计厅,2019,http：//kostat. go. kr/portal/korea/kor_ nw/1/2/1/index. board? bmode = read&aSeq = 373361。

黄建忠,2018,《社会影响力投资：企业家如何让社会更美好?》,http：//baijiahao. baidu. com/s? id = 1601075218195058080&wfr = spider&for = pc。

济州岛社会企业支持中心,2020,"业务介绍",http：//jejusen. org/skyboard/read. sky? id = 71&page = 1&code = sky_ com_ data&scode = &search = &SearchString = 。

江原道社会经济支持中心,2020,"业务介绍",http：//gwse. or. kr/。

金美少,2015,《韩国社会企业发展现状及存在问题研究：案例分析的视角》,延边大学学位论文。

金仁仙,2015,《韩国社会企业发展现状、评价及其经验借鉴》,《北京社会科学》第5期,第122~128页。

金仁仙,2016,《中日韩社会企业发展比较研究》,《亚太经济》第6期,第99~103页。

京畿道社会企业支持中心,2020,"业务介绍",http：//pns. or. kr/socialenterprise-roll。

庆尚北道社会企业支持中心,2020,"业务介绍",http：//www. gbse. or. kr/。

全罗北道社会企业支持中心,2020,"业务介绍",http：//jbse. or. kr/korean/SubPage. html? CID = pages/social07_ 2. html。

全罗南道社会企业支持中心,2020,"业务介绍",http：//www. jnsec. kr/bbs/page. php? hid = promote。

仁川社会企业协会,2020,"业务介绍",http：//www. icose. or. kr/? cmt = S22。

首尔社会企业支持中心,2020,"业务介绍",http：//sehub. net/policy-se。

童赟,2012《韩国社会企业的现状和培养体系》,《商品与质量》第1期,第16~17页。

王世强,2018,《国外社会企业立法现状及对中国社会企业立法的展望》,http：//www. bnu1. org/show_ 963. html。

蔚山社会企业支持中心,2020,"业务介绍",https：//www. ulsan. go. kr/gov/serear。

余晓敏、丁开杰,2011,《社会企业发展路径：国际比较及中国经验》,《中国行政管理》第8期,第61~65页。

忠清北道社会企业支持中心,2020,"业务介绍",http：//www. chungbuk. go. kr/www/contents. do? key = 86579。

忠清南道社会企业支持中心，2020，"业务介绍"，http：//www.sechungnam.org/cont/5/1_1.php。

CNB News，2018，《SK会长崔泰源的两项实践》，http：//www.cnbnews.com/news/article.html?no=372309。

FN News，2018，《政府计划5年内为社会价值基金投入3000亿韩元，创建"韩国版BSC"》，http：//www.fnnews.com/news/201802081408527517。

Hoe-Soo，Lee，2011，《社会企业相关法律制度比较研究》，《社会企业研究》第2期，第50～87页。

Hye-Won，Kim et al.，2009，《为实现社会企业市场扩大的地方自治团体公共措施研究》。

Jin Ryul，Kim（김진열），2016，《地方政府在激活当地社会企业中的作用：以始兴市民的阳光发电厂为中心》，《韩国公共行政杂志》第30期。

Kerlin J. A.，2013，Defining Social Enterprise Across Different Contexts A Conceptual Framework Based on Institutional Factors. *Nonprofit & Voluntary Sector Quarterly*，42（1）：84-108.

Kwan-hoon，Kwak，2015，《社会企业的性质及其可持续的资金筹集方案》，《比较法研究》第2期，第317～348页。

Sung-Kee，Kim，2009，《社会企业特征相关问题与影响》，《社会福祉政策》第2期，第139～60页。

Sang-Mi，Cho，et al.，2017，《失败社会企业的经验：过程是什么，有哪些因素》，《韩国社会福利行政学》第1期，第29～61页。

SK Group，2017，《十年内社会企业在GDP的占比应该提升到3%》，http：//blog.sisaon.co.kr/221036012503。

Todres M.，Cornelius N.，Janjuha-Jivraj S.，et al.，2006，Developing emerging social enterprise through capacity building. *Social Enterprise Journal*，2（1）：61-72.

Taeg-eun，Kim et al.，2014，《新制度主义视角下德国和韩国社会企业崛起的背景及意义——以历史制度主义和现实制度主义为中心》，《韩国比较政府学报》第3期，第1～33页。

Walking with Us，2017，《影响力投资打开社会企业的未来》，http：//walkingwithus.tistory.com/356。

Won-Bong，Jang，2018，《韩国社会企业的现状和展望》，《动向和展望》第75期，第47～73页。

yonhapnews.，2018，《15家釜山社会经济企业获得4亿9千万韩元支持》，http：//www.yonhapnews.co.kr/bulletin/2018/05/02/0200000000AKR20180502115700051.HTML？input=1195m。

Young-Gi，Son，2015，《韩国社会企业现状及改进计划的法律探讨》，《人文科学研究》第24期，第147～179页。

案 例 篇

Case Reports

北京市社会企业案例研究说明

为详细展示北京市社会企业的发展的具体情况，受北京社会企业发展促进会以及中国社会企业与影响力投资论坛委托，北京师范大学企业社会责任与社会企业研究中心于2019年4~6月对北京市社会企业进行了深入的案例研究。

在案例选择方面，应北京社会企业发展促进会的要求，本次案例研究选择2018年8月由北京市委社会工作委员会指导推动、相关专家评估推荐授牌的北京市社会企业6家示范点单位及6家试点单位作为典型案例。研究团队向12家单位发出了邀请，最终有10家机构积极参与了本次案例研究。其中，北京市社会企业示范单位4家：石景山区乐龄老年社会工作服务中心、北京山水伙伴文化发展有限责任公司、益爱领路（北京）教育咨询有限公司、北京甲骨文悦读文化传媒有限公司。北京市社会企业试点单位6家：金鸿新诚（北京）物业管理有限公司、北京即刻到家服务科技有限公司、北京东海腾龙科技发展有限公司（回龙观社区网）、北京小康之家家政服务有限公司、北京市城市再生资源服务中心、北京建侬之心健身俱乐部有限公司。

在案例数据收集方面，研究团队采取了半结构化数据表以及焦点小组访谈等方法。半结构化数据表由研究团队设计，由案例单位填写提交，主要涉及社会企业以下六方面的信息与数据：组织概况、主要业务及项目、经济绩效、社会价值、融资情况以及支持体系。焦点小组访谈采取半结构化访谈的方式进行，由研究团队设计访谈提纲，社会企业示范点单位、试点单位参加，主要围绕社会企业面临的挑战与应对措施的主题展开。

研究团队在收到10家案例单位填写提交的原始数据表之后，对数据的完整性以及有效性进行了初步核实。针对数据缺失或无效的情况，邀请案例单位对数据进行了必要的补充。分析后的数据图表重新发给所有案例单位进行了确认。

在案例报告撰写方面，研究团队在对半结构化数据表以及焦点小组访谈数据进行整理分析的基础上，撰写了案例报告，完成后的案例报告发给所有案例单位进行了确认。

B.5 北京东海腾龙科技有限公司发展报告

摘　要： 北京东海腾龙科技有限公司为工商注册的社会企业，在回龙观地区开展社区发展工作，致力于建设社区交流和居民服务的社区网站，为网友提供免费的交流平台以及社区生活相关方面的资讯与服务信息。

关键词： 回龙观社区网　社区交流　公众平台

一　组织概况

组织名称	北京东海腾龙科技有限公司
网址	www.hlgnet.com
App	邻友圈
微信公众号	回龙观社区网
成立时间	2000年
注册资金	100万元
注册形式	工商部门注册的企业
工作领域	社区发展
组织使命	致力于社区交流和居民服务的社区网站，旨在为网友提供免费的交流平台以及社区生活相关方面的资讯与服务信息
人员规模	全职人员14人；兼职人员6人；志愿者20人

组织结构	董事长 → 总经理 → 活动部、内容中心、公益部、运营部		
获奖及认证	年份	奖项及认证名称	主办机构
	2010	昌平区最受欢迎的五大社区网站	北京市昌平区计算机网络协会
	2011	2011年第二届昌平区网站站长联谊会昌平区社区网领军荣誉称号	北京市昌平区计算机网络协会
	2011	"2011年度昌平区优秀社区网"荣誉称号	北京市昌平区计算机网络协会
	2012	"动感4合1"北京市首届青少年社团体育文化节优秀组织奖	共青团北京市委、北京市体育局、中国体育报业总社
	2013	北京市青年文明号	共青团北京市委
	2013	首都学雷锋志愿服务示范站	共青团北京市委
	2014	北京市五四红旗团支部	共青团北京市委
	2014	全国五四红旗团支部	共青团中央
	2015	昌平区五四红旗团支部	共青团昌平区委
	2016	昌平区五四红旗团支部	共青团昌平区委
	2017	昌平"两微"影响力TOP 10	中共北京市昌平区委网络安全和信息化领导小组办公室
	2018	昌平"两微"影响力TOP 10	中共北京市昌平区委网络安全和信息化领导小组办公室
	2018	北京市第四届社区组织公益服务品牌银奖	北京市社会建设工作领导小组办公室
	2018	首都学雷锋志愿服务"最佳志愿服务项目"	中共北京市委宣传部，首都文明办，中共北京市昌平区委社会工委、民政局、总工会、妇联、残联、志愿服务联合会

二　主要业务及项目

项目名称	回龙观社区文体活动		
项目周期	2002年至今	实施区域	回龙观各个社区

目标：通过回龙观社区网线上的交流、线下的活动丰富社区居民的业余生活，促进社区邻里的感情，增进社区和谐，促进社会稳定。

受益人群：回龙观社区网网友，回龙观社区全体居民尤其是少年儿童。

内容：常年定期不定期发起、组织各种线上线下活动，如回龙观春晚、"超级回声"、"超级回舞"等品牌活动；回龙观少儿春晚、少儿才艺大赛、亲子嘉年华、少儿模特大赛、社区讨糖节、少儿书画大赛等大型亲子活动；回龙观相亲会、欢乐野猪达人秀、社区邻里节、超级大顽童怀旧儿童节、西瓜文化节、啤酒大赛等文体娱乐活动；元宵节猜灯谜吃元宵、端午节包粽子比赛、中秋节做月饼猜灯谜等弘扬传统文化的活动。

成果：回龙观社区网每年上百场丰富多彩的活动，吸引了数万人次直接或间接参与，大家通过活动增进了解、加深感情，促进社区和谐，增强了回龙观社区的凝聚力，让更多人以成为回龙观人而自豪。因各种原因搬离回龙观的居民也会为了参加活动返回回龙观，并感慨"舍不得离开回龙观，别的地方没有回龙观这么好的活动氛围"。

项目名称	社区居民与政府之间搭桥传声		
项目周期	2005年至今	实施区域	回龙观社区网网站、微信

目标：通过回龙观社区网论坛、微信公众号等各种途径收集民意，为社区居民与政府之间搭桥传声，助力回龙观社会治理工作，促进回龙观社区及社会建设。

受益人群：回龙观社区全体居民。

内容：回龙观社区网一直是居民参与社区治理最便捷、最有效的平台。2006年以来，回龙观社区网与政府相关部门联合设立了交通队、警务站、消防、工商、地税、政风行风热线等专栏，网友们不仅能够及时了解各部门的相关信息，意见、建议也可以通过网络便捷地得到反馈。2014年以来，回龙观社区网适应新的网络时代，通过微信公众号平台传达政府相关信息，并反馈居民反映的各种问题，及时将政府的相关回复或处理情况告知社区居民，很多问题都得到了良好、快速的解决。2017年以来，回龙观社区网发起了"爱恨回龙观""爱在回龙观"主题系列活动，通过线上征文、随手拍征集和线下"街头采访"征集民意等形式，征求回龙观地区居民对社区建设的意见和建议。2018年，同昌平区区委、回龙观地区工委、回龙观社区组织服务协会、昌平区回龙观志愿者协会联合发起的2018年度"观里好人"榜样人物争创活动，取得了良好的社会效果。

成果：微信报道的红绿灯问题、路面坑洼问题、垃圾堆放问题等，政府的处理结果及响应速度得到了居民的认可与表扬，促进了社区和谐，为居民和政府搭建了便捷沟通的桥梁，也对社会稳定做出了贡献。"观里好人"的成功举办树立了一批活跃在群众身边的、接地气的"平民英雄"形象，并通过号召广大群众向他们学习热爱回龙观、建设回龙观的志愿服务精神，营造了积极向上、充满正能量的社区氛围。

项目名称	回龙观亲子小屋公益图书馆		
项目周期	2006年11月至今	实施区域	回龙观地区

目标:亲子小屋公益图书馆不仅为孩子的阅读和成长提供帮助,同时致力于提倡、弘扬图书捐赠、志愿服务这种公益、互助的精神,使社区形成分享、互助、友善的社会风气。

受益人群:回龙观社区亲子家庭。

内容:回龙观亲子小屋公益图书馆成立于2006年11月1日,是由回龙观社区网网友"蓝鸟"发起成立的公益图书馆,主要服务于回龙观社区居民,特别是儿童及其家长,为他们提供图书借阅服务,并组织了如亲子阅读会、暑期小义工等大量交流活动,获得了社区居民和上级政府的积极肯定,有多家媒体进行了采访报道。2012年以来,回龙观社区网接手亲子小屋公益图书馆的管理运营工作,免费提供场地并为工作人员提供义工管理、图书上架等服务。多年以来,亲子小屋图书馆以免费提供场地、志愿者义务值班的公益模式坚持运营,并于2018年12月入驻昌平孵化基地。图书馆不仅为社区孩子们提供了良好的阅读环境、丰富的优质图书,还在社区鼓励人们进行旧书的重新利用,社区居民可以把自己家里不用的质量较好的适合儿童阅读的书籍捐赠到图书馆供他人借阅,不但可以实现资源的共享,还能促进绿色环保。截至目前,回龙观亲子小屋公益图书馆藏书近万册(最多时积累了3万余册图书),累计近千名借阅会员,累计参与义工总数近百人。

成果:自成立以来,回龙观亲子小屋公益图书馆陪伴了近千名儿童成长,同时也通过图书馆管理、志愿值班等志愿服务岗位接受了近百名社区居民、学生的志愿服务,弘扬了公益互助的志愿服务精神。2013年、2014年连续两年获得首都学雷锋志愿服务站荣誉,2018年度荣获北京市第四届社区组织公益服务品牌银奖、首都学雷锋志愿服务"最佳志愿服务项目"荣誉。

三 经济绩效

(一)商业运营能力[①]

如图1所示,北京东海腾龙科技有限公司在商业运营能力方面平均得分为3.71分,其中在以下四方面得分较高,分别为营销与品牌管理

---

① 社会企业的经济绩效很大程度上取决于组织在战略管理、生产管理、营销与品牌管理、人力资源管理、财务管理、利益相关方沟通与关系管理、法律税务管理等方面的商业运营能力。后同。

(4分)、人力资源管理（5分）、利益相关方沟通与关系管理（4分）、法律税务管理（5分）。同时，在以下三方面得分较低，分别为战略管理（3分）、生产管理（3分）、财务管理（3分），说明有待提升管理能力。

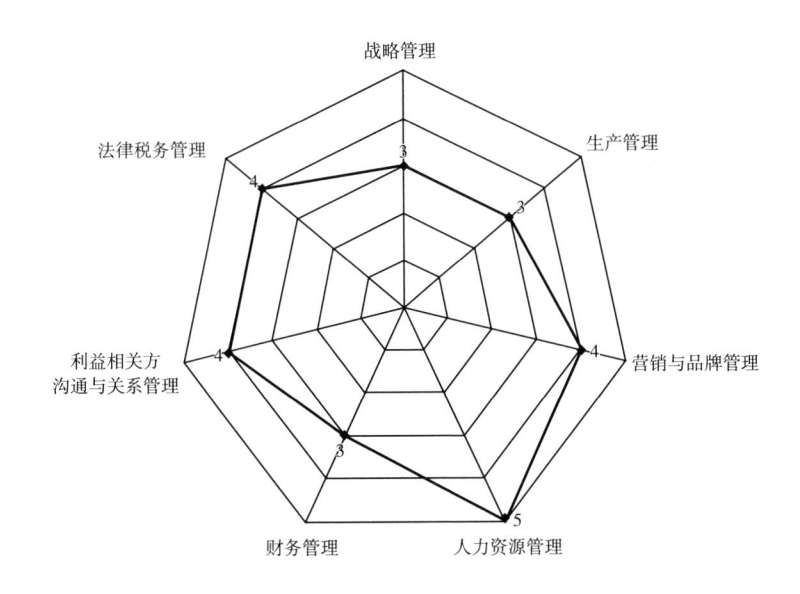

图1　商业运营能力评分

说明：1＝很弱；2＝比较弱；3＝一般；4＝比较强；5＝很强。

（二）市场经营收入占比①

如图2和表1所示，2004～2016年，北京东海腾龙科技有限公司的"市场经营收入占比"均为100%，而2017年和2018年分别为88%和96%。市场经营收入的主要来源是"一般性商业销售收入"。

---

① 社会企业有别于传统非营利组织和一般商业企业的典型特质之一在于收入来源的多元化。其中市场经营收入（包括一般性商业销售收入和政府采购收入）是社会企业的重要收入来源，而"市场经营收入占比"是衡量社会企业"自我造血能力"的重要经济绩效指标。后同。

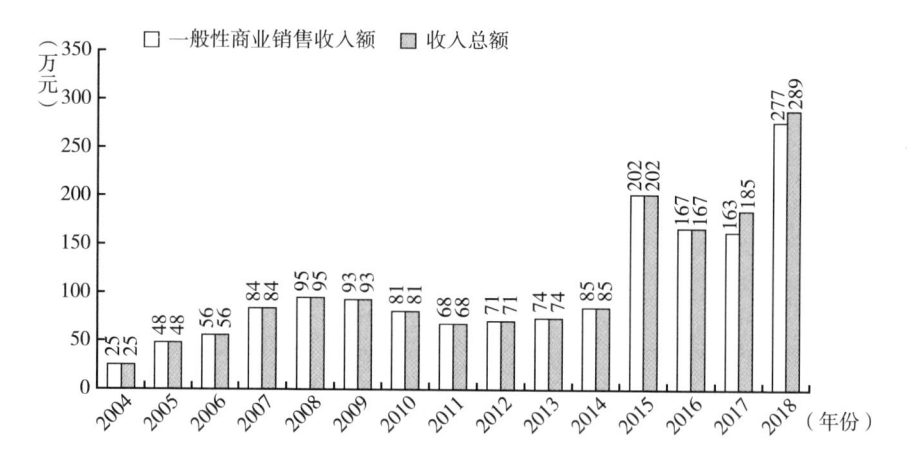

图 2 市场经营收入情况

表 1 市场经营收入占比

单位：%

年份	2004	2005	2006	2007	2008	2009	2010	2011
市场经营收入占比	100	100	100	100	100	100	100	100
一般性商业销售收入占比	100	100	100	100	100	100	100	100
政府采购收入占比	0	0	0	0	0	0	0	0
年份	2012	2013	2014	2015	2016	2017	2018	
市场经营收入占比	100	100	100	100	100	88	96	
一般性商业销售收入占比	100	100	100	100	100	88	96	
政府采购收入占比	0	0	0	0	0	0	0	

（三）收支平衡状况

2004~2018年，北京东海腾龙科技有限公司的财务状况总体而言呈现逐步改善的趋势。如图3所示，2004~2007年，公司处于亏损状态；在2008~2012年以及2016年度，处于收支平衡状态；在2013~2015年以及2017~2018年，实现少量盈余，具体盈余金额0.4万~1.5万元。

图 3　收支平衡状况

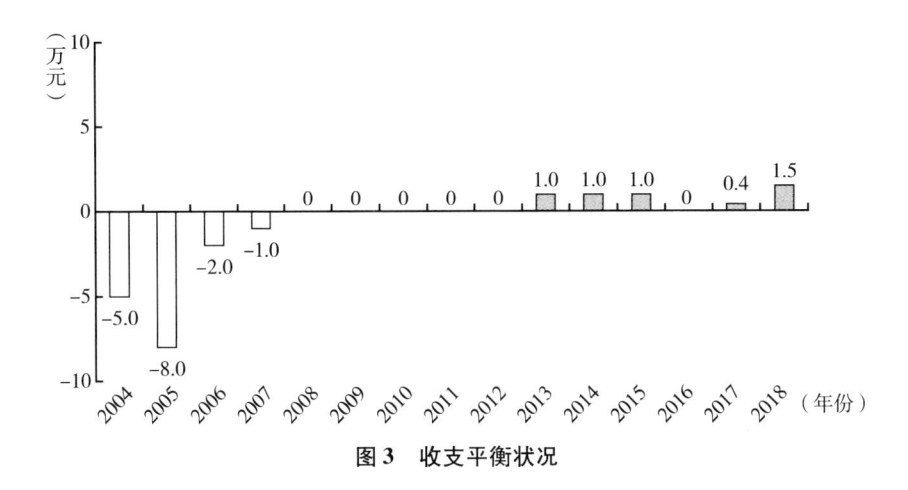

（四）资产负债情况[①]

如图4和表2所示，2004～2018年，北京东海腾龙科技有限公司的资产总额和负债总额均呈现上升趋势，资产负债率在98%～150%变化。

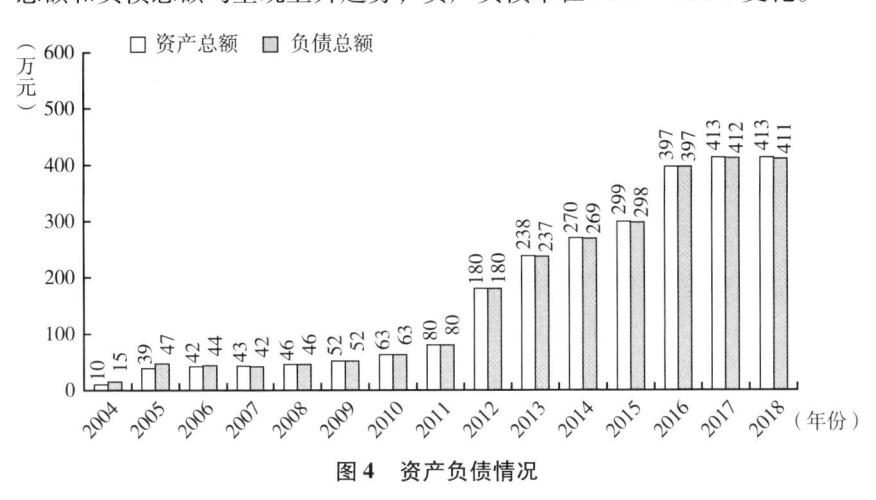

图 4　资产负债情况

---

① 资产负债率又称举债经营比率，一方面用以衡量社会企业的债权人发放的贷款收回的可能性，该比率越低，债权人的利益就越有保障；另一方面，资产负债率还用来衡量企业运用负债进行经营的能力，该比率越高，说明企业负债经营的程度越高。社会企业的资产负债率应当合理适度，从而很好地平衡其债权人对于资金安全的关注以及股东获得举债经营的杠杆利益。后同。

表2 资产负债率

单位：%

年份	2004	2005	2006	2007	2008	2009	2010	2011
资产负债率	150	121	105	98	100	100	100	100
年份	2012	2013	2014	2015	2016	2017	2018	
资产负债率	100	100	100	100	100	100	100	

四 社会价值[①]

（一）服务对象数量及弱势人群占比

如图5所示，2004~2018年，北京东海腾龙科技有限公司的服务对象数量稳步上升，由2004年的15万人增长为2018年的65万人。服务对象中弱势人群的占比暂无统计数据。

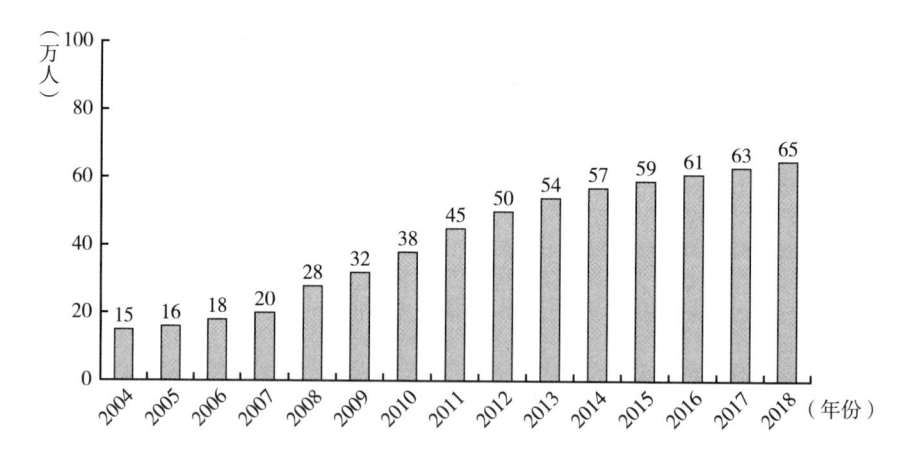

图5 服务对象数量

[①] 许多社会企业选择服务于各种社会弱势人群，即在政府失灵和市场失灵的情况下，为其提供价格合理且适用的产品及服务，或是为社会弱势人群的就业和社会融入提供更多机会。后同。

（二）客户数量及弱势人群占比

如图6所示，2004~2018年，公司的客户数量在多数年份呈现增长趋势。其中，2004~2012年，客户数量由37人增长为465人；2015~2017年，客户数量由289人增加为365人。客户中弱势人群的占比暂无统计数据。

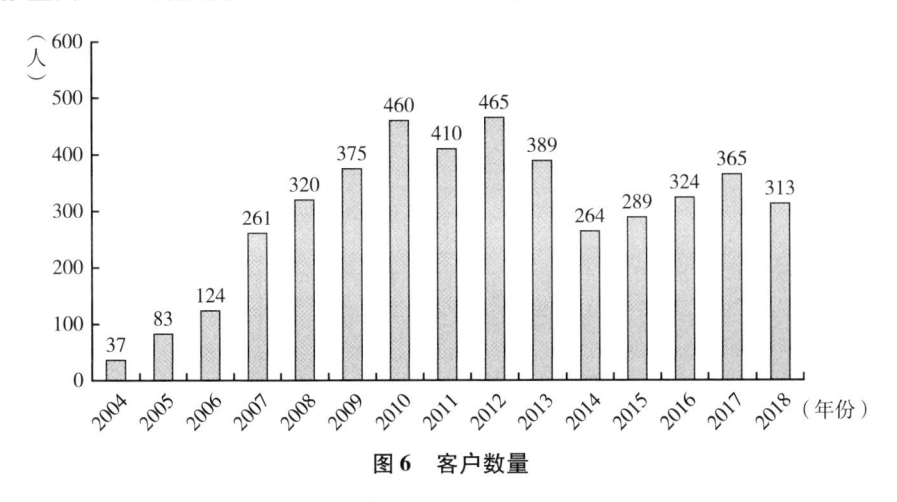

图6 客户数量

（三）受薪员工数量及弱势人群占比

如图7所示，2004~2018年，公司受薪员工数量稳步上升，由2004年的1人增长为2018年的15人。受薪员工中弱势人群的占比为0。

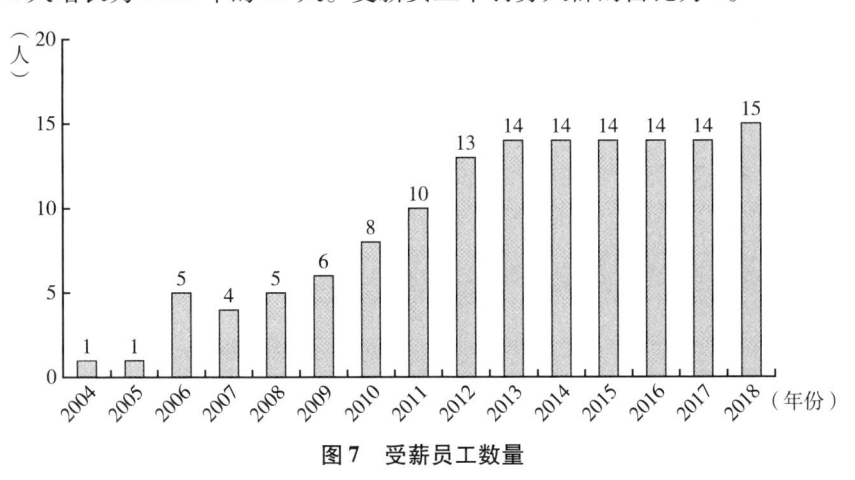

图7 受薪员工数量

五 融资情况

如表 3 所示，2004～2018 年，北京东海腾龙科技有限公司累计融资 100 万元，其中组织成立时的原始投资额为 10 万元，组织内部追加的投资额为 90 万元。此外，未获得外部投资。

表 3 历年融资情况

单位：万元

年份	2004	2005	2006	2007	2008	2009	2010	2011
组织成立时的原始投资	10	0	0	0	0	0	0	0
组织内部追加的投资	0	0	0	0	0	0	0	0
组织获得的外部投资	0	0	0	0	0	0	0	0
年度小计	10	0	0	0	0	0	0	0
年份	2012	2013	2014	2015	2016	2017	2018	类别小计
组织成立时的原始投资	0	0	0	0	0	0	0	10
组织内部追加的投资	0	90	0	0	0	0	0	90
组织获得的外部投资	0	0	0	0	0	0	0	0
年度小计	0	90	0	0	0	0	0	
总计:100								

六 支持体系[1]

北京东海腾龙科技有限公司目前在社会企业支持体系中获得各类资源的难易程度评分均值为 3.2 分。如图 8 所示，公司获取各类资源的难易程度分布不均。其中，在以下两类资源方面得分较高，分别是人力资本（5 分）、

---

[1] 社会企业的发展依赖于整个社会企业支持体系的发展程度，社会企业需要在与生态系统中多元利益相关方的互动与合作关系当中获得组织发展需要的财务资本、人力资本、智力资本、社会资本、政治资本。后同。

智力资本（4分）。同时，在以下三类资源方面得分较低，分别为财务资本（2分）、社会资本（3分）、政治资本（2分）。

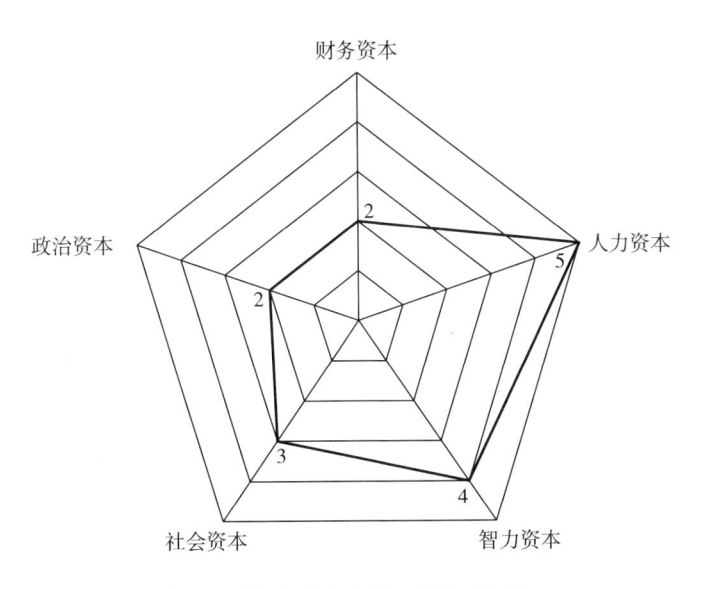

图8 获取各类资源的难易程度评分

说明：1＝很困难；2＝比较困难；3＝一般；4＝比较容易；5＝很容易。

七 挑战与应对

（一）主要挑战

1. 用户使用偏好变化导致公司业务量下降。近年来公众对移动互联网使用频率越来越高，而传统网页端的使用却逐年下降，导致公司业务量下降。

2. 网络环境变化。2014年网络整体环境发生变化，网站受影响较大，流量从几十万、上百万的规模出现断崖式下跌，跌至几万、十几万。目前恰逢移动端快速发展阶段，近些年来流量虽有缓慢恢复，但效果仍不够明显。

3. 网站一些栏目因缺乏资质关停。2017年有较多正能量的视频，包括

与政府合作开展的一些线下活动,很受观众欢迎。视频栏目开展一年后被告知做视频需要有视频许可证,而办理视频许可证也有注册资金及人员方面的要求。机构不具备办理视频许可证的条件,关掉了视频栏目。

4. 线下活动受限。网站发展受限后开展线下活动,通过大型活动给当地商家提供广告服务,获取利润。但上海踩踏事件后,政府规定大型活动必须报备,网站只能开展300人以内的小活动,网站线下活动的影响力也相应地下降。

(二)应对措施

1. 与当地政府合作举办大型公益类活动。
2. 引入广告服务,支撑网站生存。
3. 参与政府购买服务。

B.6 北京即刻到家服务科技有限公司发展报告

摘　要： 北京即刻到家服务科技有限公司是一家在工商部门注册的社会企业。主要从事老年服务产业方面的工作，提供上门清洗、修理等服务，实现老年人照料，解决老年人居家养老问题，提升老年人的晚年生活质量。

关键词： "即刻到家"　老年服务　养老产业

一　组织概况

组织名称	北京即刻到家服务科技有限公司
网址	http://jkdj123.com
App	无
微信公众号	即刻到家服务中心
成立时间	2014年
注册资金	500万元
注册形式	工商部门注册的企业
工作领域	老年服务产业
组织使命	让老者安全幸福地养老，替天下子女尽责尽孝
人员规模	全职人员38人；兼职人员23人

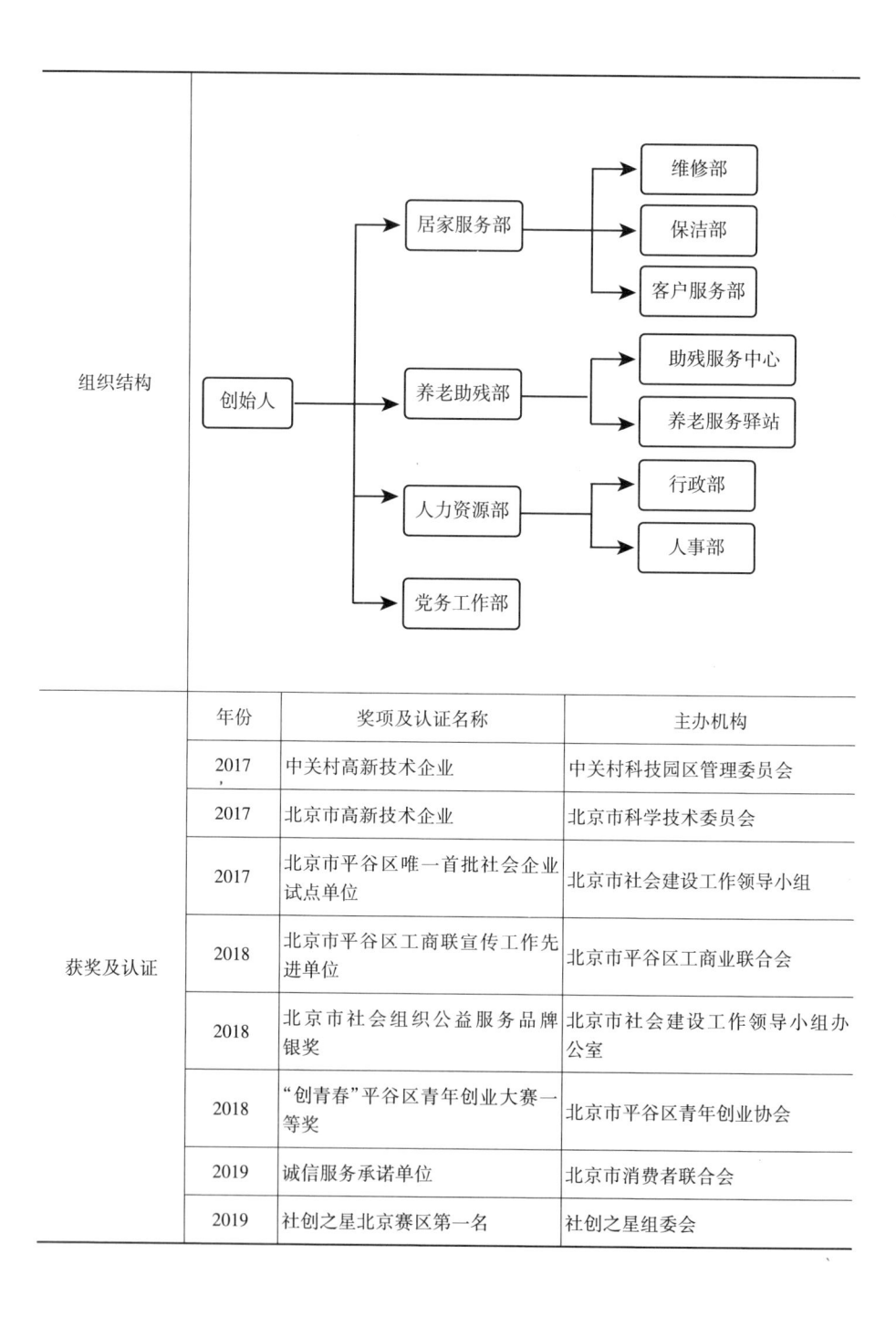

组织结构	\[组织结构图\] 创始人 → 居家服务部 → 维修部、保洁部、客户服务部；创始人 → 养老助残部 → 助残服务中心、养老服务驿站；创始人 → 人力资源部 → 行政部、人事部；创始人 → 党务工作部		

	年份	奖项及认证名称	主办机构
获奖及认证	2017	中关村高新技术企业	中关村科技园区管理委员会
	2017	北京市高新技术企业	北京市科学技术委员会
	2017	北京市平谷区唯一首批社会企业试点单位	北京市社会建设工作领导小组
	2018	北京市平谷区工商联宣传工作先进单位	北京市平谷区工商业联合会
	2018	北京市社会组织公益服务品牌银奖	北京市社会建设工作领导小组办公室
	2018	"创青春"平谷区青年创业大赛一等奖	北京市平谷区青年创业协会
	2019	诚信服务承诺单位	北京市消费者联合会
	2019	社创之星北京赛区第一名	社创之星组委会

二　主要业务及项目

项目名称	空巢老人 24 小时居家服务		
项目周期	2018 年	实施区域	平谷区城区

目标:解决社区空巢老人居家养老服务问题,不断提升老年人的获得感、幸福感和安全感。

受益人群:社区 75 岁以上空巢老人。

内容:为每户老人提供一年有效期的上门空调清洗、抽油烟机清洗、(波轮)洗衣机清洗、热水器清洗、管件维修、马桶维修(疏通)、家庭保洁 3 小时服务,以上 7 个服务项目可以任选 3 项。每 2 个月对空巢老人进行 1 次电话心理慰藉,主要以陪同聊天、情绪安抚等形式,与老年人建立良好的信任关系,帮助消除不良情绪反应及孤独,满足老年人情感慰藉和心灵交流需求,促进老年人心理健康。

成果:共收集到 773 户空巢老人名单,实际进行入户发卡 681 户,提供居家养老服务 1266 次:测量血糖 1 次、测量血压 2 次、按摩 2 次、抽油烟机清洗 462 次、家政保洁 470 次、热水器清洗 75 次、管件维修 25 次、空调清洗 98 次、洗衣机清洗 26 次、疏通管道及维修 50 次、理发 1 次、维修空调 1 次、修锁 1 次、修冰箱 1 次、修洗衣机 1 次、修水龙头 2 次、清洗饮水机 1 次、维修花洒 1 次、打胶卸水管 1 次、修燃气灶 1 次、清洗抽油烟机架子 1 次、维修水管 1 次、清洗小厨宝 1 次、修洗衣机下水管 1 次、维修电视 1 次、修灯 3 次、修抽油烟机 1 次、换马桶盖 1 次、其他 33 次、就医陪护 3 小时 1 次。每 2 个月对空巢老人进行电话心理慰藉 1 次,8 个月服务老人 2724 人次。

通过为老人提供居家服务,很大程度上解决了老人家电维修与清洗、管道疏通、家庭保洁等居家养老服务问题,给老人的生活带来了很大的改善。在城市化步伐不断加快、老龄化日渐加深的背景下,该模式前景可期。

相关照片:

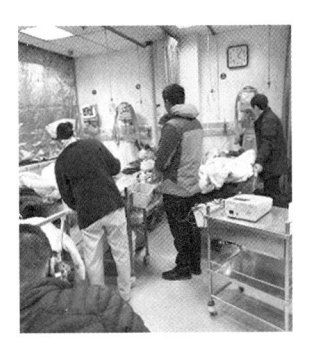

为空巢老人维修热水器　　为空巢老人提供紧急救助

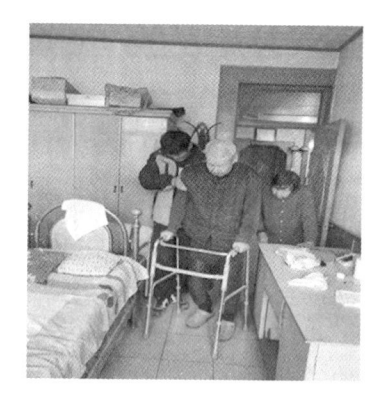

去空巢老人家换灯泡　　　　　　协助空巢老人在家活动

项目名称		凤英工程	
项目周期	2017年、2018年	实施区域	平谷区镇罗营镇

目标：解决山区老年人居家养老问题，提升山区老年人的晚年生活质量。

受益人群：镇罗营镇内的10个村1002户60岁以上老人。

内容：为老人配置了信息化智能设备智身宝一键通呼叫设备，并在每个村配置了1名即刻到家村管家，他们按照即刻到家用人体系标准，全部学习了养老护理和紧急救助技能并取得证书，进行专业化服务，主要包括帮买帮送、家政保洁服务、维修服务、代办服务、呼叫服务、理发剃须服务、咨询服务、紧急救助服务等300余项服务。

成果：截止到2018年2月份，累计服务16万余次，包括帮买帮送10万余次，家政快修3万次，心理慰藉服务2万余次，紧急救助服务17次。

凤英工程从实际上解决山区百姓购物难、维修难等难题。山区老人子女虽然尽了赡养义务，却仅仅满足于维持老人生活的温饱水平，不太关注老年人的心理健康问题，目前即刻到家配置的村管家定期都会去空巢老人家里，陪伴老人，询问老人需要，满足老人衣食住行的多样需求。老人通过智身宝一键通设备将自己的需要及时与客服沟通，采购员第一时间把老人所需的日常生活用品及时地送到老人的身边，提升了老人的幸福感。

2017年公司做了问卷调查，老年人最为满意的是凤英工程紧急救助和上门服务功能，感受到心里踏实。

相关照片：

村管家和即刻到家员工陪同摔伤老人就医

即刻到家服务人员为村民做保洁服务

即刻到家服务人员为村民安装热水器

项目名称	新星社区空巢老人24小时智能烟感监测及居家生活服务		
项目周期	2018年、2019年	实施区域	平谷区新星社区

目标：解决老年人居家养老中的点滴问题，提升老年人幸福感和安全感。

受益人群：新星社区70岁以上老人。

内容：为社区内160户的70岁以上老人配置了智能烟感监测设备，为80户老人安装智身宝一键通设备并配备一张即刻到家幸福卡，主要功能是为老人提供家政维修等生活服务，避免老年人遇到问题时手忙脚乱、无从下手，通过24小时的人工客服实时接听老年人的电话，记录并解决老年人的生活问题，并且将所有安装智能烟感设备的老人的信息录入监测后台，随时通过即刻到家"365天+24小时"平台进行监测及紧急服务。

成果：截止到2019年4月底，即刻到家为新星社区持幸福卡老人提供居家养老服务51次，其中理发9次，刮胡子2次，保洁服务8次，擦玻璃6次，水管漏水维修6次，马桶疏通2次，家电清洗6次，家电维修4次，测血压2次，维修锅盖1次，跑腿服务4次，紧急救助1次。

新星社区项目在实际生活中解决老年人的晚年生活难题,让老年人遇到问题不再慌乱,及时拨通即刻到家24小时热线。烟感监测设备的安装实时监测老年人家中的安全情况,目前接到报警3次,接到报警后,24小时人工客服及时联系家属询问情况,保障老人家庭生命财产安全。社区老人通过智身宝一键通设备,将家里的家政维修问题及时反馈给客服,客服接到老人电话记录清楚,由师傅第一时间上门解决,减轻了子女、亲戚、朋友、社会的负担,并提升了老年人的幸福感。

相关照片:

即刻到家服务人员为空巢老人上门安装烟感监测设备

三　经济绩效

(一)商业运营能力

如图1所示,北京即刻到家服务科技有限公司在商业运营能力方面平均得分为3.71分,其中在以下五方面得分较高,分别为生产管理(4分)、营销与品牌管理(4分)、人力资源管理(4分)、利益相关方沟通与关系管理(4分)、法律税务管理(4分)。同时,在以下两方面得分较低,分别为战略管理(3分)、财务管理(3分),说明有待提升管理能力。

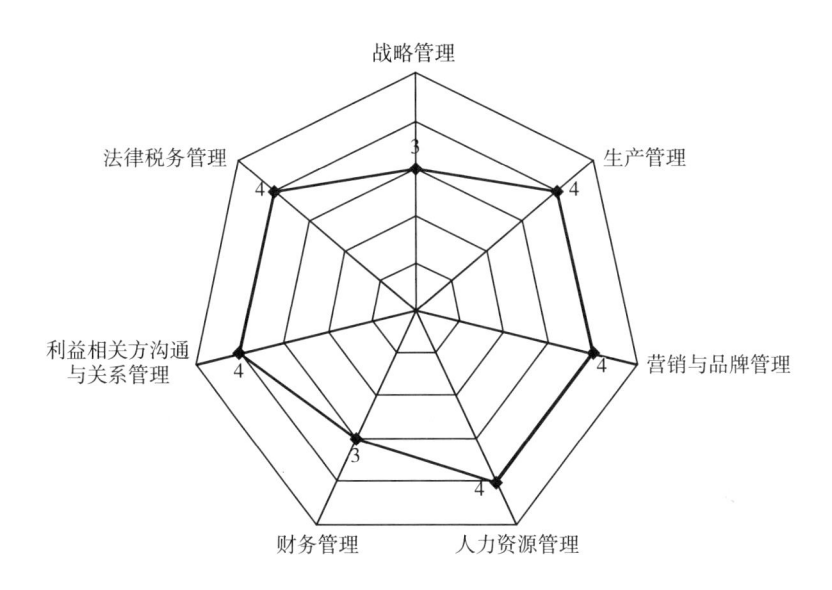

图 1 商业运营能力评分

说明：1＝很弱；2＝比较弱；3＝一般；4＝比较强；5＝很强。

（二）市场经营收入占比

如图2和表1所示，2015～2018年，北京即刻到家服务科技有限公司

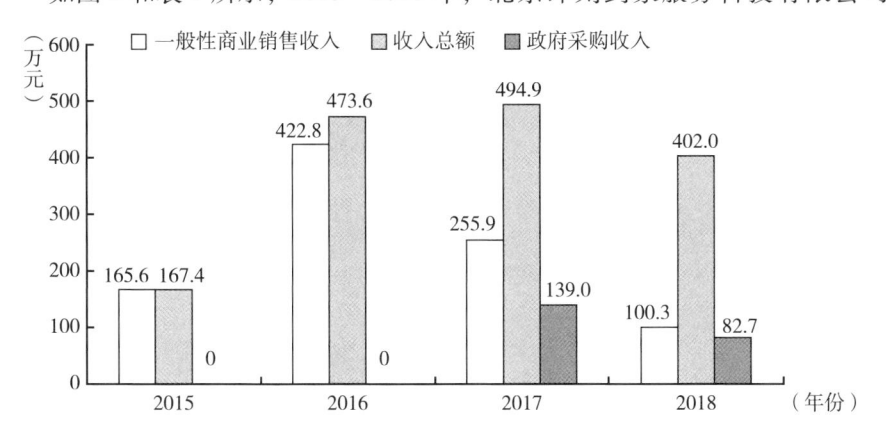

图 2 市场经营收入情况

的"市场经营收入占比"在46%～99%。其中，2015～2017年，市场经营收入的主要来源是"一般性商业销售收入"；2018年，由于政府支持收入（拨款、补贴、奖金等）大幅上升，市场经营收入占比下降为46%。

表1 市场经营收入占比

单位：%

年份	2015	2016	2017	2018
市场经营收入占比	99	89	80	46
一般性商业销售收入占比	99	89	52	25
政府采购收入占比	0	0	28	21

（三）收支平衡状况

2015～2018年，北京即刻到家服务科技有限公司的财务状况总体而言有待改善。如图3所示，公司在2016年实现小额盈余，其他年份均处于亏损状态，但亏损数额逐年降低。

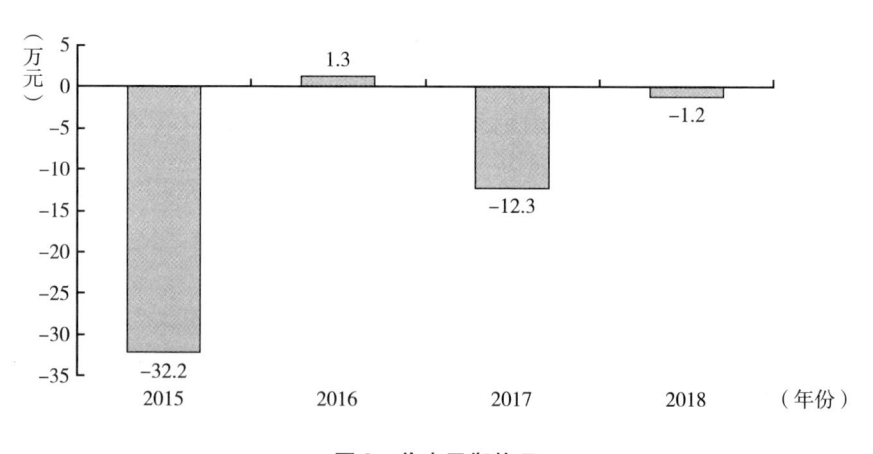

图3 收支平衡状况

（四）资产负债情况

如图 4 和表 2 所示，2014～2018 年，北京即刻到家服务科技有限公司的资产总额和负债总额均呈现上升趋势，资产负债率在 110%～238% 变化。

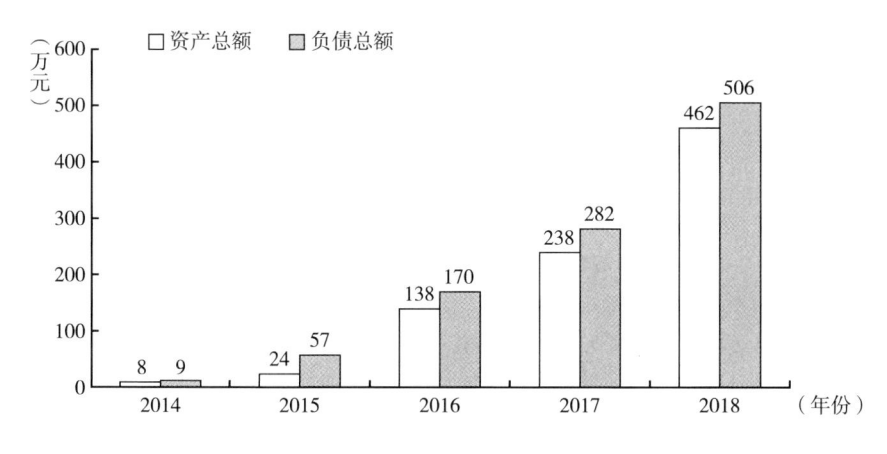

图 4　资产负债情况

表 2　资产负债率

单位：%

年份	2014	2015	2016	2017	2018
资产负债率	113	238	123	118	110

四　社会价值

（一）服务对象数量及弱势人群占比

如图 5 和表 3 所示，2014～2018 年，北京即刻到家服务科技有限公司的服务对象数量在早期的大幅增长后呈现下降趋势。尽管服务对象总量出现波动，服务对象中弱势人群的占比却呈现增长趋势，2014～2018 年在 0～37% 变化。

图 5　服务对象数量及弱势人群服务对象数量

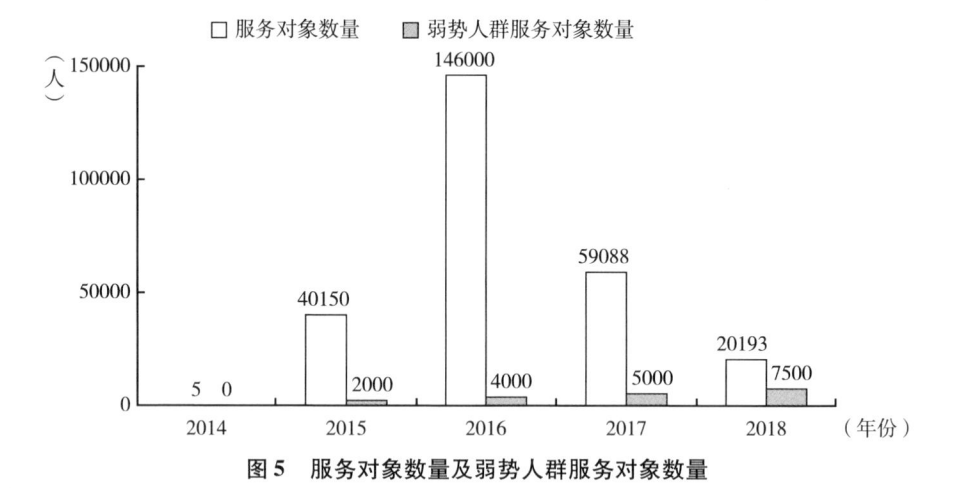

表 3　弱势人群在服务对象中的占比

单位：%

年份	2014	2015	2016	2017	2018
弱势人群占比	0	5	3	8	37

（二）客户数量及弱势人群占比

如图 6 和表 4 所示，2014～2018 年，公司的客户数量在早期的大幅增

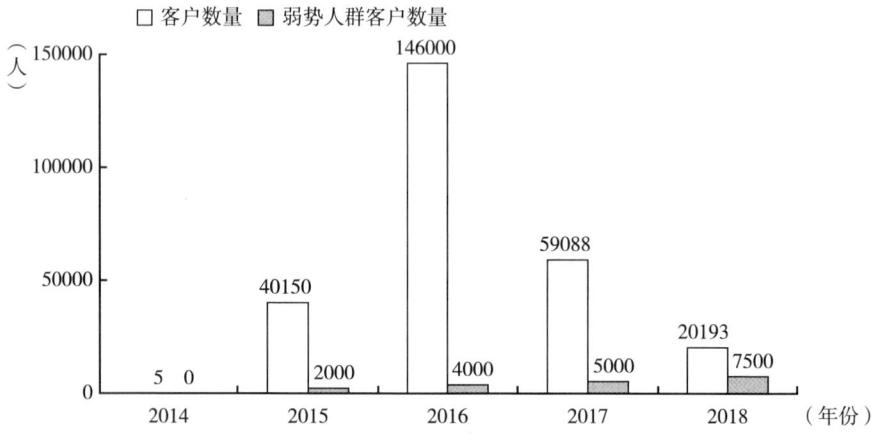

图 6　客户数量及弱势人群客户数量

长后呈现下降趋势。尽管客户总量出现波动,客户中弱势人群的占比却呈现稳定增长趋势,2014~2018年在0~37%变化。

表4 弱势人群在客户中的占比

单位:%

年份	2014	2015	2016	2017	2018
弱势人群占比	0	5	3	8	37

(三)受薪员工数量及弱势人群占比

如图7和表5所示,2014~2018年,公司受薪员工数量稳步上升,由2014年的2人增长为2018年的61人。同时,受薪员工中的弱势人群占比在5%~8%变化。

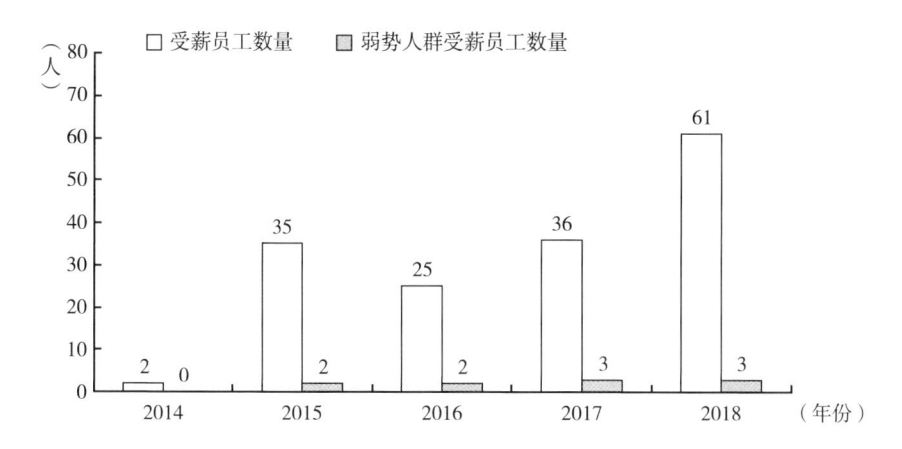

图7 受薪员工数量及弱势人群受薪员工数量

表5 弱势人群在受薪员工中的占比

单位:%

年份	2014	2015	2016	2017	2018
弱势人群占比	0	6	8	8	5

五 融资情况

如表6所示,2014~2018年,北京即刻到家服务科技有限公司累计融资362万元,其中组织成立时的原始投资额为2万元,组织内部追加的投资额为360万元。此外,机构未获得外部投资。

表6 融资情况

单位:万元

年份	2014	2015	2016	2017	2018	类别小计
组织成立时的原始投资	2	0	0	0	0	2
组织内部追加的投资	0	50	80	100	130	360
组织后来获得的外部投资	0	0	0	0	0	0
年度小计	2	50	80	100	130	
总计:362							

六 支持体系

北京即刻到家服务科技有限公司目前在社会企业支持体系中获得各类资源的难易程度评分均值为3.4分。如图8所示,公司获取各类资源的难易程度分布不均。其中,在以下两类资源方面得分较高,分别为社会资本(4分)、政治资本(4分)。同时,在以下三类资源方面得分较低,分别为财务资本(3分)、人力资本(3分)、智力资本(3分)。

七 挑战与应对

(一)主要挑战

1. 人力缺乏,难以留住人才。目前机构主要通过政府购买服务维持运

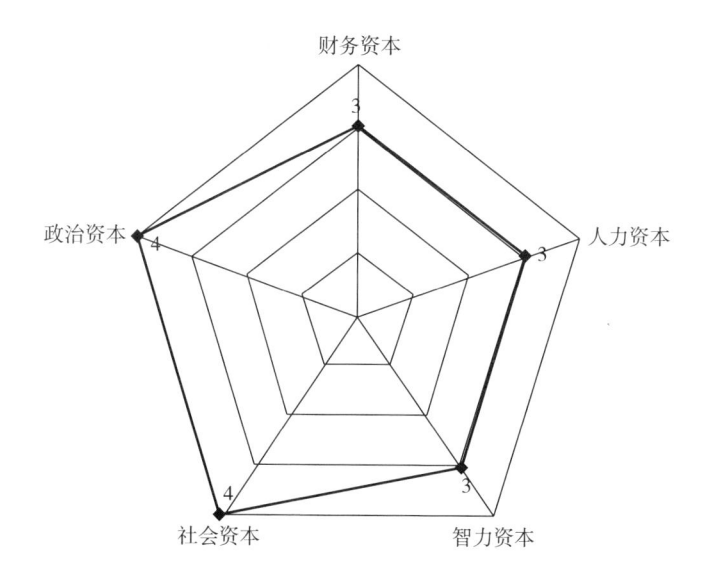

图 8 获取各类资源的难易程度评分

说明：1 = 很困难；2 = 比较困难；3 = 一般；4 = 比较容易；5 = 很容易。

转，收益不如传统商业企业。为了机构生存，需要有限支出人才资金，无法为员工提供有市场竞争力的工资，因此难以吸引与留住人才。

2. 政府对社会企业重视程度有待提高。期望政府能在政策上给予倾斜，如优先购买社会企业服务等。

（二）应对措施

1. 积极申请政府购买服务。在平谷区做上门家政服务，研发一键通设备，申请当地残联、老干部局、组织部、社工委以及民政局的居家上门服务项目，目前已获得70%~80%。通过以上政府购买服务与市场化收入，机构基本能做到收入持平。

2. 扩大区域。2018年有三家幸福晚年驿站、五家社区养老驿站，2019年再拓展一家照料中心与三家养老服务驿站。机构期望将区域化的养老服务做透。区域内老人能认可机构服务，想养老时就想到"即刻到家"，在家通

过一键通设备实现老有所依。同时，机构会积极拓展平谷区以外的业务区域，期望北京市的老人都能使用机构服务。

3. 拓展业务类型。机构采用互联网交易平台、智能终端设备、24小时人工客服、专业上门服务团队以及养老驿站五位一体的模式服务于周边群众与老人。

4. 积极利用政策补贴。如养老驿站有流量补贴，后续可能还会有运营补贴的政策，给予人工费等。流量补贴具体为：老人使用养老一卡通在养老驿站每消费100元，政策补贴机构75元。在政策补贴的基础上，机构根据60岁/70岁/80岁不同年龄段给予老人6折/7折/8折的优惠，以此吸引更多老人使用机构上门居家服务。如上门空调加氟服务，80岁以上老人费用原价50元，机构收取老人费用30元，政策补贴15元，实际机构收入为45元。通过这种模式，越来越多的老人使用机构服务，甚至年轻子女会鼓励老人使用或者自己也使用老人一卡通购买机构服务，原有基础业务因此得以扩展。

5. 压缩基层服务人员比例，拓展管理层人才储备。2019年基层驿站站员以及护理员数量已基本稳定，业务频次稳定，第三方服务商也较为配合，机构对此可控度高。

6. 目前机构计划在管理层多投入资金，挖掘三四名经验丰富的专业人才，补充中高级梯队的人员数量。

B.7 北京甲骨文悦读文化传媒有限公司发展报告

摘　要： 北京甲骨文悦读文化传媒有限公司是一家工商注册的社会企业，旨在发展社区阅读，解决阅读"最后一公里"的问题，以社区书店"甲骨文悦读空间"为依托，开展大众阅读活动，拓宽公众阅读的范围。

关键词： 甲骨文悦读　社区阅读　文化服务

一　组织概况

组织名称	北京甲骨文悦读文化传媒有限公司
网址	无
App	沐沐优选;故事超人－讲故事的魔术师
微信公众号	悦万卷;贺超叔叔讲故事;故事超人
成立时间	2015年11月19日
注册资金	50万元
注册形式	工商部门注册的企业
工作领域	艺术、文化、体育
组织使命	发展社区阅读，解决阅读"最后一公里"的问题
人员规模	全职人员14人;兼职人员8人;志愿者1人

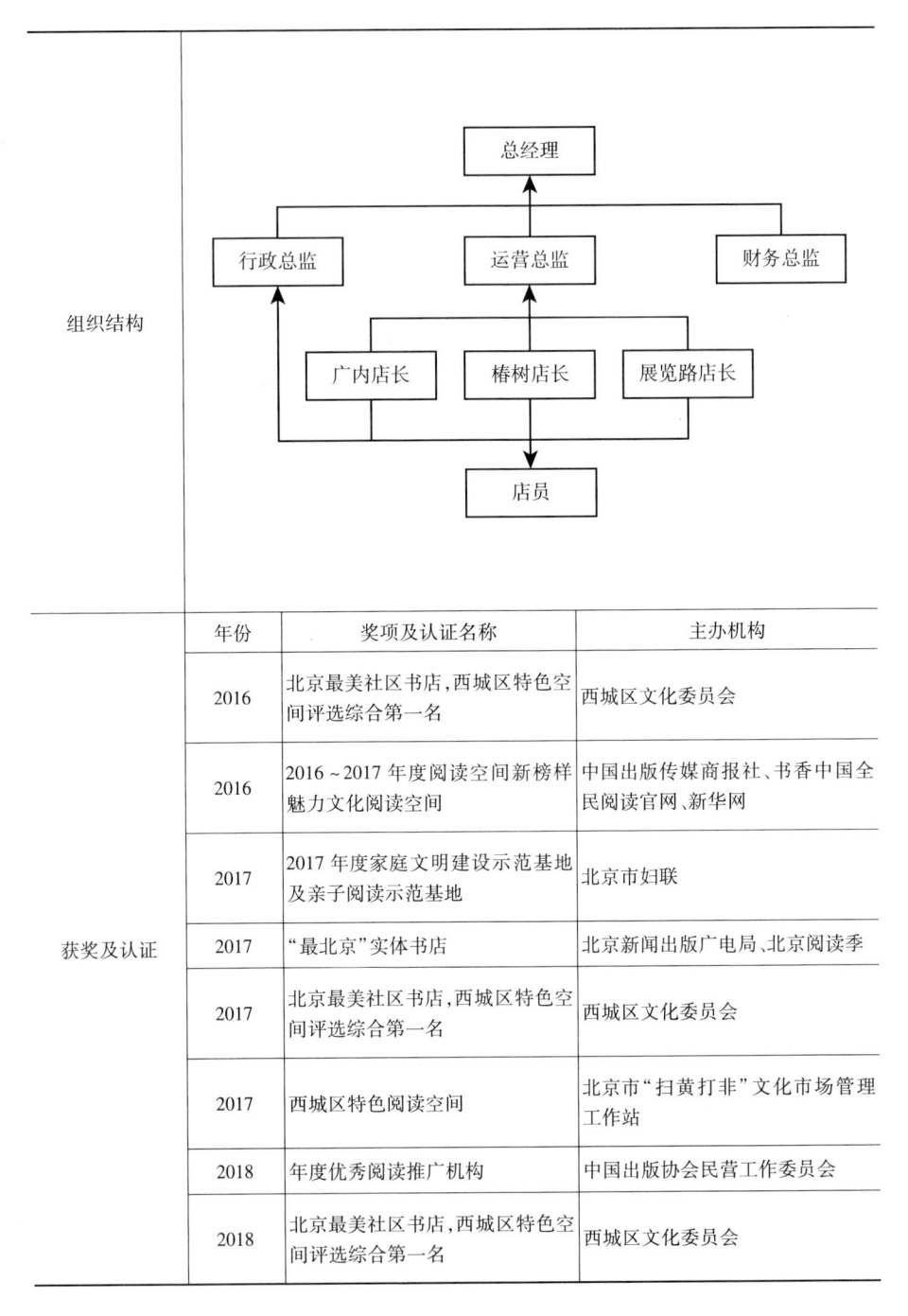

组织结构	总经理 ← 行政总监、运营总监、财务总监；运营总监管辖：广内店长、椿树店长、展览路店长；店员

	年份	奖项及认证名称	主办机构
获奖及认证	2016	北京最美社区书店,西城区特色空间评选综合第一名	西城区文化委员会
	2016	2016~2017年度阅读空间新榜样魅力文化阅读空间	中国出版传媒商报社、书香中国全民阅读官网、新华网
	2017	2017年度家庭文明建设示范基地及亲子阅读示范基地	北京市妇联
	2017	"最北京"实体书店	北京新闻出版广电局、北京阅读季
	2017	北京最美社区书店,西城区特色空间评选综合第一名	西城区文化委员会
	2017	西城区特色阅读空间	北京市"扫黄打非"文化市场管理工作站
	2018	年度优秀阅读推广机构	中国出版协会民营工作委员会
	2018	北京最美社区书店,西城区特色空间评选综合第一名	西城区文化委员会

二　主要业务及项目

项目名称	黄寺大街西社区"阳光教室"项目		
项目周期	2018年7月至2018年11月	实施区域	德胜街道黄寺大街西社区

目标:丰富社区居民业余生活,促进社区生活多样化。

受益人群:社区全体居民。

内容:手工制作、非遗知识传承及体验、专题讲座等。

成果:社区居民的业余生活更加丰富多彩,社区发展更加和谐。居民在参加完这些活动后,有些锻炼了动手能力,有些扩展了知识面,有的老年人在参加红色剪纸活动后表示没想到自己的手还能运用灵活而对自己又有了新的认知。社区居民都很喜欢参与这些活动项目,希望开展形式更丰富的活动。通过本项目的实施,参与人员得到扩充,使得活动影响力、宣传力不断扩大,社区生活更加多样化。随着这次活动的进行,社区居民参与度逐步提高,参与人员年龄层也逐渐丰富。活动项目得到了居民的认可,大家通过实际参与取得了不同收获,有益于个人生活发展。

相关照片:

庆"七一"红色诗歌朗诵

项目名称	椿树街道2018年青少年暑期活动"阳光少年"项目		
项目周期	2018年7月至2018年9月	实施区域	椿树街道

目标:丰富椿树街道社区青少年暑期的文化生活,为"书香椿树"建设助力,更好地推动政社合作,培育社会组织,激发社会活力,推动和谐社会建设发展。

受益人群:椿树街道青少年。

内容:1. 青少年急救知识教育;

　　　2. 社区青少年美德教育讲座;

　　　3. 一支画笔绘社区;

　　　4. 手工制作(超轻黏土、纽扣花、衍纸画、灯笼、画年轮等)走进社区;

　　　5. 非遗(毛猴、兔爷)走进社区。

成果:使广大社区青少年锻炼了动手能力、逻辑思维能力和人际沟通交往能力,并加强了他们的品德教育,丰富了他们的假期生活,让他们在学习到我国传统文化的同时亲身体会到了非物质文化遗产的魅力及特点,通过手工制作体验非遗的乐趣。

相关照片：

急救知识培训　　　　　　　　手工制作——超轻黏土

项目名称		阅读进社区	
项目周期	2018年3月至2018年11月	实施区域	广内街道各社区

目标：活动深入广内街道18个社区开展，此项目依托广内公共图书馆，辐射社区阅览室，为社区居民开展高质量的文化惠民活动，为书香广内建设助力，引导社区居民爱社区、爱阅读、爱生活。

受益人群：广内街道各社区居民。

内容：通过对18个社区的阅读活动调研，结合广内公共图书馆的资源和甲骨文悦读的社会资源，项目主要包含以下内容：全家读国学、甲骨文悦读书场——革命故事宣讲、朗诵进社区——怎样朗诵、老年预防干眼病知识讲座、绿植走进社区、旧物改造利用课堂、儿童故事会、红十字会急救知识走进学校、非物质文化遗产走进学校、青少年烧烫伤知识教育、一支画笔绘社区、老年数字化活动专场、老年电子课堂书香e读等。以上活动通过阅读分享、听读、表演、视频教学等多种形式与社区居民互动，活动中留存相关图片，活动后社区居民填写本次活动的调查问卷，对活动做好相关记录并留档。

成果：提高居民思想文化水平，增加居民对我国传统文化的认知，丰富了社区居民的生活，尤其是老年人的业余生活。

相关照片：

全家读国学走进社区　　　　　　老年预防干眼病知识讲座

三 经济绩效

（一）商业运营能力

如图1所示，北京甲骨文悦读文化传媒有限公司在商业运营能力方面平均得分为3.43分，其中在以下三方面得分较高，分别为生产管理（4分）、利益相关方沟通与关系管理（5分）、法律税务管理（4分）。同时，在以下四方面得分较低，分别为战略管理（3分）、营销与品牌管理（3分）、人力资源管理（2分）、财务管理（3分），说明有待提升管理能力。

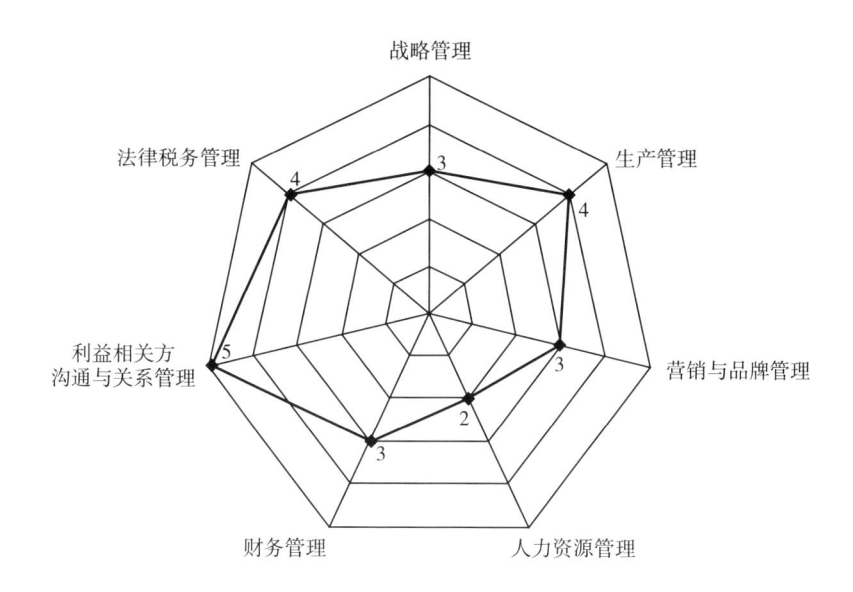

图1 商业运营能力评分

说明：1＝很弱；2＝比较弱；3＝一般；4＝比较强；5＝很强。

（二）市场经营收入占比

如图2和表1所示，2016～2018年，北京甲骨文悦读文化传媒有限公司的"市场经营收入占比"均为100%，主要来源是"一般性商业销售收入"。

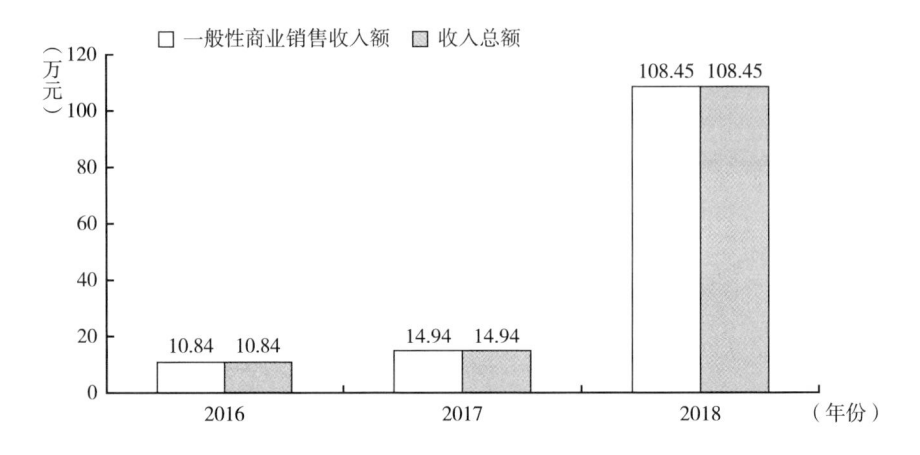

图2 市场经营收入情况

表1 市场经营收入占比

单位：%

年份	2016	2017	2018
市场经营收入占比	100	100	100
一般性商业销售收入占比	100	100	100
政府采购收入占比	0	0	0

（三）收支平衡状况

2016～2018年，北京甲骨文悦读文化传媒有限公司的财务状况总体而言逐步改善。如图3所示，在2016年度及2018年度，实现0.5万元和5.1万元的小额盈余，在2017年度公司处于0.2万元的小额亏损状态。

图 3 收支平衡状况

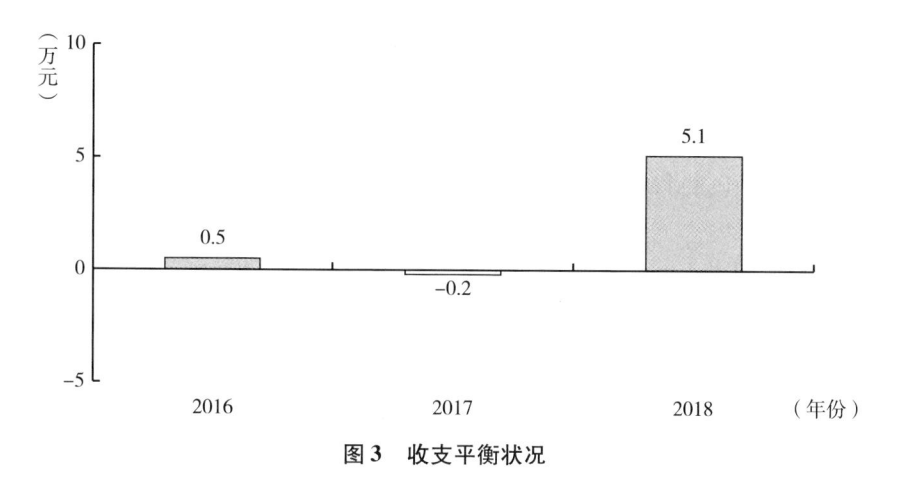

（四）资产负债情况

如图4和表2所示，2016~2018年，北京甲骨文悦读文化传媒有限公司的资产总额和负债总额均呈现上升趋势，资产负债率在97%~100%变化。

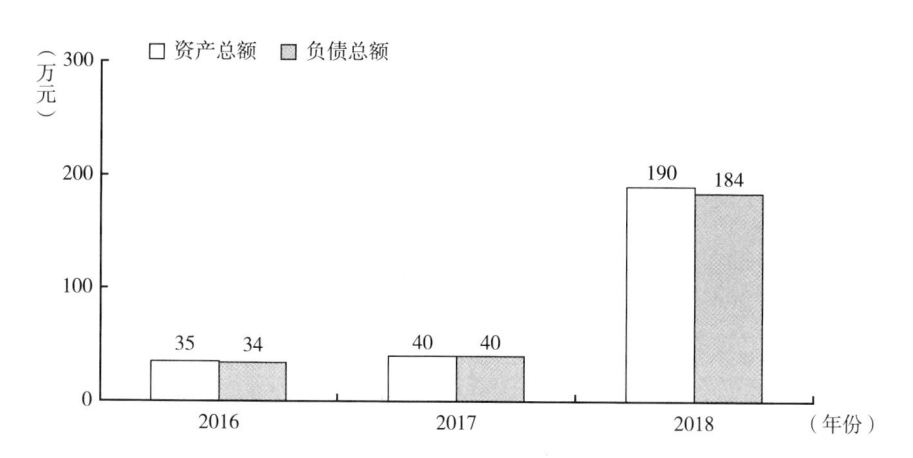

图 4 资产负债情况

表 2 资产负债率

单位：%

年份	2016	2017	2018
资产负债率	97	100	97

四 社会价值

(一)服务对象数量及弱势人群占比

如图5和表3所示,2016~2018年,北京甲骨文悦读文化传媒有限公司的服务对象数量稳步上升,由2016年的7万人增长为2018年的26万人;服务对象中弱势人群的占比均为0.1%。

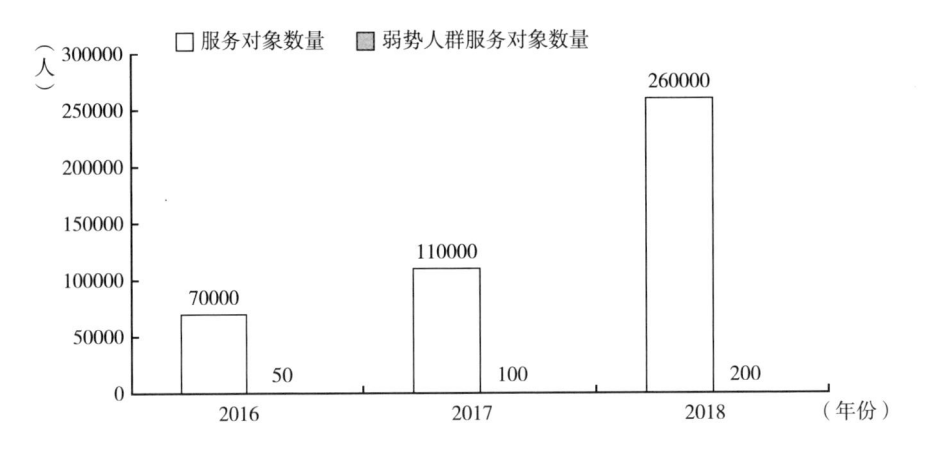

图5 服务对象数量及弱势人群服务对象数量

表3 弱势人群在服务对象中的占比

单位:%

年份	2016	2017	2018
弱势人群占比	0.1	0.1	0.1

(二)客户数量及弱势人群占比

如图6和表4所示,2016~2018年,公司的客户数量稳步上升,由2016年的20人增长为2018年的80人;服务对象中弱势人群的占比由0上升为25%。

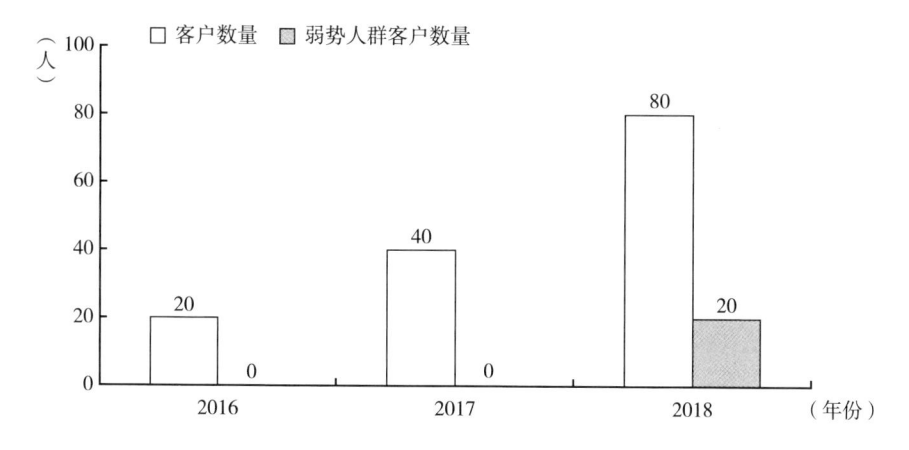

图6 客户数量及弱势人群客户数量

表4 弱势人群在客户中的占比

单位:%

年份	2016	2017	2018
弱势人群占比	0	0	25

(三)受薪员工数量及弱势人群占比

如图7所示,2015~2018年,公司受薪员工数量稳步上升,由2015年的6人增长为2018年的22人。受薪员工中弱势人群的占比为0。

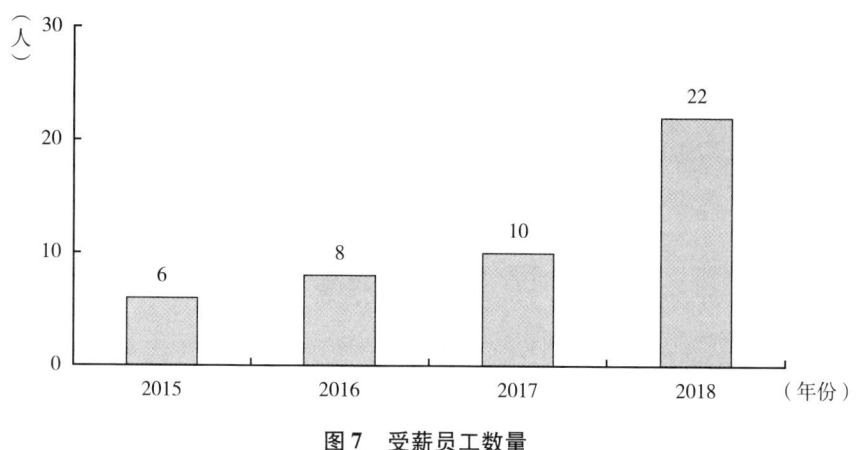

图7 受薪员工数量

五 融资情况

如表5所示，2015~2018年，北京甲骨文悦读文化传媒有限公司累计融资50万元，为组织成立时的原始投资，无组织内部追加的投资，也未获得外部投资。

表5 融资情况

单位：万元

年份	2015	2016	2017	2018	类别小计
组织成立时的原始投资	50	0	0	0	50
组织内部追加的投资	0	0	0	0	0
组织后来获得的外部投资	0	0	0	0	0
年度小计	50	0	0	0	
总计:50					

六 支持体系

北京甲骨文悦读文化传媒有限公司目前在社会企业支持体系中获得各类资源的难易程度评分均值为1.6分。如图8所示，公司获取各类资源的难易程度评分总体偏低，说明组织目前获得各类资源均比较困难。具体表现为：社会资本（3分）、政治资本（2分）、财务资本（1分）、人力资本（1分）、智力资本（1分）。

七 挑战与应对

（一）主要挑战

1. 人力资源缺乏。

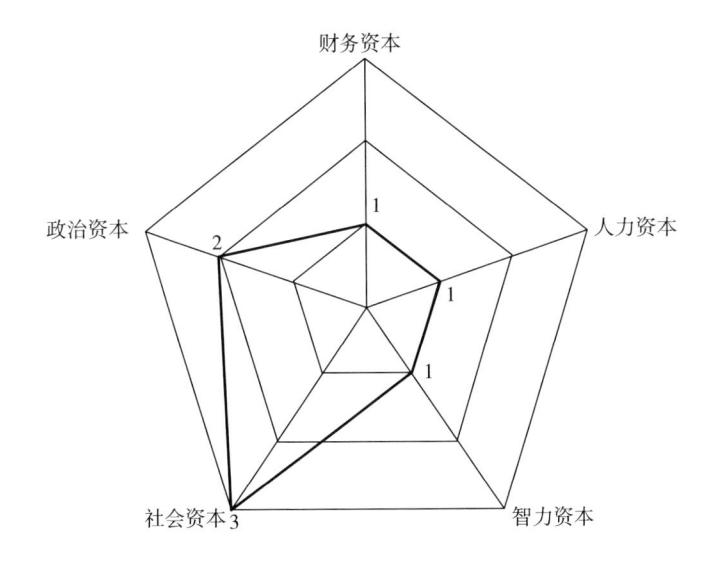

图 8　获取各类资源的难易程度评分

说明：1＝很困难；2＝比较困难；3＝一般；4＝比较容易；5＝很容易。

2. 资金短缺。

3. 活动形式逐步固化，缺乏创新。2015年年底成立以来，机构规模完成了从一个店到三个店的转变，走进了三个社区，主要举办社区阅读、文化类、手工类以及老年活动等，服务对象为社区居民。因资金短缺，无法吸引优秀人才加入，团队内部思想固化。

4. 宣传渠道狭窄，宣传力度不足。

（二）应对措施

1. 加强与政府合作。机构目前主要跟社区街道进行合作，做社区图书馆以及书店。

2. 加强自身宣传。通过建立公众号，利用朋友圈宣传，拓展宣传渠道。

B.8
北京建侬之心健身俱乐部有限公司发展报告

摘　要： 北京建侬之心健身俱乐部有限公司是一家工商注册的社会企业，通过在街道、社区、企事业单位等开展公益走跑等活动，树立全民健身的理念，开展全民健身活动，使公众认识到日常体育锻炼的重要性，并通过后续服务，带动没有运动习惯的人群迈开锻炼的第一步。

关键词： 建侬之心　健身俱乐部　全民健身

一　组织概况

组织名称	北京建侬之心健身俱乐部有限公司
网址	www.jian-nong.com
App	无
微信公众号	5K跑
成立时间	2016年
注册资金	200万元
注册形式	工商部门注册的企业
工作领域	艺术、文化、体育
组织使命	健康路上一个都不掉队,全民健身,科学健身

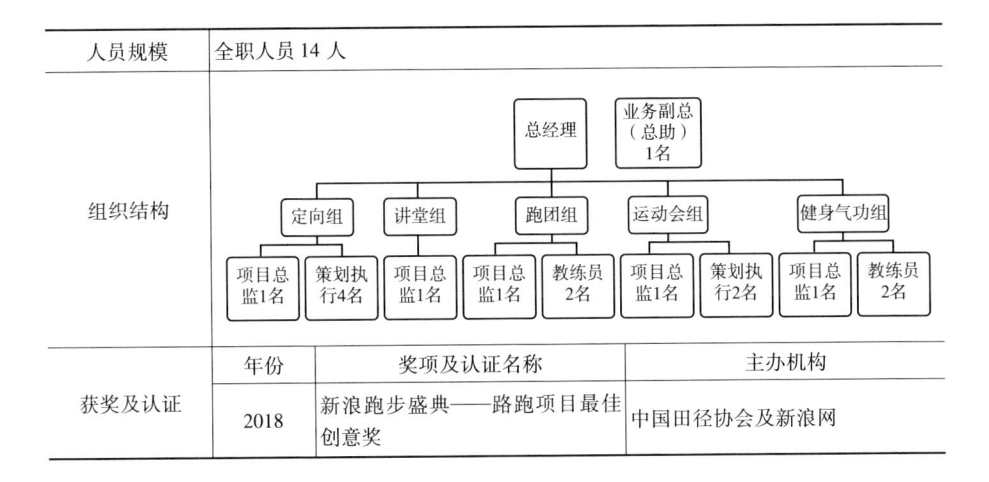

人员规模	全职人员14人		
组织结构	总经理下设业务副总（总助）1名；定向组（项目总监1名、策划执行4名）；讲堂组（项目总监1名）；跑团组（项目总监1名、教练员2名）；运动会组（项目总监1名、策划执行2名）；健身气功组（项目总监1名、教练员2名）		
获奖及认证	年份	奖项及认证名称	主办机构
	2018	新浪跑步盛典——路跑项目最佳创意奖	中国田径协会及新浪网

二 主要业务及项目

项目名称	赵之心运动健康5K大讲堂		
项目周期	不固定	实施区域	全国

目标：在企事业单位及街道社区倡导全民健身、科学健身。
受益人群：职工及居民。
内容：赵之心老师主讲，普及科学运动知识，提倡全民健身、科学健身，使参与者学习了解到体育运动与慢性疾病的关系，认识到日常体育锻炼的重要性，并通过后续服务，带动更多没有运动习惯的人迈开锻炼的第一步。
成果：2018年全年服务上万人次，其中仅昌平区妇联的一次讲座，就动员了昌平区三百多名女性参与到科学走跑运动中来，并现场成立京北丽人跑团。

相关照片：

昌平区妇联女性健康专场 　　　　　　北京林业大学教职工专场

项目名称	5K 定向智慧走跑		
项目周期	定制服务	实施区域	以北京为主

目标:在企事业单位及社区街道倡导科学运动。

受益人群:职工及居民。

内容:以定向运动为基础,策划设计趣味游戏环节,改变传统走跑运动的枯燥乏味,在走跑运动中加入识图、找点、完成任务等相应环节,让参与锻炼人群更加有目标地进行智慧型运动。为企事业单位及街道社区提供与活动主题相关的单独定制服务,为团体客户解决团队健身难题,以定向智慧走跑有效替代传统运动会、年会、拓展、团建等项目,改变传统运动会20%人参加、80%人坐在看台的局面,实现全民健身,全员参与。

成果:2018年总共策划活动24场次,服务人员总数万人左右,客户反馈良好,全年无一差评。

项目名称	北京公园半程马拉松——建侬5K团队赛		
项目周期	每年5场	实施区域	北京

目标:在企事业单位组建跑团。

受益人群:企事业单位职工。

内容:通过承办5K团队赛,组建企事业单位跑团,免费邀请团员参赛。为企事业单位提供形象展示平台;通过各种活动形式为企事业单位成立自己的跑团,使职工形成日常体育锻炼习惯,提高职工身体素质;用新形式的团队跑代替传统个人跑,降低政府举办赛事的风险;为媒体提供正能量的新内容;实现团队协作,相互鼓励,完成全员参与、全民健身。

成果:赛事自2017年延续至今,前后服务过近百个企事业单位跑团,服务人数3000多人,其中70%均为无日常体育锻炼习惯的企业职工。

相关照片:

公园半马开赛前专业教练带领热身

三 经济绩效

（一）商业运营能力

如图1所示，北京建侬之心健身俱乐部有限公司在商业运营能力方面平均得分为5分，而且每一方面得分均为5分。

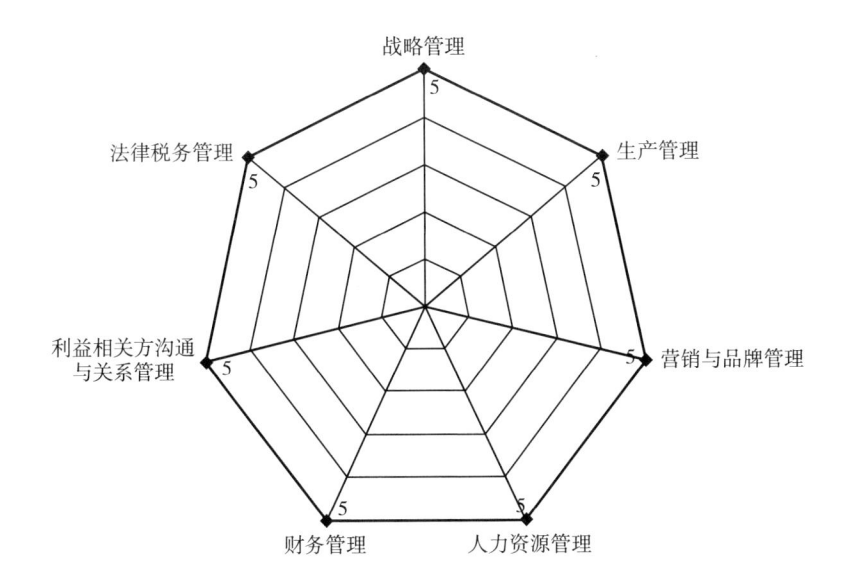

图1 商业运营能力评分

说明：1＝很弱；2＝比较弱；3＝一般；4＝比较强；5＝很强。

（二）市场经营收入占比

如图2和表1所示，2017年和2018年，北京建侬之心健身俱乐部有限公司的"市场经营收入占比"均为100%，其中市场经营收入的主要来源是"一般性商业销售收入"。

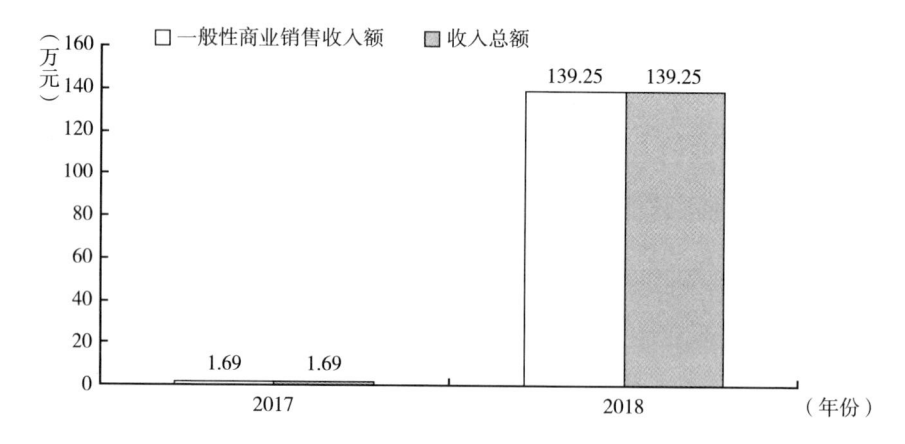

图 2 市场经营收入情况

表 1 市场经营收入占比

单位：%

年份	2017	2018
市场经营收入占比	100	100
一般性商业销售收入占比	100	100
政府采购收入占比	0	0

（三）收支平衡状况

2017年和2018年，北京建侬之心健身俱乐部有限公司的财务状况总体而言有待改善。如图3所示，公司在2017年和2018年均处于亏损状态，尚未实现盈余。然而，公司的亏损金额呈现降低趋势，具体亏损金额由2017年的36.8万元减少为2018年的21.7万元。

（四）资产负债情况

如图4和表2所示，2017年和2018年，北京建侬之心健身俱乐部有限公司的资产总额和负债总额均呈现上升趋势，资产负债率在0~1%变化。

北京建侬之心健身俱乐部有限公司发展报告

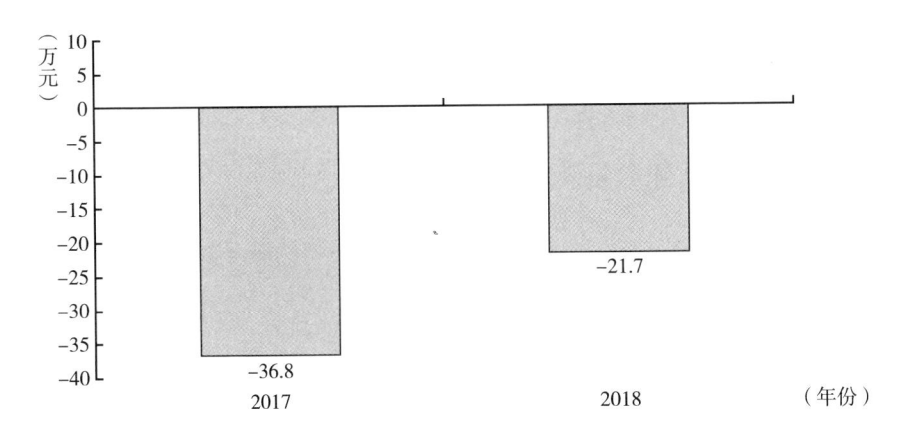

图3 收支平衡状况

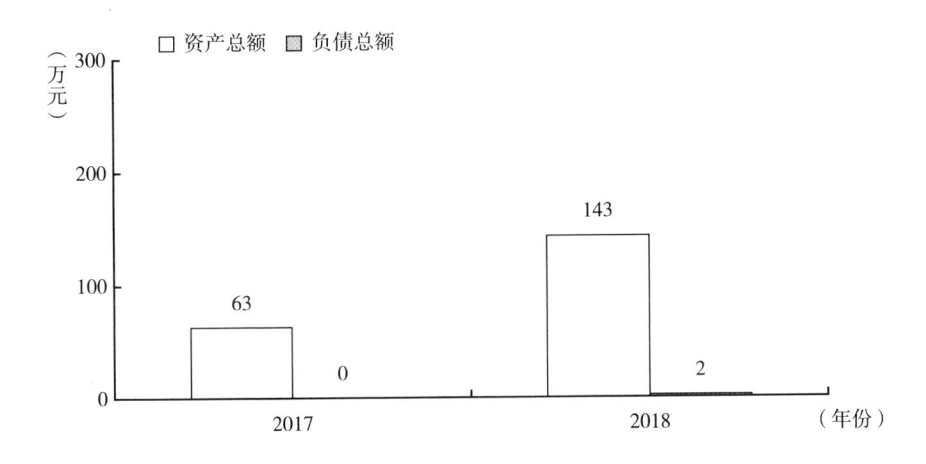

图4 资产负债情况

表2 资产负债率

单位：%

年份	2017	2018
资产负债率	0	1

四 社会价值

(一)服务对象数量及弱势人群占比

2018年度,北京建侬之心健身俱乐部有限公司的服务对象数量为25000人。服务对象中弱势人群的占比暂无统计数据。

(二)客户数量及弱势人群占比

2018年度,公司的客户数量为25000人。客户中弱势人群的占比暂无统计数据。

(三)受薪员工数量及弱势人群占比

2017~2018年,公司受薪员工数量稳定保持为14人。受薪员工中弱势人群的占比为0。

五 融资情况

如表3所示,2017~2018年,北京建侬之心健身俱乐部有限公司累计融资300万元,其中组织成立时的原始投资额为100万元,组织内部追加的投资额为200万元。此外,机构未获得外部投资。

表3 融资情况

单位:万元

年份	2017	2018	类别小计
组织成立时的原始投资	100	0	100
组织内部追加的投资	0	200	200
组织获得的外部投资	0	0	0
年度小计	100	200	
总计:300			

六 支持体系

北京建侬之心健身俱乐部有限公司目前在社会企业支持体系中获得各类资源的难易程度评分均值为3.6分。如图5所示，公司获取各类资源的难易程度分布不均。其中，在以下两类资源方面得分较高，分别为财务资本（5分）、社会资本（4分）。同时，在以下三类资源方面得分较低，分别为人力资本（3分）、智力资本（3分）、政治资本（3分）。

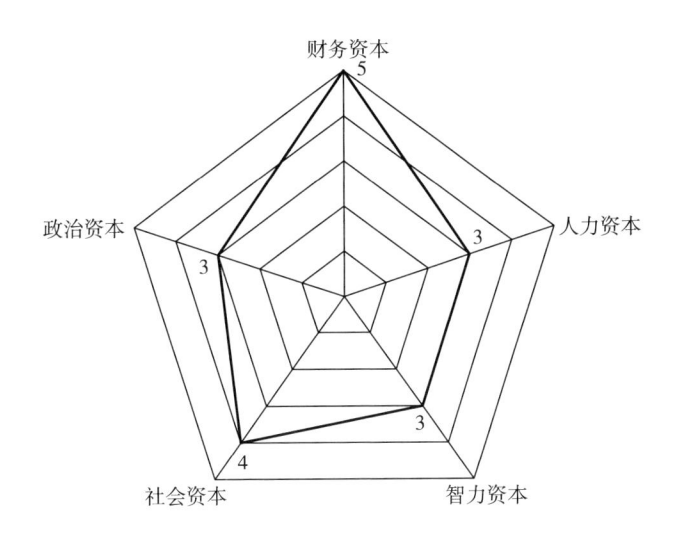

图5 获取各类资源的难易程度评分

说明：1＝很困难；2＝比较困难；3＝一般；4＝比较容易；5＝很容易。

七 挑战与应对

（一）主要挑战

1. 经济压力。公司运营至今虽然项目开展得比较火热，但盈利能力不强，客户在举办各类活动时均把利润压得很低，且由于客户单位财务审计极

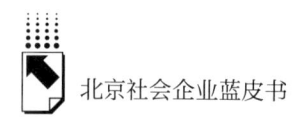

严，大多数单位决策者宁愿不作为，也不愿举办活动自找麻烦，目前公司仍面临亏损状态。

2. 高额的人力成本。本行业需要专业的策划人才、体育赛事人才，但高水平人才稀缺，能力一般的不能胜任激烈的市场竞争，所以团队的人力成本高，并且策划执行岗位需要大量的工作经验积累，培养人才周期长、成本高，培养后留住人才又是一大问题。

3. 行业竞争激烈。自 2016 年以来，国务院颁布《全民健身条例》及《"2030 健康中国"规划纲要》后，大量的非体育行业公司涌入体育产业，使市场竞争异常激烈，同时造成服务水平参差不齐，有大量的团体客户成为劣质服务的受害者，以至于目前市场情况混乱，且 B 端客户采购服务大多数采用公关方式，以关系网络为主，令专业体育公司生长环境恶劣。

（二）应对措施

1. 公司属于发展前期，由总公司进行资金扶持，子公司在各类服务中以及各类体育赛事活动中推广总公司品牌产品，反哺总公司。

2. 公司采取两类措施吸引人才。其一是招募创业合作伙伴，以股份吸引有能力、想创业的人才，共同实现目标。其二是自我培养，招募体育专业应届毕业生，严格审查人品，看他们是否与团队有共同的价值观，然后再给予技能、工作机会的培养计划。

3. 不断进行服务产品创新。通过服务团队的头脑风暴，用专业度占领市场，不做"炒冷饭"项目，根据客户需求实现不同的定制化服务，通过口碑营销打开市场，得到客户的认可。

B.9 北京山水伙伴文化发展有限责任公司发展报告

摘　要： 北京山水伙伴文化发展有限责任公司是一家工商注册的社会企业，聚焦于环境与能源主题，致力于赋能自然保护地生态公平产品，并激发全社会的潜力参与可持续的生态保护，组织大众化的亲近山水活动，树立大众环保意识。

关键词： "山水伙伴"　自然保护　环保意识

一　组织概况

组织名称	北京山水伙伴文化发展有限责任公司
网址	www.beepanda.com
App	无
微信公众号	熊猫森林蜜
成立时间	2011年
注册资金	100万元
注册形式	工商部门注册的企业
工作领域	环境与能源
组织使命	致力于赋能自然保护地生态公平产品，并激发全社会的潜力参与可持续的生态保护
人员规模	全职人员4人；兼职人员2人

续表

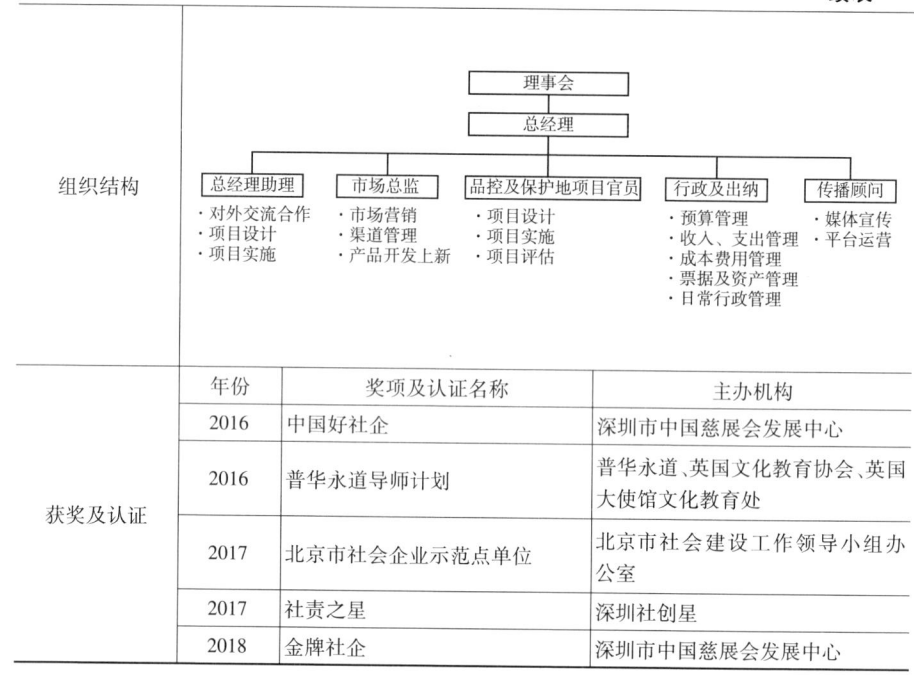

组织结构	理事会 — 总经理 下设：总经理助理（对外交流合作、项目设计、项目实施）；市场总监（市场营销、渠道管理、产品开发上新）；品控及保护地项目官员（项目设计、项目实施、项目评估）；行政及出纳（预算管理、收入支出管理、成本费用管理、票据及资产管理、日常行政管理）；传播顾问（媒体宣传、平台运营）		
获奖及认证	年份	奖项及认证名称	主办机构
	2016	中国好社企	深圳市中国慈展会发展中心
	2016	普华永道导师计划	普华永道、英国文化教育协会、英国大使馆文化教育处
	2017	北京市社会企业示范点单位	北京市社会建设工作领导小组办公室
	2017	社责之星	深圳社创星
	2018	金牌社企	深圳市中国慈展会发展中心

二 主要业务及项目

项目名称	熊猫森林蜜项目	
项目周期	2011年至今	实施区域	陕西、甘肃、四川

目标：通过生产并销售高品质的生态公平产品"熊猫森林蜜"，以其收益替代村民干扰森林生态系统获得的收入，传播并实现大熊猫栖息地的生态价值和生态保护的价值，激励全社会参与并支持当地的保护行动。

受益人群：陕、甘、川三地的项目合作蜂农；项目所在地的三个国家级自然保护区及周边社区居民；城市端的消费者及公众。

内容：熊猫森林蜜项目与四川、陕西、甘肃的三大国家级大熊猫保护区合作，采用高品质"熊猫森林蜜"标准，以其收益替代村民干扰森林生态系统获得的收入，并通过至少20%的收购溢价，以及10%的销售回馈，激励和支持当地村民的保护行动。熊猫森林蜜有三大标准：(1)高品质的森林蜜；(2)回馈当地社区；(3)支持生物多样性。项目覆盖陕西省长青国家级自然保护区及周边社区（朝阳村、华阳保护站、茅坪保护站），甘肃省白水江国家级自然保护区内社区（集信沟村、深沟村），四川省王郎国家级自然保护区周边社区（关坝村、金丰村）。

成果:截至2018年年底,项目扎根于5个村子,帮助其中1个村子于2016年脱贫。参加项目的有38名合作蜂农和1个集体蜂场,2018年预计合作蜂农户均增收2603.05元,预计回馈社区44642.26元(2018年销售收入的10%),并落实上两年的回馈款项189901.47元(2016年、2017年蜂蜜销售款的10%),用于各村建立"保护与发展基金",协助村民建立基金管理机制。根据村民实际需求,回馈款用于修路灯、修路、补贴新农合保费、宣传生态保护、购买防野猪围栏、购买冬季采暖炉等事项。保护方面,项目参与支持的保护行动覆盖保护地总面积达43.32平方公里。

2018年,公众微信号阅读量累计达25103人次,微博阅读量累计达427111人次;一共参与了7场线下活动,向累计2650人传播生态价值;城市公众志愿者参与志愿服务时长累计360小时。

相关照片:

熊猫森林蜜养蜂基地挂牌

割蜜季,蜂农亲自割蜜

熊猫森林蜜三个产地产品展示

项目名称	燕莎岁礼+新春探蜜项目		
项目周期	2018年10月至2019年1月	实施区域	北京

目标：通过企业定制的生态公平产品礼篮，以及新春探蜜的线下活动，向城市端的消费者推广生态公平的理念，以期让生物多样性的价值直观可见。

受益人群：产品原产地及保护区居民，城市端消费者。

内容：燕莎友谊商城定制的岁礼礼篮，是山水伙伴寻访各国家级自然保护区及非物质文化遗产地，于中国的东西南北中，各臻选出一款自然生态的地道风物，礼篮由五款产品组合而成。其中，诺邓火腿来自云贵高原云龙天池国家级自然保护区，火腿采购参与保护区、山水自然保护中心、山水伙伴三方合作社区项目；野生棕褐丝膜菌来自大兴安岭北麓汗马国家级自然保护区，由保护区职工及当地鄂温克族于林中觅得；熊猫森林蜜寻访自秦岭深处长青国家级自然保护区，参与保护区、山水伙伴、山水自然保护中心三方合作社区项目；牦牛纯鲜奶酪寻访自青藏高原三江源国家级自然保护区，由当地吉美坚赞福利学校创办的社会企业制作；花雕王寻访自江浙平原的绍兴，是可追溯到春秋战国时期的国家级非物质文化遗产。

新春探蜜线下活动于2019年1月12日在燕莎友谊商城VIP室举行，邀请台湾的品蜜师刘永智老师前来演讲。刘老师携10款世界级顶尖蜂蜜，向消费者讲述蜂蜜的来源与文化，让城市端消费者直观地品鉴不同的生态环境所造就的蜂蜜的不同风味口感，也体现出生态保护及生物多样性对一款生态产品品质的重要性。

成果：燕莎岁礼中，诺邓火腿的采购帮助约300名云龙天池保护区职工及区内暑场白族村民增加收入；棕褐丝膜菌的采购帮助汗马保护区的职工和当地鄂温克族增加收入；熊猫森林蜜采购帮助1912位村民改善生计及开展保护行动；牦牛纯鲜奶酪的采购帮助1451位藏族孩子的学习教育。新春探蜜活动向20位现场观众传播了生态公平产品的理念和价值。

相关照片：

燕莎岁礼礼篮选品照

燕莎岁礼礼篮设计印刷品照

新春探蜜活动燕莎VIP厅背景墙

新春探蜜活动现场照

三 经济绩效

(一)商业运营能力

如图1所示,北京山水伙伴文化发展有限责任公司在商业运营能力方面平均得分为3.5分,其中在以下三方面得分较高,分别为生产管理(4.5分)、财务管理(4.5分)、法律税务管理(4分)。同时,在以下四方面得分较低,分别为战略管理(3分)、营销与品牌管理(2分)、人力资源管理(3.5分)、利益相关方沟通与关系管理(3分),说明有待提升管理能力。

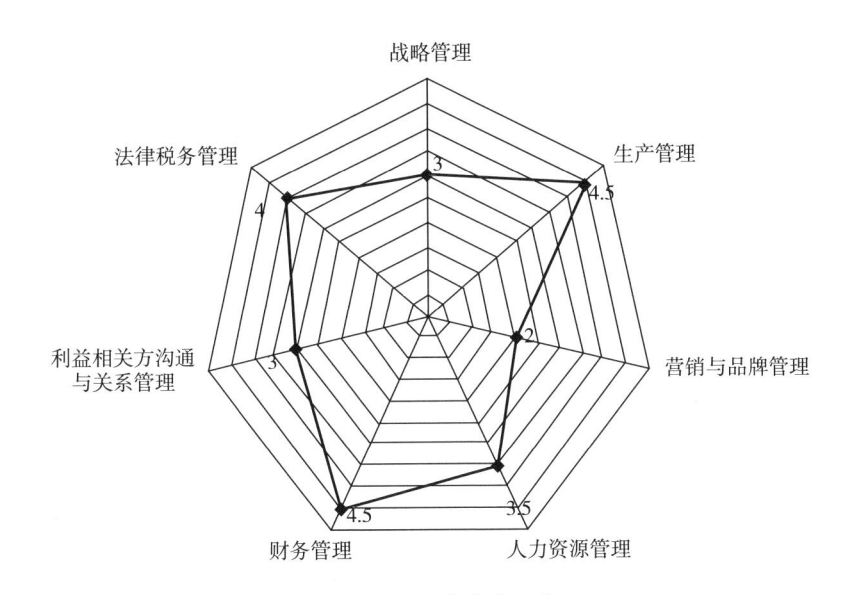

图1 商业运营能力评分

说明:1=很弱;2=比较弱;3=一般;4=比较强;5=很强

(二)市场经营收入占比

如图2和表1所示,2012~2017年,北京山水伙伴文化发展有限责任

公司的"市场经营收入占比"为100%，其中市场经营收入的主要来源是"一般性商业销售收入"。

图 2　市场经营收入情况

表 1　市场经营收入占比

单位：%

年份	2012	2013	2014	2015	2016	2017
市场经营收入占比	100	100	100	100	100	100
一般性商业销售收入占比	100	100	100	100	100	100
政府采购收入占比	0	0	0	0	0	0

（三）收支平衡状况

2011~2017年，北京山水伙伴文化发展有限责任公司的财务状况总体而言有待改善。如图3所示，公司在所有年份均处于亏损状态，尚未实现盈余，具体亏损金额在2.9万~115.4万元变化。

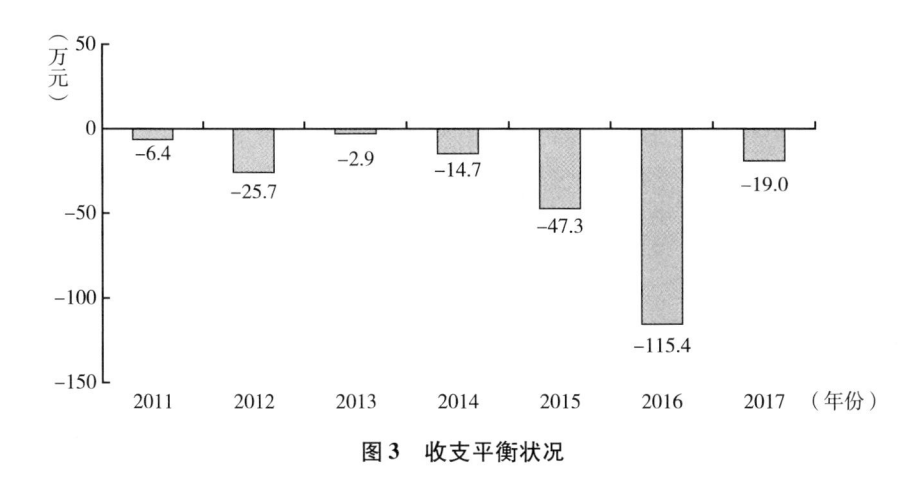

图3 收支平衡状况

（四）资产负债情况

如图4和表2所示，2011~2017年，北京山水伙伴文化发展有限责任公司的资产总额和负债总额均呈现上升趋势，资产负债率在23%~179%变化。

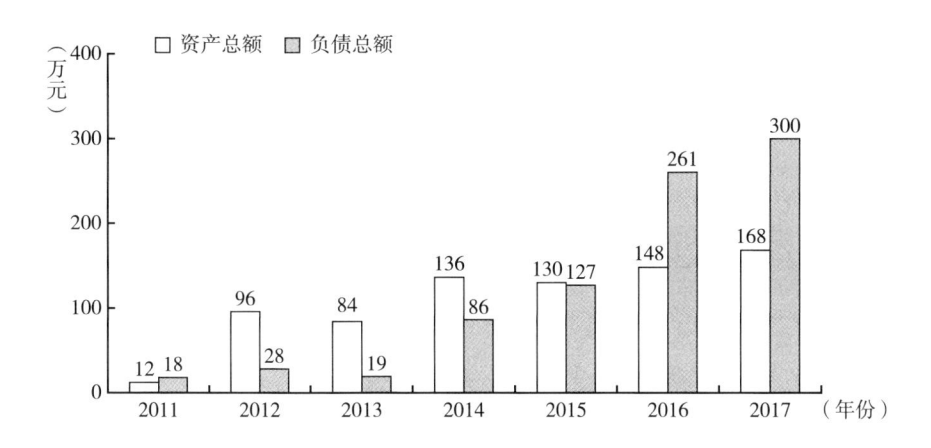

图4 资产负债情况

表2 资产负债率

单位：%

年份	2011	2012	2013	2014	2015	2016	2017
资产负债率	150	29	23	63	98	176	179

四 社会价值

（一）服务对象数量及弱势人群占比

如图5所示，2016～2018年，北京山水伙伴文化发展有限责任公司的服务对象数量稳步上升，由2016年的3128人增长为2018年的5124人。服务对象中弱势人群的占比暂无统计数据。

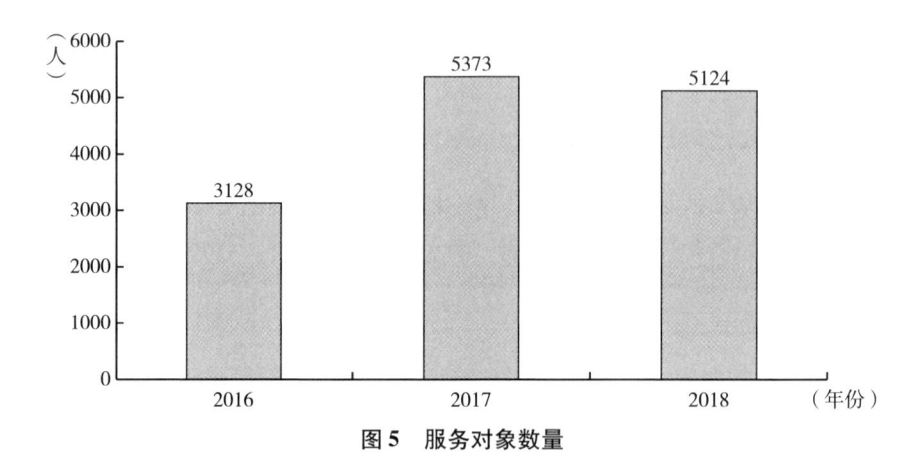

图5 服务对象数量

（二）客户数量及弱势人群占比

如图6所示，2016～2018年，公司的客户数量基本呈现增长趋势，由2016年的1119人增长为2018年的2795人。客户中弱势人群的占比暂无统计数据。

（三）受薪员工数量及弱势人群占比

如图7所示，2012～2018年，公司受薪员工数量稳步上升，由2012年的2人增长为2018年的6人。受薪员工中弱势人群的占比为0。

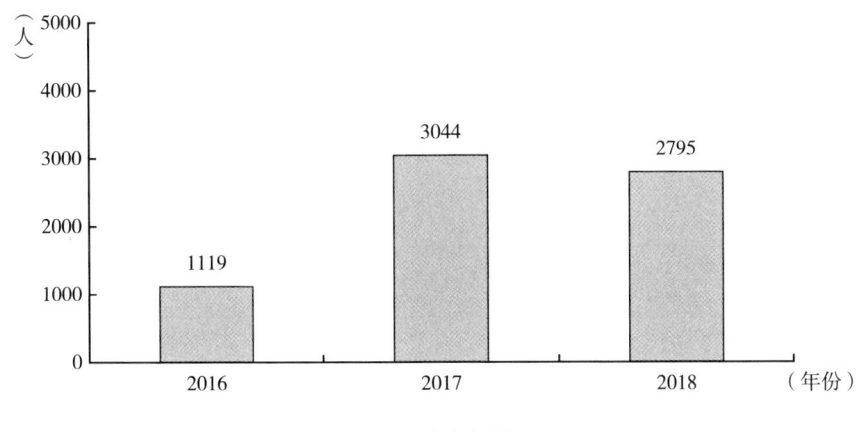

图 6　客户数量

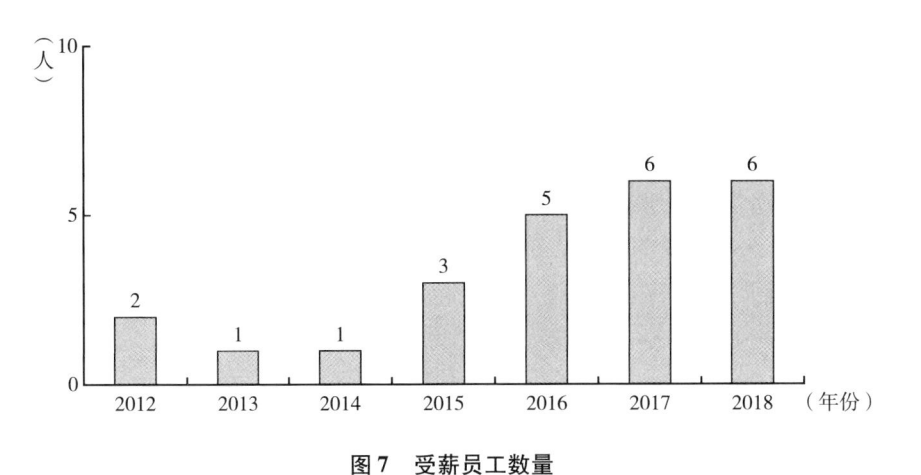

图 7　受薪员工数量

五　融资情况

如表3所示，2011~2018年，北京山水伙伴文化发展有限责任公司累计融资354万元，其中组织成立时的原始投资额为100万元，组织获得的外部投资额为254万元，无组织内部追加的投资。

表 3 融资情况

单位：万元

年份	2011	2012	2013	2014	2015	2016	2017	2018	类别小计
组织成立时的原始投资	100	0	0	0	0	0	0	0	100
组织内部追加的投资	0	0	0	0	0	0	0	0	0
组织获得的外部投资	0	2	0	48	46	84	54	20	254
年度小计	100	2	0	48	46	84	54	20	
总计:354									

六 支持体系

北京山水伙伴文化发展有限责任公司目前在社会企业支持体系中获得各类资源的难易程度评分均值为2.5分。如图8所示，公司获取各类资源的难易程度分布不均。其中，在社会资本方面得分较高，为4分。同时，在以下四类资源方面得分较低，分别为政治资本（3分）、财务资本（2分）、人力资本（1.5分）、智力资本（2分）。

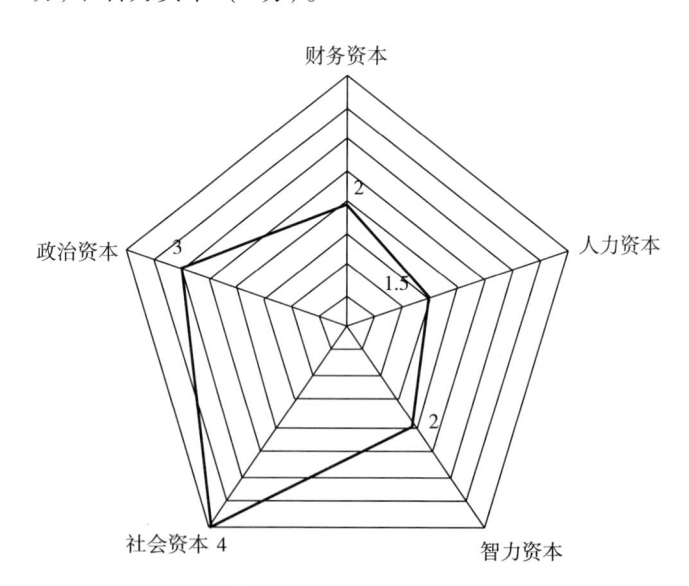

图 8 获取各类资源的难易程度评分

说明：1=很困难；2=比较困难；3=一般；4=比较容易；5=很容易。

七 挑战与应对

（一）主要挑战

1. 产品成本高于商业公司。其中包括社区工作的成本、标准化扶持等前期投入，成本均较高。且由于村民规模小，受众群体也较小，产量和销量均难以扩张，下游商业伙伴吃不消，市场挑战严峻。

2. 缺乏产业链。产品品类越多，客户黏度便越高。与电商网站消费频次高不同，山水产品品类有限，客户购买农民产品亦有限。原因在于电商网站销售模式是"市场到产地"，市场中什么受欢迎，便寻找产地进行售卖；而山水伙伴是"产地到市场"，农民有什么，机构便帮着卖什么。而当机构想要开发更多保护地时，却发现前端产品难以达到售卖标准，不符合品质要求。保护地工作未与社区工作机制协调起来。

3. 内部团队人才流失。团队维持在 6 个人左右的规模。一般情况下人才工作一两年之后，出于个人职业发展考虑会申请离职。

4. 政策对接。有一些保护区需要资金支持，而机构资金全部投放于产品生产与经营，资金有限，期望获取非限定性的政策支持，支持人员工资、业内交流与研讨会等。

（二）应对措施

1. 丰富产品品类，尝试寻找基金会落地项目进行合作。

2. 产业链不仅做产品售卖，还要争取基金会的研究资金支持，研发与培育其他可盈利点。

3. 后端降成本。未来将进行成本分解，将产品的商业成本与公益成本分开。公益成本尽可能找社会资本涵盖，销售时不纳入或不全纳入报价。

B.10 北京市城市再生资源服务中心发展报告

摘　要： 北京市城市再生资源服务中心是一家民办非企业性质的社会组织，主要推动再生资源回收事业发展，培育再生资源回收事业人才，助力绿色北京建设。在金融街街道办事处等单位的大力支持帮助下，中心的工作深入推进，做了大量的有效工作，将再生资源回收工作逐步地落实到金融街的各个社区，取得了一定的初步效果。

关键词： 再生资源　城市环境　环境意识

一　组织概况

组织名称	北京市城市再生资源服务中心
网址	www.bjszszy.org
App	无
微信公众号	Lgypt2015
成立时间	2011年
注册资金	50万元
注册形式	民办非企业单位
工作领域	环境与能源
组织使命	推动再生资源回收事业发展，培育再生资源回收事业人才，助力绿色北京建设

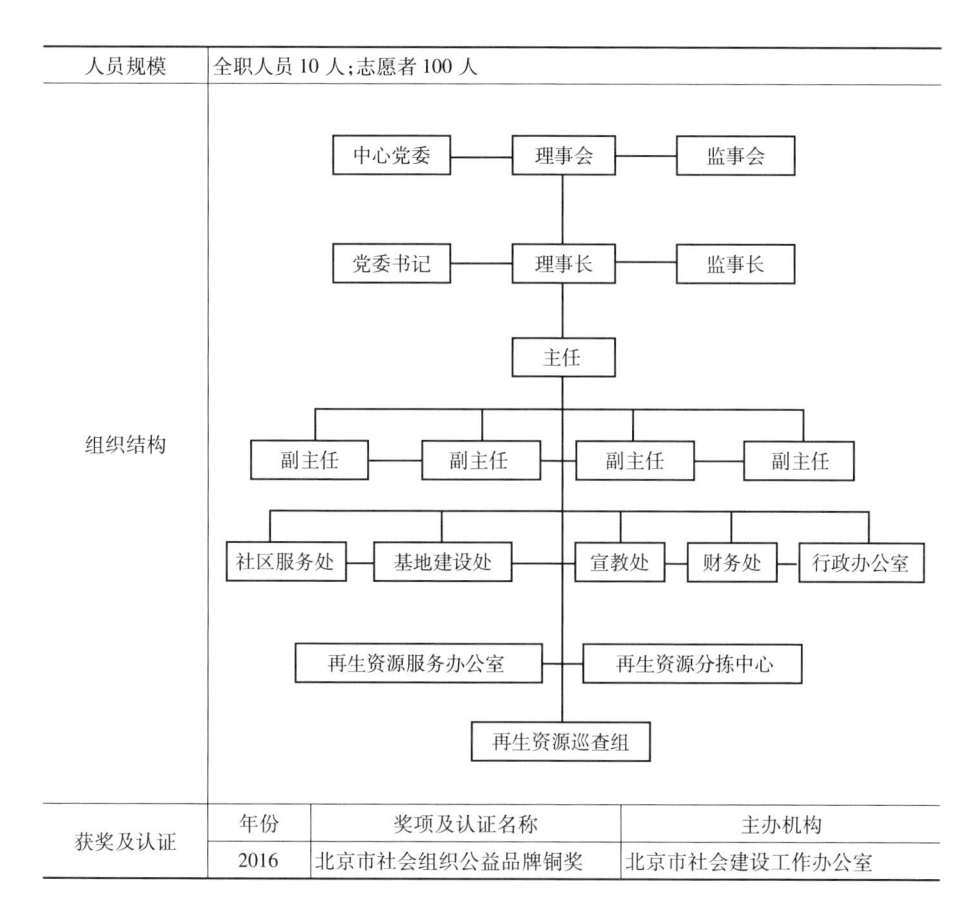

人员规模	全职人员 10 人；志愿者 100 人		
组织结构	中心党委—理事会—监事会 党委书记—理事长—监事长 主任 副主任　副主任　副主任　副主任 社区服务处　基地建设处　宣教处　财务处　行政办公室 再生资源服务办公室　再生资源分拣中心 再生资源巡查组		
获奖及认证	年份	奖项及认证名称	主办机构
	2016	北京市社会组织公益品牌铜奖	北京市社会建设工作办公室

二　主要业务或项目

项目名称	垃圾分类与再生资源回收试点服务项目		
项目周期	2017年12月至2018年12月	实施区域	西城区金融街街道

目标：开展再生资源回收网点规范建设工作，促进垃圾分类，以期先行试点、总结经验、逐步推广。

受益人群：金融街街道辖区居民。

内容：1. 取缔街巷所有无证无照废品回收摊点。

2. 统一规划再生资源收集转运点和废旧衣物回收箱投放点。

3. 每辆回收车负责两三个社区回收点位，采取每日定时定点流动回收的模式，每个社区每周不少于两次回收服务。

成果:再生资源回收试点工作从2017年12月26日启动仪式后至今,为了推动这项工作,北京市城市再生资源服务中心在金融街街道办事处的大力支持帮助下做了大量的有效工作,推进了工作的深入进行,将再生资源回收工作逐步地落实到金融街的各个社区,取得了一定的初步效果。

首先,按照"六个统一"的标准设立的便民回收网点,有效解决了原有街巷废品回收站点及车辆无照无证经营、环境脏乱、无序管理等问题,改善了街巷及社区环境,改变了再生资源站点在居民眼中的形象,实现可回收垃圾的分类收集运输,为垃圾分类回收奠定了基础。

其次,基本满足了居民对于废品回收和捐赠衣物奉献爱心的实际需求。对于一些出行不方便的居民,可以提供上门服务,得到了居民的拥护和认可。

最后,按照制定的规章制度加强了日常巡查管理,提高了回收站点的形象,为区城管领导复制推广金融街模式奠定了基础,为工作的进一步深入开展奠定了基础。

相关照片:

规划车位 　　　　　　　　　　社区宣传

项目名称	废旧衣物回收服务项目		
项目周期	2017年7月至2018年6月	实施区域	北京市

目标:通过采取在社区开展衣物回收、宣传,设立智能衣物回收箱,引导社区居民参与衣物回收爱心捐助、保护环境等方式,实现引导广大居民践行绿色生活方式的目标。通过衣物回收,将八九成新的衣物挑选出来捐赠给贫困人员的方式,实现减轻贫困人员生活压力的目标。通过将废旧衣物收集起来作为生产原料,实现再生资源循环再利用的目标。通过开展源头收集废旧衣物,改变将其当成垃圾填埋或焚烧的方式,实现保护环境与避免资源浪费、空气污染的目标。

受益人群:社区居民。

内容:1. 随着环境恶化、雾霾频发,人们的环保意识显著提高,越来越多的人加入到衣物回收捐助活动中来。可能遇到的问题是,居民对衣物回收的需求越来越大,由于项目资助资金有限,固定回收站点还很少,难以满足居民的需求。应对方案是寻求社会专业设备生产企业支持与资助,自2017年承担市民政局资助项目以来,中心得到了上海奥图公司领导的高度重视,现该公司已与中心签订战略合作协议,同意资助中心4000个智能衣物回收箱,建立公益衣物回收体系。

2. 衣物回收项目是将众多居民的废旧衣物统一收集起来,进行分拣分类处理。有可能产生的问题是,如防护措施不得当可能会造成志愿者被传染疾病等。应对的方案是在分拣分类过程中,要求志愿者必须佩戴口罩、手套,穿工作服,完工后,洗手、洗脸,更换自己的服装。

3. 在项目执行过程中需要志愿者参与活动。有可能产生的问题是,志愿者在参加活动时或路途中发生意外。应对的方案是为每位参与活动的志愿者上意外保险。

成果:在社区设立智能衣物回收箱,挑选八九成新的衣物经清洗消毒捐赠给贫困人员,剩余部分加工成再生产品,实现资源循环再利用,既引导居民参与环保、奉献爱心、帮贫济困,又避免衣被当成垃圾填埋或焚烧。智能衣物回收箱具备防火防盗、装满衣物自动将信息传入终端系统、自动规划收集路线等功能,是奥图公司专门为中心设计的一款高科技智能衣物回收箱,填补了我国没有智能衣物回收箱的空白。为落实京津冀协同发展战略,中心已在河北沧州建立废旧纺织品产学研一体化产业园区,为建设京津冀公益衣物回收捐助体系奠定了坚实的基础。项目模式可在全国各省市复制推广。

相关照片:

东华门废旧衣物回收宣传活动　　　　社区旧衣物回收宣传活动

183

项目名称	农民工就业技能培训		
项目周期	2018年7月至2018年12月	实施区域	丰台、朝阳、西城、海淀、大兴

目标:组织开展农民回收工从业资格培训,组织丰台、朝阳、西城、海淀、大兴农民回收工开展职业技能培训。对通过培训考试的农民回收工将颁发再生资源回收资格证书,为更好地开展社区回收服务和行业准入奠定基础。

受益人群:首都农民工。

内容:1. 组织开展农民回收工从业资格培训。

2. 提供为农民回收工代缴社保服务。由于农民回收工没有正式加入单位,无法取得社保,导致看病难,中心将为农民回收工提供代缴社保服务,让他们融入首都城市生活。

3. 组织开展农民工就业技能的培训,增加农民工就业的渠道和机会,提升农民工的基本素质,提升其活跃度及生存质量;有益于增加农民工对居住地、工作地的归属感、认同感,并有序地实现高质量的城市化目标。

成果:通过开展项目,能够让农民工更好地感受到他们不是孤立的,使他们感受到政府及社会组织的支持和关爱。让外来农民回收工尽快融入首都社区居民生活,从而使其更好地为建设生态文明首都、绿色北京,做出应有的贡献。

相关照片:

海淀区农民工技能培训

三 经济绩效

(一)商业运营能力

如图1所示,北京市城市再生资源服务中心在商业运营能力方面平均得分为3分,且每一方面得分均为3分,说明有待提升管理能力。

北京市城市再生资源服务中心发展报告

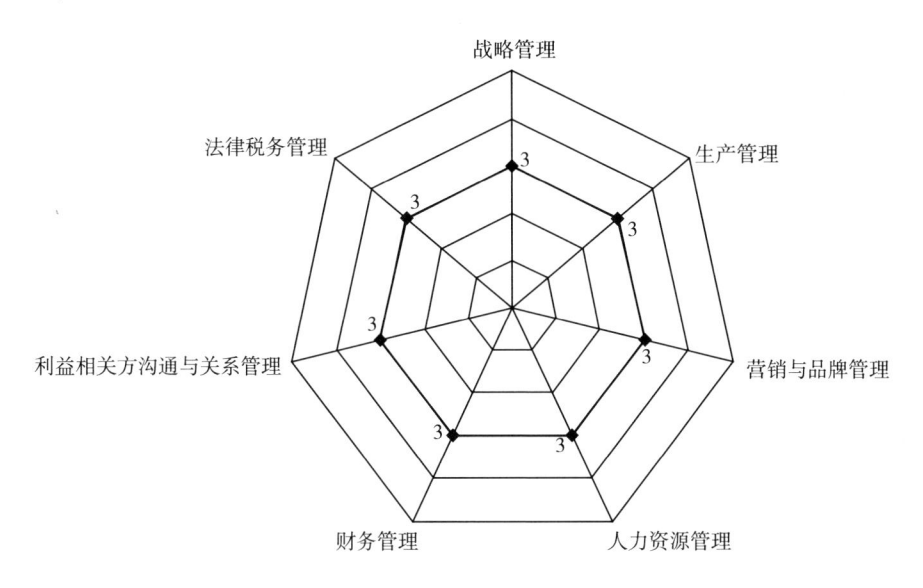

图 1 商业运营能力评分

说明：1＝很弱；2＝比较弱；3＝一般；4＝比较强；5＝很强。

（二）市场经营收入占比

如图 2 和表 1 所示，2011～2018 年，北京市城市再生资源服务中心的

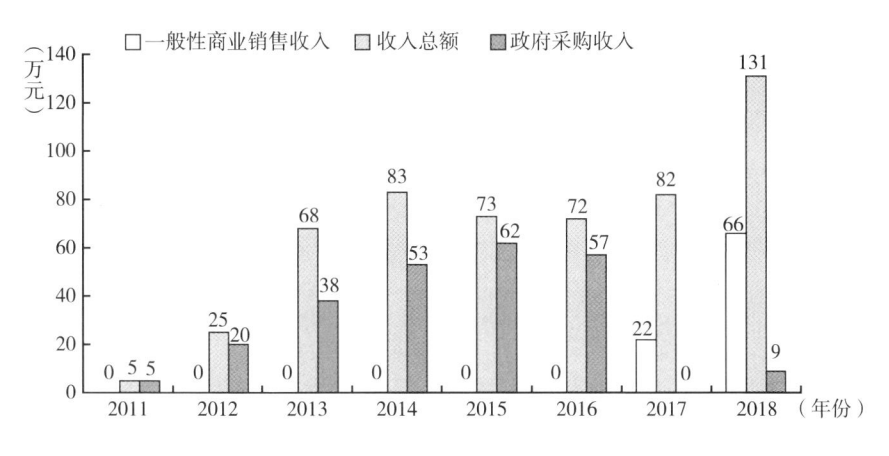

图 2 市场经营收入情况

185

"市场经营收入占比"在27%~100%变化。其中，2011~2016年，市场经营收入的主要来源是"政府采购收入"，而在2017~2018年，市场经营收入的主要来源是"一般性商业销售收入"。

表1 市场经营收入占比

单位：%

年份	2011	2012	2013	2014	2015	2016	2017	2018
市场经营收入占比	100	80	56	64	85	79	27	57
一般性商业销售收入占比	0	0	0	0	0	0	27	50
政府采购收入占比	100	80	56	64	85	79	0	7

（三）收支平衡状况

2011~2018年，北京市城市再生资源服务中心的财务状况总体而言处于健康状态。如图3所示，中心在多数年份实现小额盈余，具体盈余金额为0.1万~0.5万元；少数年份处于收支平衡状态。

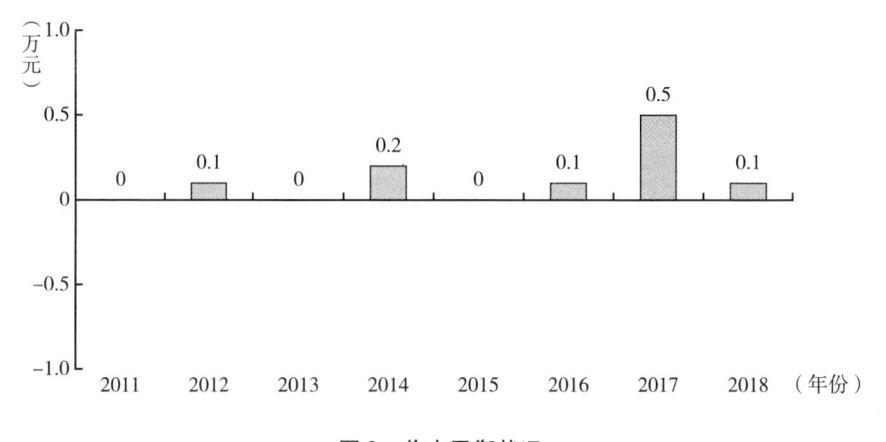

图3 收支平衡状况

（四）资产负债情况

如图4和表2所示，2011~2018年，北京市城市再生资源服务中心的资产负债率在32%~88%变化。

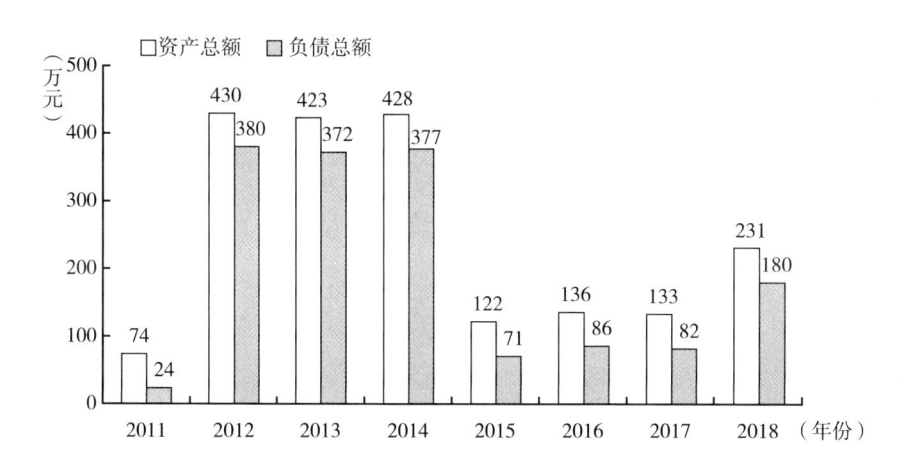

图4　资产负债情况

表2　资产负债率

单位：%

年份	2011	2012	2013	2014	2015	2016	2017	2018
资产负债率	32	88	88	88	58	63	62	78

四　社会价值

（一）服务对象数量及弱势人群占比

如图5所示，2011~2018年，北京市城市再生资源服务中心的服务对象数量稳步上升，由2011年的1万人增长为2018年的50万人。服务对象中弱势人群的占比暂无统计数据。

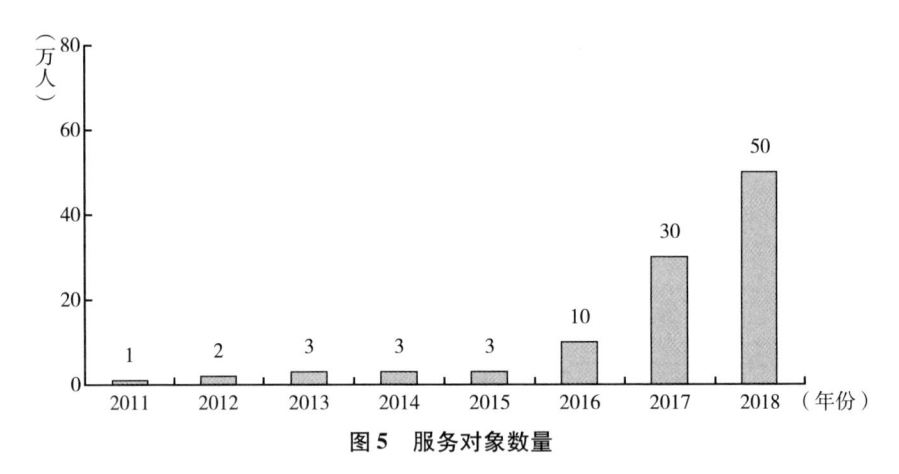

图5 服务对象数量

(二)受薪员工数量及弱势人群占比

如图6所示,2011~2018年,公司受薪员工数量稳定在4~5人。受薪员工中弱势人群的占比为0。

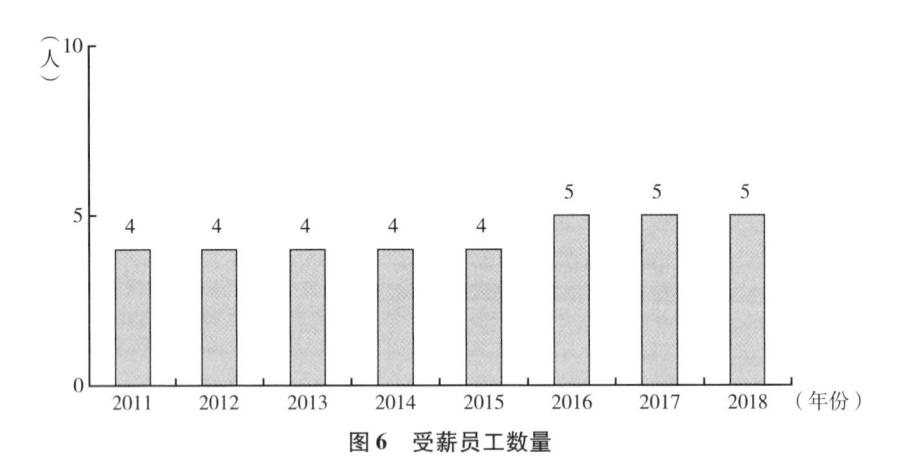

图6 受薪员工数量

五 融资情况

如表3所示,2011~2018年,北京市城市再生资源服务中心累计融资300万元,均为组织成立时的原始投资,无组织内部追加的投资,也未获得外部投资。

表 3　融资情况

单位：万元

年份	2011	2012	2013	2014	2015	2016	2017	2018	类别小计
组织成立时的原始投资	300	0	0	0	0	0	0	0	300
组织内部追加的投资	0	0	0	0	0	0	0	0	0
组织获得的外部投资	0	0	0	0	0	0	0	0	0
年度小计	300	0	0	0	0	0	0	0	

总计：300

六　支持体系

北京市城市再生资源服务中心目前在社会企业支持体系中获得各类资源的难易程度评分均值为3分。如图7所示，中心获取各类资源的难易程度分布均衡。

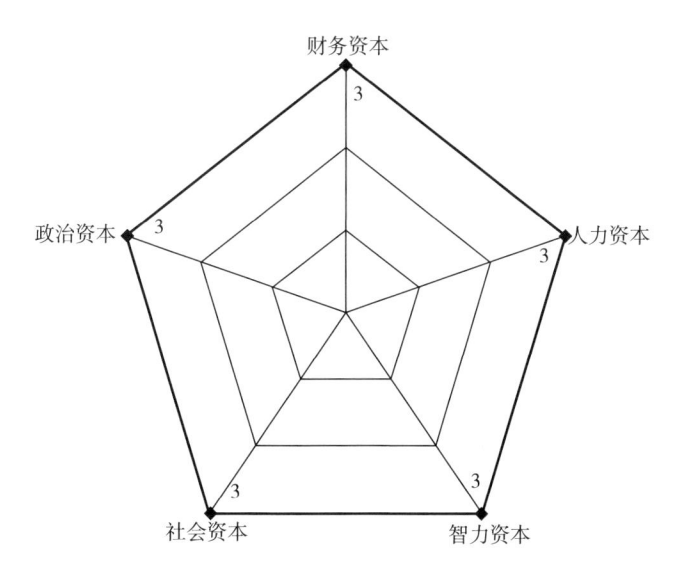

图 7　获取各类资源的难易程度评分

说明：1＝很困难；2＝比较困难；3＝一般；4＝比较容易；5＝很容易。

七 挑战与应对

(一) 主要挑战

1. 投入点选址不可控。城市再生资源投入点必须跟街道办事处合作,由街道办事处统一协调社区,有意愿的社区再代中心选址。选址后需要在城管部门进行报备,才能正式运营,否则会面临查封。

2. 缺乏资金。统一采买车、衣服等需要大量资金,政府购买服务也只能提供较少部分,需要机构自己进行筹款。

3. 缺乏人手。每个街道需要设置一名管理人,负责管理一个区域,每个区域至少包括10~20个服务点,工作强度大。

(二) 应对措施

1. 针对收废品脏、乱、差的形象,中心划统一规范的停车位,统一采买车、秤等工具,统一办理执照。

2. 资金部分寻找合作人投资。

B.11 北京小康之家家政服务有限公司发展报告

摘　要： 北京小康之家家政服务有限公司具有民办非企业和工商注册双重性质，旨在为城市家庭创造小康生活，建设幸福和谐的家庭生活文化。通过社会保障性住房工作的辅助、社区环境建设等活动，主要服务于住房问题中的弱势群体，起到补充社会政策的作用。

关键词： "小康之家"　保障性住房　社区环境建设

一　组织概况

组织名称	北京小康之家家政服务有限公司
网址	www.ucs-group.cn
App	无
微信公众号	ucs-group
成立时间	2001年
注册资金	3000万元
注册形式	民办非企业单位 工商部门注册的企业
工作领域	社区服务
组织使命	为城市家庭创造小康生活，建设幸福和谐的家庭生活文化
人员规模	全职人员230人；兼职人员10人；志愿者500人

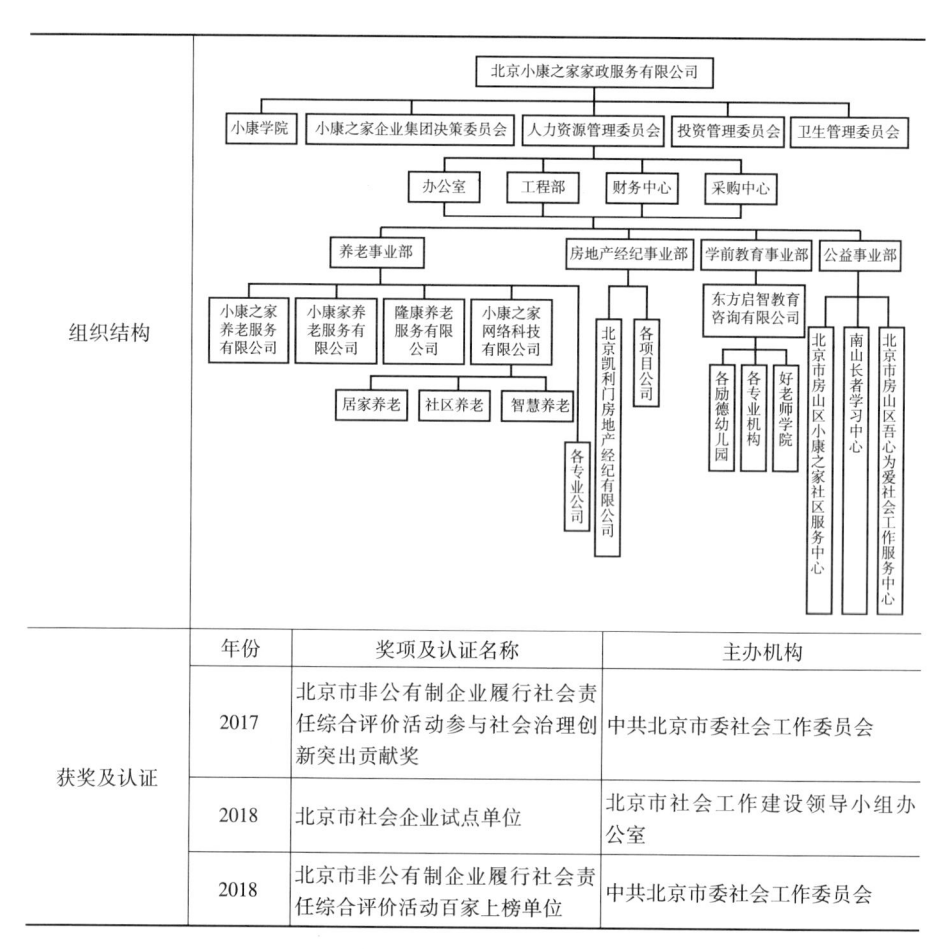

组织结构	\multicolumn{3}{l	}{北京小康之家家政服务有限公司下设小康学院、小康之家企业集团决策委员会、人力资源管理委员会、投资管理委员会、卫生管理委员会；下设办公室、工程部、财务中心、采购中心；事业部包括养老事业部（小康之家养老服务有限公司、小康家养老服务有限公司、隆康养老服务有限公司、小康之家网络科技有限公司，涵盖居家养老、社区养老、智慧养老）、房地产经纪事业部（北京凯利门房地产经纪有限公司、各项目公司）、学前教育事业部（东方启智教育咨询有限公司、各专业公司、各励德幼儿园、各专业机构、好老师学院）、公益事业部（北京市房山区小康之家社区服务中心、南山长者学习中心、北京市房山区吾心为爱社会工作服务中心）。}
获奖及认证	年份	奖项及认证名称	主办机构
	2017	北京市非公有制企业履行社会责任综合评价活动参与社会治理创新突出贡献奖	中共北京市委社会工作委员会
	2018	北京市社会企业试点单位	北京市社会工作建设领导小组办公室
	2018	北京市非公有制企业履行社会责任综合评价活动百家上榜单位	中共北京市委社会工作委员会

二 主要业务及项目

项目名称	\multicolumn{3}{l	}{保障房项目}
项目周期	2011年至今	实施区域	北京市

目标：配合各区人民政府、住房保障部门减少各区符合享有保障性住房政策的住房困难家庭数量，解决已拆迁未安置家庭的住房安置问题。

受益人群：各区"三定三限"定向安置房回迁户、有需求且符合享受保障性住房政策的住房困难家庭。

内容：为各区人民政府、住房保障部门提供"三定三限"定向安置房、公租房、廉租房、两限房、经济适用房等各类保障性住房的政策咨询、配售、网签、产权代办等房地产相关服务。

成果：1. 为朝阳区黑庄户乡，房山区长阳镇、青龙湖镇、窦店镇、琉璃河镇、阎村镇、拱辰街道办事处、西潞街道办事处、城关街道办事处等几十个乡镇人民政府、街道办事处8245个家庭提供"三定三限"定向安置房房屋配售、入住等房地产经纪服务。帮助地方政府解决了29736人的回迁安置问题，完成房屋配售20912套。

2. 为房山区符合享受保障性住房政策的8947个家庭，提供公租房、廉租房、两限房、经济适用房的咨询、配售、网签、产权证服务，解决了17894人的住房问题，共计完成房屋配租（租赁）8947套。

相关照片：

购房签约现场

选房工作现场

安置房项目选房销控表

安置房项目销售大厅

193

项目名称	养老项目运营		
项目周期	未来3~5年	实施区域	北京市房山区

目标：未来3~5年，再新建并运营1~2家乡镇级养老照料中心，承接3~5家公办民营或受托运营的养老机构项目，力争5年内公司运营总床位数量突破1000张。

受益人群：适龄老人。

内容：公司响应国家和北京市在推进养老事业发展方面的政策引导，充分发力，深度投入养老机构建设与运营管理业务。从受托运营区级养老服务指导中心到投建并运营乡镇级的照料中心和社区级的养老服务驿站，已在区域内形成了三级养老机构多点连锁、网状铺设的运营格局。

成果：已有养老机构9家（其中5处社区驿站），可提供养老床位600余张，辐射社区服务群体超过13000人（2000人每机构，1000人每驿站）。

相关照片：

小康之家养老西潞园中心

小康之家养老加州水郡中心 　　小康之家养老长阳公园中心

项目名称	政府购买社会组织服务		
项目周期	2011~2019年	实施区域	北京市房山区

目标:提升社区服务质量,促进邻里关系、社区和谐;依靠社区力量,利用社区资源,建立社区居民自管自助服务网络;为社区志愿者提供社区服务平台;建立社区互助互联网平台,提高服务效率,不断拓展服务面,增加服务内容;向主管机关及部门提出意见和建议,有效提高房山区社区管理水平,增加交流与沟通途径。

受益人群:房山区社区居民。

内容:通过组织个案咨询服务、各类小组活动、社区大型活动以及专家讲座、义工服务等方式帮助社区居民搭建一个社会交往的平台来促进邻里间的社会参与,促进居民自我实现,提升居民的社区主人翁意识。通过居家养老照料服务,提升老年人生活质量,促进和谐社区的建设。

具体开展了以下政府采购项目:

2012年承接房山区长阳镇农转居项目;

2013年承接房山区农转居升华项目;

2014年承接房山区常住外来人口社区融合项目;

2015年承接房山区京城似故乡——常住外来人口社区融合项目;

2016年承接"互联网+"社区便民服务项目;

2017年承接夕阳人生——长者社区关爱项目;

2018年承接幸福乐园——青少年社区成长关爱项目。

成果:2012年开展活动23场,受益700余人次;2013年开展活动17场,受益500人次;2014年开展活动30场,受益836人次;2015年开展活动29场,受益768人次;2016年开展活动89场,受益3900人次;2017年开展活动23场,受益1100人次;2018年开展活动18场,受益578人次。

三 经济绩效

(一)商业运营能力

如图1所示,北京小康之家家政服务有限公司在商业运营能力方面平均得分为3.43分,其中在以下三方面得分较高,分别为战略管理(4分)、利益相关方沟通与关系管理(4分)、法律税务管理(4分)。同时,在以下四方面得分较低,分别为生产管理(3分)、营销与品牌管理(3分)、人力资源管理(3分)、财务管理(3分),说明有待提升管理能力。

图 1　商业运营能力评分

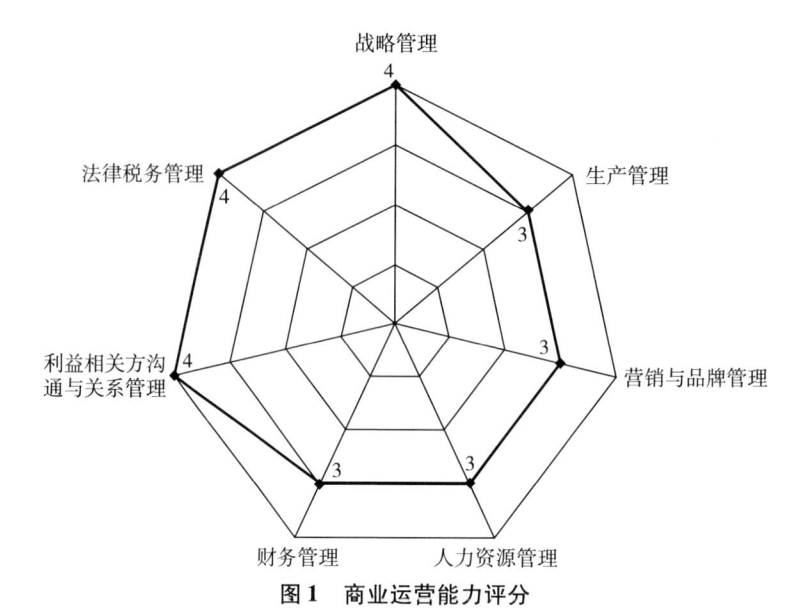

说明：1＝很弱；2＝比较弱；3＝一般；4＝比较强；5＝很强。

（二）市场经营收入占比

如表1和图2所示，2005～2018年，北京小康之家家政服务有限公司的"市场经营收入占比"分两个时段呈现显著变化。2005～2008年"市场经营收入占比"为0，2009～2018年"市场经营收入占比"在61%～78%变化。其中市场经营收入的主要来源是"一般性商业销售收入"。

表 1　市场经营收入占比

单位：%

年份	2005	2006	2007	2008	2009	2010	2011
市场经营收入占比	0	0	0	0	66	73	61
一般性商业销售收入占比	0	0	0	0	66	73	61
政府采购收入占比	0	0	0	0	0	0	0
年份	2012	2013	2014	2015	2016	2017	2018
市场经营收入占比	74	78	70	76	66	71	65
一般性商业销售收入占比	74	78	70	76	66	71	65
政府采购收入占比	0	0	0	0	0	0	0

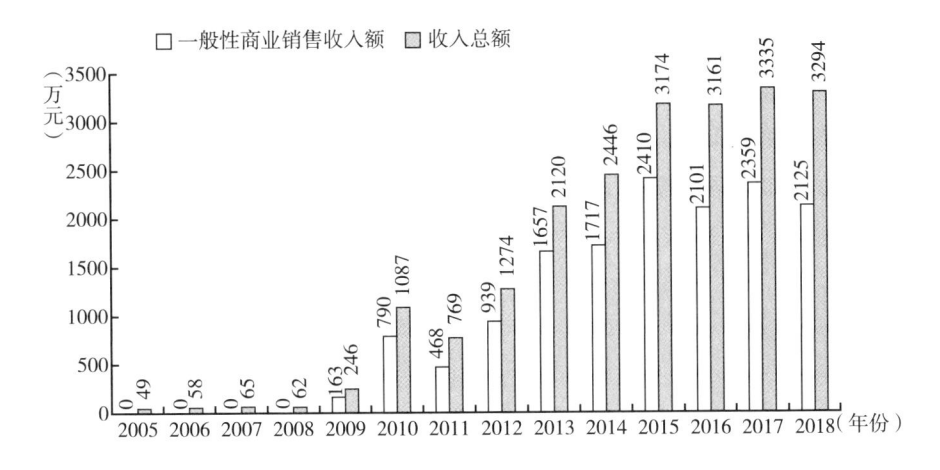

图 2　市场经营收入情况

（三）收支平衡状况

2005～2018 年，北京小康之家家政服务有限公司的财务状况总体而言有待改善。如图 3 所示，公司在多数年份处于亏损状态，少数年份实现盈余。其中，2005～2011 年以及 2016 年、2018 年，公司处于亏损状态，具体亏损金额 8 万～737 万元；2012～2015 年以及 2017 年，公司持续实现盈余，具体盈余金额 2 万～92 万元。

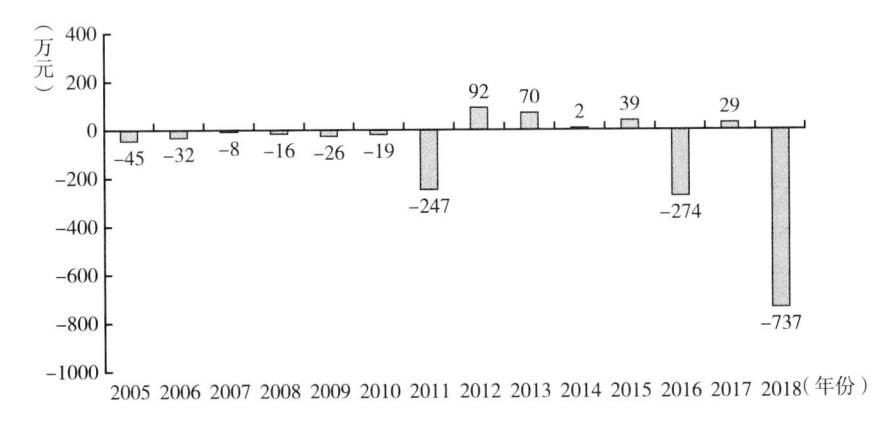

图 3　收支平衡状况

（四）资产负债情况

如图4和表2所示，2005~2018年，北京小康之家家政服务有限公司的资产总额和负债总额均呈现上升趋势，资产负债率在22%~98%变化。

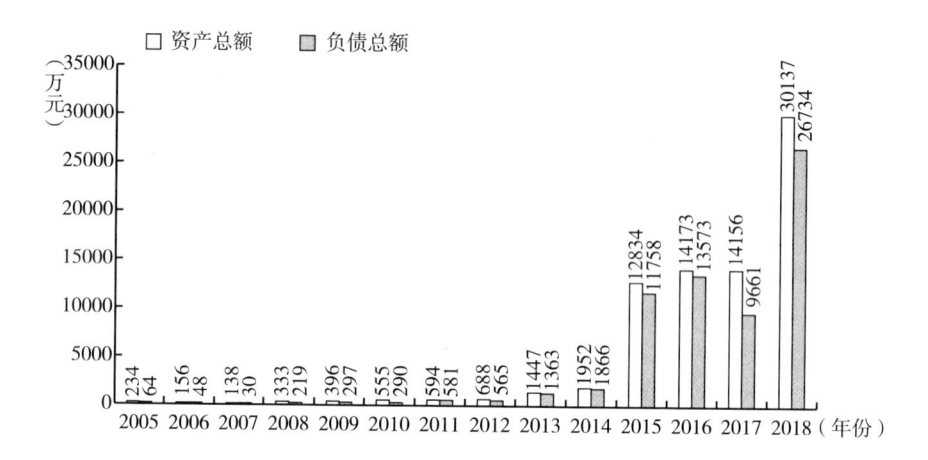

图4　资产负债情况

表2　资产负债率

单位：%

年份	2005	2006	2007	2008	2009	2010	2011
资产负债率	27	31	22	66	75	52	98
年份	2012	2013	2014	2015	2016	2017	2018
资产负债率	82	94	96	92	96	68	89

四　社会价值

（一）服务对象数量及弱势人群占比

如图5和表3所示，2005~2018年，北京小康之家家政服务有限公司的服务对象数量稳步上升，由2005年的219人增长为2018年的12175人。

服务对象中弱势人群的占比在 2005～2016 年为 0，在 2017～2018 年在 0.1%～1% 变化。

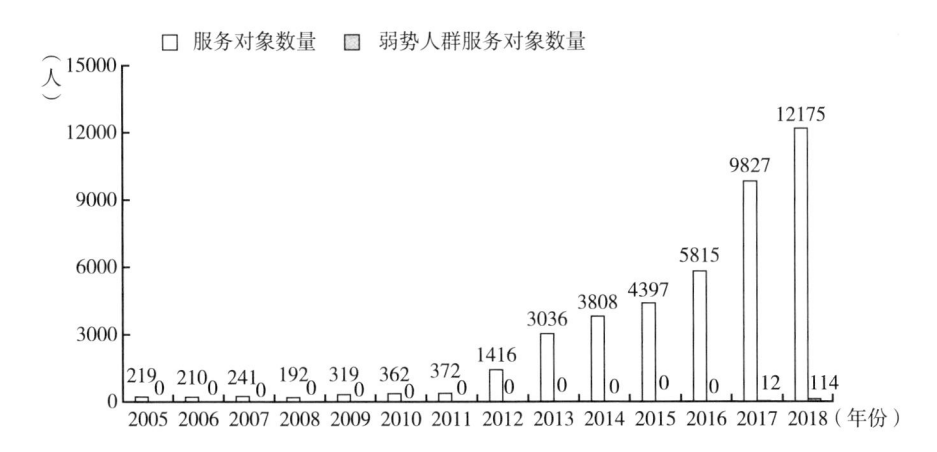

图 5　服务对象数量及弱势人群服务对象数量

表 3　服务对象中弱势人群占比

单位：%

年份	2005	2006	2007	2008	2009	2010	2011
弱势人群占比	0	0	0	0	0	0	0
年份	2012	2013	2014	2015	2016	2017	2018
弱势人群占比	0	0	0	0	0	0.1	1

（二）客户数量及弱势人群占比

如图 6 所示，2005～2018 年，公司的客户数量在多数年份呈现增长趋势，由 657 人上升为 63050 人。客户中弱势人群的占比暂无统计数据。

（三）受薪员工数量及弱势人群占比

如图 7 和表 4 所示，2005～2018 年，公司受薪员工数量稳步上升，由 2005 年的 29 人增长为 2018 年的 199 人。受薪员工中弱势人群的占比 2005～2018 年在 0.3%～3.4% 变化。

北京社会企业蓝皮书

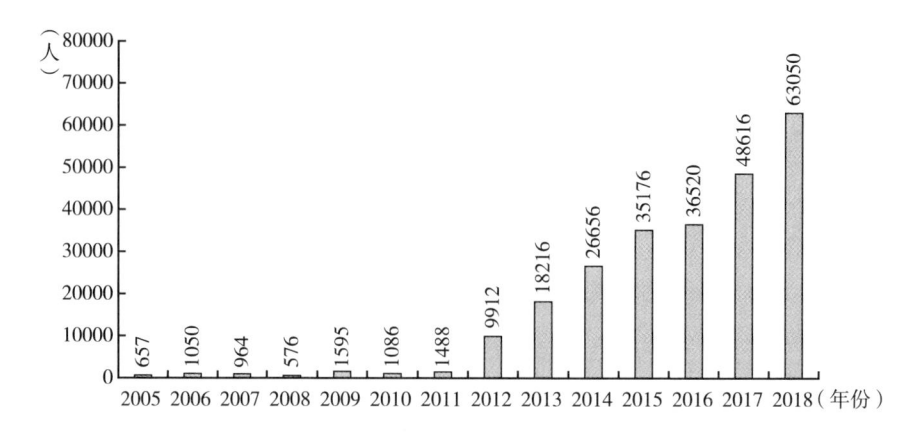

图6 客户数量

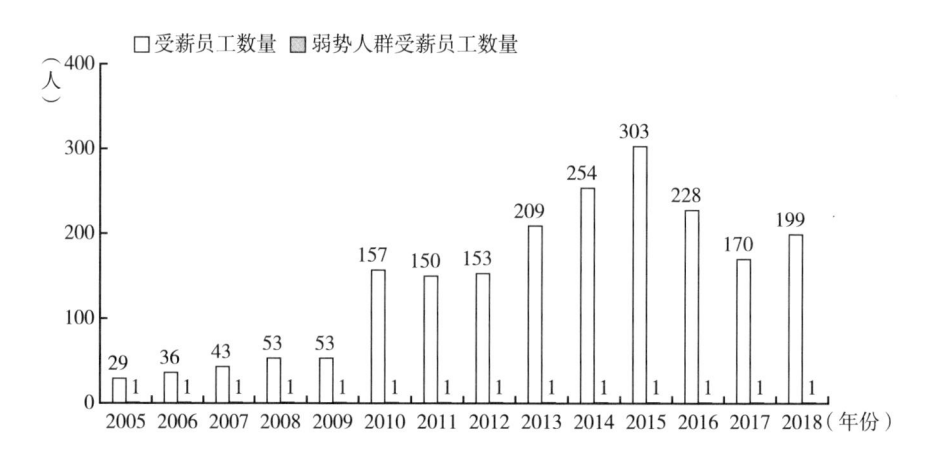

图7 受薪员工数量及弱势人群受薪员工数量

表4 弱势人群在受薪员工中的占比

单位：%

年份	2005	2006	2007	2008	2009	2010	2011
弱势人群占比	3.4	2.7	2.3	1.9	1.9	0.6	0.7
年份	2012	2013	2014	2015	2016	2017	2018
弱势人群占比	0.7	0.5	0.4	0.3	0.4	0.6	0.5

五 融资情况

如表5所示，2005~2018年，北京小康之家家政服务有限公司累计融资23688万元，其中组织成立时的原始投资额为5480万元，组织内部追加的投资额为14038万元，组织获得的外部投资为4170万元。

表5 融资情况

单位：万元

年份	2005	2006	2007	2008	2009	2010	2011	2012
组织成立时的原始投资	150	0	0	10	0	200	0	60
组织内部追加的投资	0	0	0	0	0	0	0	111
组织获得的外部投资	0	0	0	0	0	0	0	0
年度小计	150	0	0	10	0	200	0	171
年份	2013	2014	2015	2016	2017	2018	类别小计	
组织成立时的原始投资	3	0	1010	0	3013	1034	5480	
组织内部追加的投资	234	35	3095	745	1942	7876	14038	
组织获得的外部投资	0	0	0	1570	2100	500	4170	
年度小计	237	35	4105	2315	7055	9410		
总计:23688								

六 支持体系

北京小康之家家政服务有限公司目前在社会企业支持体系中获得各类资源的难易程度评分均值为2.6分。如图8所示，公司获取各类资源的难易程度分布不均。其中，在社会资本方面得分较高，为4分。同时，在以下四类资源方面得分较低，分别为人力资本（3分）、政治资本（3分）、智力资本（2分）、财务资本（1分）。

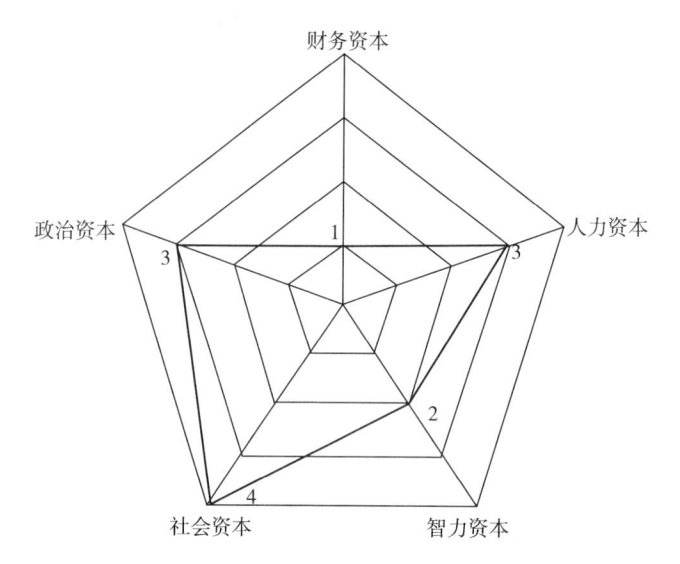

图 8　获取各类资源的难易程度评分

说明：1＝很困难；2＝比较困难；3＝一般；4＝比较容易；5＝很容易。

七　挑战与应对

（一）主要挑战

1. 机构生存完全依靠政策支持，未形成有效的市场机制。目前主要依靠政府购买，若未充分享受到政策支持，机构生存便面临重大问题，难以持续地解决社会问题。

2. 政策补贴不足。目前的政策补贴为成立机构时的一次性补贴，过程中有流量补贴。但流量补贴仅能维持机构日常运转，做得好的时候才有少许盈利。老人使用助残卡的频率与意愿较低，无法计入机构流量，机构也拿不到流量补贴。当引入社会资本时，机构没有竞争力与吸引力。

3. 养老业难以产业化发展。产业化即市场化行为，而做养老第一目标不能是盈利，需要树立产生社会效益、解决社会问题的形象。此外，养老产业的年龄段也难以确定。

（二）应对措施

1. 期望政府进行政策倾斜，运用政策引导老人到养老机构消费，如发行养老助残卡。为满足老人需求，政策规定老人可以自由选择商户。政府可以将专业养老机构与一般商户区分开来，在消费端引导老人尽量集中到养老机构消费，提高补贴的质量，更有力地支持机构发展。

2. 在解决机构生存模式的问题上，不能长期指望政府，需要依靠机构自己盈利。

3. 将机构做成"插线板"，不仅仅做养老的医护护理，而且要寻求多个社会组织合作。利用机构更了解驻地老人需求的优势，与远距离的商业服务机构共同挖掘更多配套服务，抱团取暖，相互促进，解决机构部分运营问题。

B.12 金鸿新诚（北京）物业管理有限公司发展报告

摘　要： 金鸿新诚（北京）物业管理有限公司是一家工商注册的社会企业。通过科技手段整合综合治理数据，通过服务手段解决居民需求并化解社会矛盾，改善服务差异、心理差异问题，引导员工、居民形成参与及分享意识，并达到与企业共赢。

关键词： 金鸿新诚　物业管理　居民服务

一　组织概况

组织名称	金鸿新诚（北京）物业管理有限公司
网址	无
App	无
微信公众号	jhxc118
成立时间	2012年
注册资金	100万元
注册形式	工商部门注册的企业
工作领域	社区发展
组织使命	作为社会综合治理的必要环节，通过科技手段整合综合治理数据，通过服务手段解决居民需求并化解社会矛盾，改善服务差异、心理差异问题。以人为本，激发个人价值、创造力、自我管理能力，引导员工、居民形成参与及分享意识，并达到与企业共赢。不断提升资源动员能力

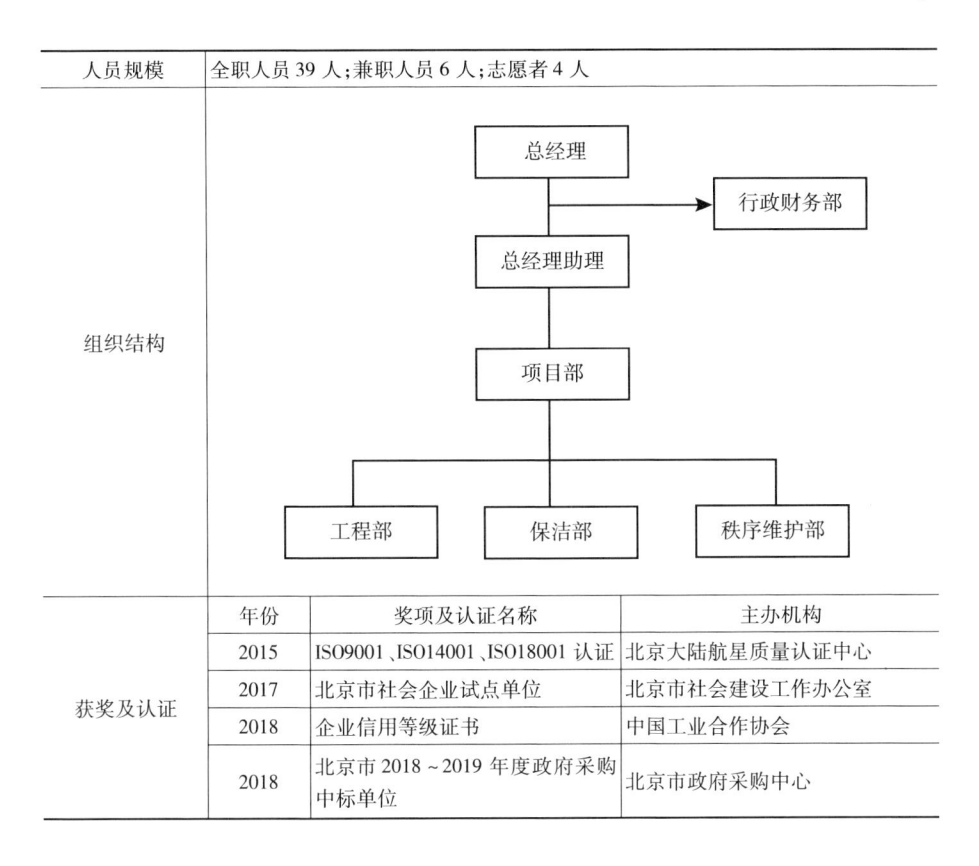

人员规模	全职人员39人；兼职人员6人；志愿者4人		
组织结构	总经理 → 行政财务部 总经理助理 项目部 工程部　保洁部　秩序维护部		
获奖及认证	年份	奖项及认证名称	主办机构
	2015	ISO9001、ISO14001、ISO18001认证	北京大陆航星质量认证中心
	2017	北京市社会企业试点单位	北京市社会建设工作办公室
	2018	企业信用等级证书	中国工业合作协会
	2018	北京市2018～2019年度政府采购中标单位	北京市政府采购中心

二　主要业务及项目

项目名称	智慧社区	
项目周期	2017年至今	实施区域	北京

目标：打造智慧社区。

受益人群：居民、政府。

内容：通过公司自主研发的物业服务公众号为居民提供线上报修、"有事应您吩咐"、居民合作社、身边的榜样、社区政务通、物业缴费、生活缴费等服务。利用智能设备应对外来人口管理问题，利用科技手段，装置智能门禁系统，并将数据与社区居委会、派出所对接，在掌握居民情况的同时，提升居民安全感。

成果：提升居民安全感，属地政府能够对外来人口、本地户籍人员实时掌握鲜活数据，有效掌控社区安全。

相关照片：

| 智能门禁 | 自主研发的物业服务公众号 | 自主研发的物业 OA 办公软件 |

项目名称	物业管理服务		
项目周期	2015 年至今	实施区域	全国

目标：打造多元化物业管理服务。

受益人群：居民。

内容：公司全体员工以满足广大客户及业主的需求为中心，坚持"优质高效、发展创新"的质量方针，在管理服务中严格地遵守国家有关法律法规，保障业主及客户的利益，让业主及客户享受良好的服务，为居民提供物业基础服务，利用公共区域为居民提供图书阅览室、茶社、儿童娱乐区、健康小屋等多功能服务区域。

成果：物业收费率达到 96%。

相关照片：

| 茶社 | 健康小屋 |

相关照片：

| 图书阅览室 | 儿童娱乐区 |

项目名称	健康体检服务	
项目周期	2017年至今	实施区域	北京

目标：实施居家养老服务。
受益人群：居民。
内容：在社区开展健康体检服务，为60岁以上老人提供无偿健康基础体检服务，建立基础体检档案。
成果：目前已为社区中近百名60岁以上老人提供了健康检测服务，每月开展两次健康主题活动，丰富社区老年人生活，维护身体机能，广受居民欢迎。

三　经济绩效

（一）商业运营能力

如图1所示，金鸿新诚（北京）物业管理有限公司在商业运营能力方面平均得分为3.71分，其中在以下四方面得分较高，分别为战略管理（5分）、生产管理（4分）、营销与品牌管理（4分）、财务管理（4分）。同时，在以下三方面得分较低，分别为人力资源管理（3分）、利益相关方沟通与关系管理（3分）、法律税务管理（3分），说明有待提升管理能力。

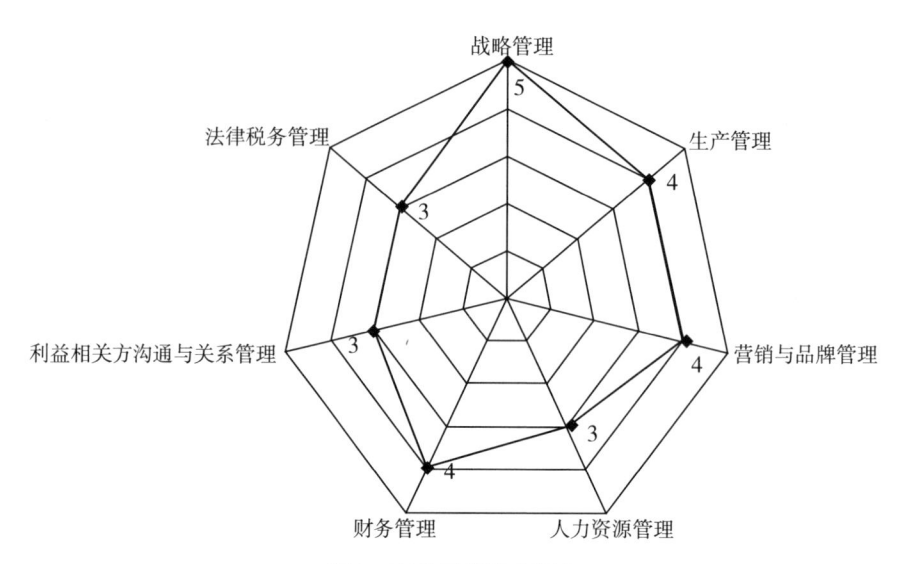

图1 商业运营能力评分

说明：1＝很弱；2＝比较弱；3＝一般；4＝比较强；5＝很强。

（二）市场经营收入占比

如图2和表1所示，2013～2018年，金鸿新诚（北京）物业管理有限公司的"市场经营收入占比"在93%～100%变化。同时，市场经营收入的主要来源在2018年前后有所变化，其中在2013～2017年市场经营收入的主要来源是"一般性商业销售收入"，而在2018年市场经营收入的主要来源变为"政府采购收入"。

图2 市场经营收入情况

表1　市场经营收入占比

单位：%

年份	2013	2014	2015	2016	2017	2018
市场经营收入占比	100	100	100	100	100	93
一般性商业销售收入占比	100	100	100	100	100	32
政府采购收入占比	0	0	0	0	0	61

（三）收支平衡状况

2012~2018年，金鸿新诚（北京）物业管理有限公司的财务状况总体而言有待改善。如图3所示，公司在多数年份实现盈余，然而近年来处于亏损状态。2012年以及2017~2018年，公司处于亏损状态，具体亏损金额0.1万~55.0万元；2013~2016年，公司持续实现盈余，具体盈余金额0.1万~11.0万元。

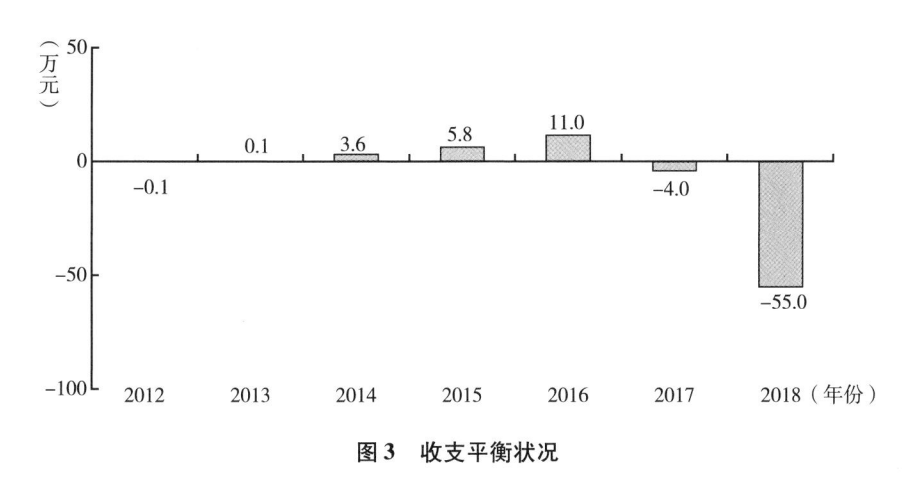

图3　收支平衡状况

（四）资产负债情况

如图4和表2所示，2012~2018年，金鸿新诚（北京）物业管理有限公司的资产总额和负债总额均呈现上升趋势，资产负债率在0~73%变化。

图 4 资产负债情况

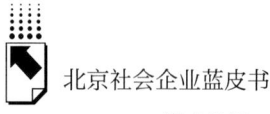

表 2 资产负债率

单位：%

年份	2012	2013	2014	2015	2016	2017	2018
资产负债率	0	11	18	28	60	44	73

四 社会价值

（一）服务对象数量及弱势人群占比

如图5和表3所示，2012~2018年，金鸿新诚（北京）物业管理有限公司的服务对象数量稳步上升，由2012年的600人增长为2018年的35000人。同时，服务对象中弱势人群的占比也呈现稳定增长趋势，2012~2018年在53%~73%变化。

（二）客户数量及弱势人群占比

如图6和表4所示，2012~2018年，公司客户数量稳步上升，由2012年的600人增长为2018年的35000人。同时，客户中弱势人群的占比也呈现稳定增长趋势，2012~2018年在53%~73%变化。

金鸿新诚（北京）物业管理有限公司发展报告

图5 服务对象数量及弱势人群服务对象数量

表3 弱势人群在服务对象中的占比

单位：%

年份	2012	2013	2014	2015	2016	2017	2018
弱势人群占比	53	65	58	53	72	73	60

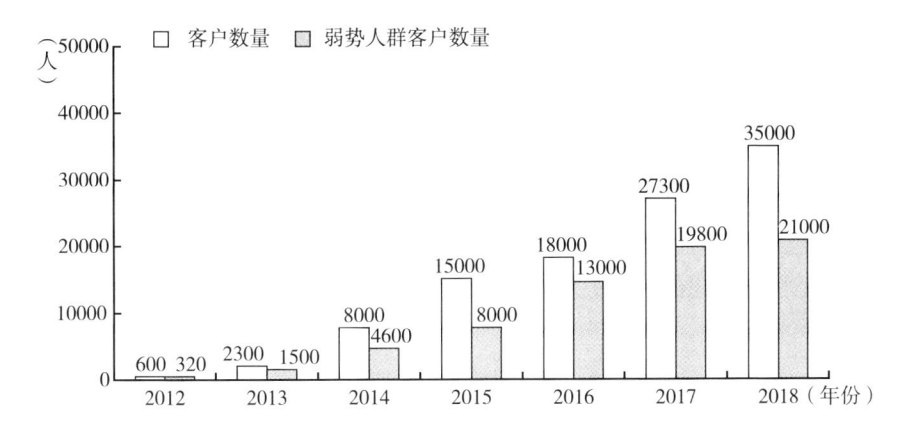

图6 客户数量及弱势人群客户数量

表4 弱势人群在客户中的占比

单位：%

年份	2012	2013	2014	2015	2016	2017	2018
弱势人群占比	53	65	58	53	72	73	60

（三）受薪员工数量及弱势人群占比

如图 7 和表 5 所示，2012～2018 年，公司受薪员工数量稳步上升，由 2012 年的 4 人增长为 2018 年的 49 人。受薪员工中的弱势人群占比在 16%～27%变化。

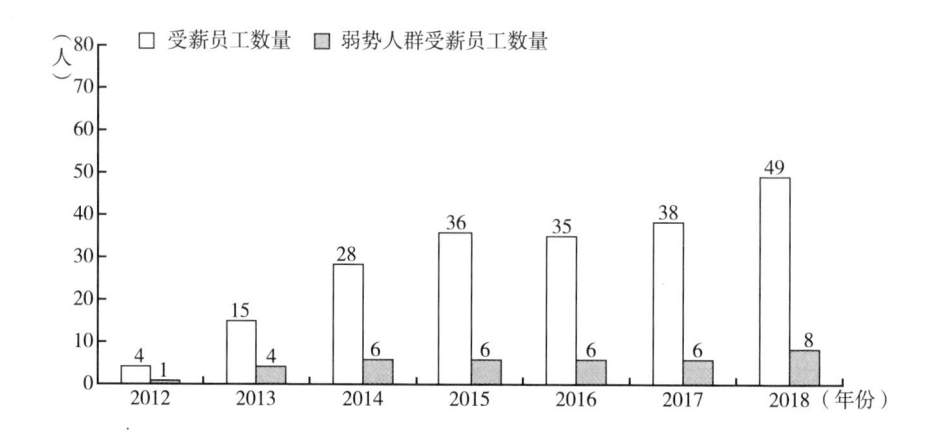

图 7　受薪员工数量及弱势人群受薪员工数量

表 5　弱势人群在受薪员工中的占比

单位：%

年份	2012	2013	2014	2015	2016	2017	2018
弱势人群占比	25	27	21	17	17	16	16

五　融资情况

如表 6 所示，2012～2018 年，金鸿新诚（北京）物业管理有限公司累计融资 100 万元，均为组织成立时的原始投资，无组织内部追加的投资，也未获得外部投资。

表6 融资情况

单位：万元

年份	2012	2013	2014	2015	2016	2017	2018	类别小计
组织成立时的原始投资	100	0	0	0	0	0	0	100
组织内部追加的投资	0	0	0	0	0	0	0	0
组织获得的外部投资	0	0	0	0	0	0	0	0
年度小计	100	0	0	0	0	0	0	
总计:100								

六 支持体系

金鸿新诚（北京）物业管理有限公司目前在社会企业支持体系中获得各类资源的难易程度评分均值为3分。如图8所示，公司获取各类资源的难易程度分布不均。其中，在以下两类资源方面得分较高，分别为智力资本（5分）、人力资本（4分）。同时，在以下三类资源方面得分较低，分别为社会资本（3分）、政治资本（2分）、财务资本（1分）。

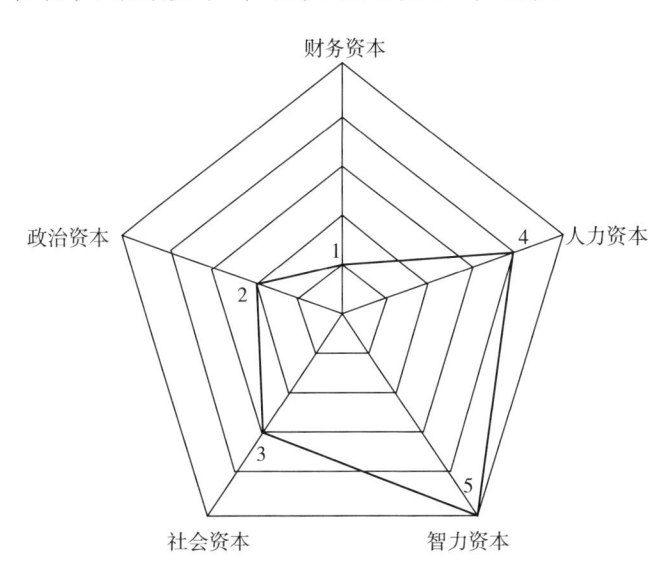

图8 获取各类资源的难易程度评分

说明：1＝很困难；2＝比较困难；3＝一般；4＝比较容易；5＝很容易。

七 挑战与应对

（一）主要挑战

1. 居民生活方式及需求改变面临的挑战。随着国家整体经济的发展、互联网技术的普及，业主对物业的需求也发生改变，从传统的对居住区生活环境的关注，逐渐变为对生活质量的关注，从相对单一的需求转变为多元化的需求。需求问题的解决，不仅是现阶段社会矛盾解决的方法之一，更是物业行业未来发展的方向。

2. 智能化发展、高新技术的应用对管理的挑战。在高新技术向民用应用市场发展的趋势下，如何应用高新技术搭建智能化社区，提升企业自身的管理水平和工作效率，向居住者提供更加快捷的服务，是企业长久发展必须面临及解决的问题。

3. 经营成本上涨带来的挑战。首先，在物业行业经营成本中，人工成本约占60%。而人工成本的逐年上涨与物业费多年不涨的矛盾，是企业必须解决的问题，也是社会必须解决的问题。其次，在法律法规日益健全的大背景下，物业企业不能再像以前那样靠野蛮经营、克扣成本为企业带来效益，更需要提前转变陈旧落后的管理观念，改善服务观念和创新能力。

4. 居民、业委会、物业企业三者之间矛盾带来的挑战。长久以来，居民、业委会与物业的矛盾一直未从根本上得到解决。而矛盾是由"权、利"造成的。物业管理的内容、服务的内容，居民应当享受什么样的权利，业委会的双重监督机制如何设定，公共收益的分配等问题，都是物业企业发展中可能遇到的难题。

5. 政府职能转变与民营企业发展之间的矛盾所带来的挑战。政府职能部门在由管理型向服务型政府部门过渡的过程中，目前过多偏重于对科技型企业及规模型企业的扶持，而对民生型、服务型企业及机构的服务创新与帮扶则有限。

6. 社会企业社会认可度存在问题。究竟什么是社会企业？社会企业在社会经济发展的过程中能起到什么样的作用？目前社会企业在公众和政府两个层面上的认知度不高，品牌影响力还有待提升。政府对社会企业是否有明确的界定？界定后是否有相应的政策辅导与支持？此类问题的解决关系到社会企业未来的发展。

（二）应对措施

1. 明确企业发展大方向。首先，物业是社会治理的重要环节点，服务关系民生。其次，物业应从社会人力资源体系出发，综合调配资源，逐步解决现有问题。

2. 以党建为引领，以解决居民需求为出发点，提供多元化服务。利用问卷调查和观察的方式，加强对居民需求信息的采集。采取先易后难的方式，逐步解决居民问题。目前公司向居住者提供了居家生活类、休闲娱乐类、日常保障类、培训教育类四大类共计二十余种有偿服务内容，并在党支部的领导下，采取多支部合作的方式，开展免费测光、义诊、健康讲座、居家安全培训、气象课堂等活动。在逐步解决居民需求的同时，提升居民对社会的认可度，也能在服务中化解社会矛盾。

3. 充分发挥基层党支部的战斗堡垒作用。

开展"我的社区，社区的我"党员亮身份活动，不仅提升了党员居民的荣誉感，也使他们起到了带头遵守社区规则的表率作用，降低了社区和物业的日常管理难度。

针对居民、业委会、物业三方矛盾，建立以社区党委为核心的综合协调机制。以党员大会的形式，改善服务内容及环节，形成共商、共议、共治、共享的管理模式。

建设以党建为引领的多元化服务内容，做到便民、利民、惠民。鼓励党员参与社区服务，支持党员在小区内进行创业。

探索"公益服务＋参与管理"的模式，做好"党建最后一公里"。

4. 提升创新能力，向管理要效益。为了提升管理能力，降低管理成本，

自主研发物业管理系统（前、后端）、物联网管理系统、物联网硬件，并将其逐步应用到日常管理场景中。采用多平台融合的方式，构建智能小区。

5. 调动参与意识，打造共享社区。

向社区开放就业岗位，鼓励并支持下岗人员、退休人员在物业工作，并将所提供的岗位与社区志愿者服务相配合。

利用业主资源，开设惠民服务项目。目前已开设小区图书馆、书法班。

与业主共同经营空闲空间，打造社区品牌合作社；与属地政府合作，打造公益空间。目前已与北京民防浩天救援队联合打造青少年社会实践基地，与属地派出所打造居家安全展室，与有特长的业主共同打造健康工作室。

6. 加强自我管理、提升自身品牌在所属社区的影响力，这是对社会企业品牌最好的宣传。通过优势服务在社区的扩展，让本小区居民以外的更多人群认识到社会企业在社区发挥的作用。

B.13 北京市石景山区乐龄老年社会工作服务中心发展报告

摘　要： 北京市石景山区乐龄老年社会工作服务中心具有民办非企业和工商注册性质，主要从事老年服务工作，推广乐享银龄社区为老服务模式，营造快乐养老环境。陆续开展老年人生活服务、困境老人援助支持、养老服务人员培训等活动。

关键词： "乐龄"　老年服务　社会工作

一　组织概况

组织名称	北京市石景山区乐龄老年社会工作服务中心
网址	www.leling.org.cn
App	无
微信公众号	乐龄社区养老
成立时间	2006年
注册资金	3万元
注册形式	民办非企业单位 工商部门注册的企业
工作领域	老年服务
组织使命	推广乐享银龄社区为老服务模式,营造快乐养老环境

人员规模	全职人员69人;兼职人员2人;志愿者20人	
组织结构	前台：为老人提供专业化的照护服务和居家服务 中台：为前台服务输出技术标准 开发和实施对外服务 后台：为前台和中台提供基础支持 60岁以上身体或精神受损的老人 社区专员／实习社工／养老护理员／服务社区主管／自营驿站（站长）／养老照料中心（院长）／第三方驿站／加盟驿站 小组式工作：开站支持、标准制定、质量控制、培训支持、产品研发、咨询业务开拓 综合支持：人事、财务、行政、工程、采购、维修 传播品牌：职能 积极拓展外部资源，为民非和公司持续注入资源 资源拓展：职能 支持民非和公司业务的宣传，为其建立品牌形象	

	年份	奖项及认证名称	主办机构
获奖及认证	2012	社会企业家培训"自我突破奖"	英国大使馆文化教育处和南都公益基金会
	2014	中国公益慈善大赛实施类银奖	中国慈善联合会、深圳市民政局
	2015	微软全球志愿服务支持项目中国五家组织之一	微软公司
	2016	北京优秀社会工作服务机构	北京市民政局
	2017	中国好公益平台品牌创建机构	中国好公益平台
	2018	北京市"三八红旗集体"	北京市妇女联合会、北京市人力资源和社会保障局、北京市总工会
	2018	北京市社会组织系统先进集体	北京市民政局
	2018	北京市社会企业示范点单位	北京市社会企业发展促进会

二 主要业务及项目

项目名称	公益助老创新平台发展项目(助老圈三期)		
项目周期	2018年6月1日至12月30日	实施区域	北京市石景山区

目标:通过建立社区志愿服务组织、服务平台的模式,凝聚社区各志愿组织的力量,提升志愿组织的自治能力、管理能力及专业服务能力,增强志愿组织的综合能力,使其在社区居家养老服务中发挥更大的作用。

受益人群:支持社区低龄老年人,为社区居家养老的高龄老人提供志愿服务。

内容:建立社区志愿组织的服务平台,建立老年人社区居家养老的社区支持网络,创造老年人社区居家养老的良好环境。

成果:1. 公益小组活动

(1)帮扶小组15支:每支小组每月对特困老人进行1对1帮扶不少于4次,每支小组不少于8人,全年受益达到3600人次;(2)活动小组10支:每支小组每月针对社区50位老人进行小组活动,全年受益5000人次。

2. 核心公益小组专业化服务能力提升3次(50×3=150人次);开发全新公益小组志愿服务菜单,详细阐明公益小组服务内容,让更多人了解乐龄公益小组存在的意义。

3. "时间志愿行"活动

对每支公益小组实施服务积分制度,对小组所做的志愿服务进行积分,发放积分币。积分兑换形式:兑换服务(包含:专业照护、陪同就医、家政服务、清洗抽油烟机、理发等);兑换实物(午餐、清洁用品、小型家电、家用常备物品等);将积分存入"志愿时间银行",为有需要的人提供免费优质服务。

4. 系列主题活动

公益小组精神慰藉主题活动2场(50×2=100人次)

在重阳节之际开展"不老精神、代际融合"重阳环湖活动,以增进家庭关系、发扬老年人的不老精神(100人)。

5. 志愿者风采展示(50人)

根据公益小组志愿者提交的志愿服务资料与积分情况,开展风采展示交流会,对优秀公益小组进行表彰。鼓励更多的老年志愿者加入公益小组队伍。

项目名称	爱满遗忘角落——困境老人援助支持计划三期项目		
项目周期	2018年6月1日至12月30日	实施区域	北京市石景山区

目标:根据"困境老人"的不同情况,利用"志愿者+社工+服务对象"的帮扶模式,提高困境老人的生存质量以及自我认同感。

受益人群:对老人能力评估结果危险系数较高的30位困境老人及家庭进行支持,并建立1对1帮扶个案。

内容:通过社工介入,改善服务对象的家庭、社区系统,通过志愿者、社工、心理咨询师、护理员等各种形式的资源链接,改善家庭、社区照护环境,为老人提供相应的支持,能够一定程度上推动社区居家养老服务的完善和发展。通过建立老年志愿者帮扶队伍,形成老年志愿者帮助困境老人的同辈支持小组。

成果:对新增困境老人入户调研,制订实施计划(30份);

根据服务计划,针对30名困境老人家庭实施个性化服务5次,既定每个家庭至少3人以上(30×3×5=450人次);

根据服务对象情况,开展针对性心理辅导服务2次(30×2=60人次);

志愿者同辈小组支持,每支小组不少于8人,每月1次(4×8×6=192人次);

与服务对象一起过端午1次(30×3=90人次);

与服务对象一起过中秋1次(30×3=90人次);

与服务对象一起过重阳1次(30×3=90人次);

与服务对象一起包饺子、过冬至1次(30×3=90人次);

编制手册(200本),教会服务对象运用。

项目名称	居家养老服务员培训项目		
项目周期	2017年12月1日至2018年12月31日	实施区域	北京市石景山区

目标:对拟从事家庭照护工作的人员进行养老护理知识培训;进行针对养老护理员、家庭照护者等人员的解压工作坊培训,以缓解照护给其带来的压力,并为其提供后续的支持;同时针对上一期的学员进行沟通与跟进,建立了长期相互支持的同辈群体,促使服务可持续发展。

受益人群:拟从事养老照护服务的务工人员,或社区居家养老家庭的家庭照护者。

内容:本项目加强了对养老护理员的培训,帮助其更好地开展社区老人照护服务,支持其持续就业。同时也提升了社区居家养老服务的质量和可持续性,能够为更多的老人开展专业的照护。

成果:通过护理员实操培训、护理员专业理论知识培训、护理员减压活动、赋能工作坊等培训活动,以及护理员职业技能大赛等方式,累计培训40人,其中20人取得机构认证的初级养老护理证书,另外20人为社区居家养老家庭的家庭照护者。获得证书的20名护理员全部就业,有稳定的收入,社区养老服务满意度80%以上;20名家庭照护者也提高了个人的照护技能,使受照顾的老人生活质量提高。

三 经济绩效

(一) 商业运营能力

如图1所示,石景山区乐龄老年社会工作服务中心在商业运营能力方面平均得分为3.71分,其中在以下五方面得分较高,分别为战略管理(4分)、生产管理(4分)、人力资源管理(4分)、利益相关方沟通与关系管理(4分)、法律税务管理(4分)。同时,在以下两方面得分较低,分别为营销与品牌管理(3分)、财务管理(3分),说明有待提升管理能力。

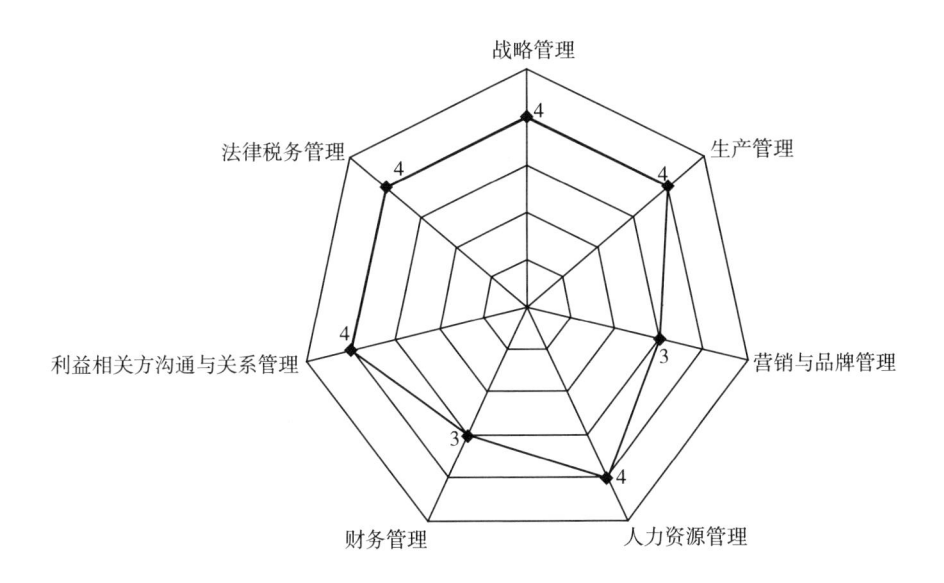

图1 商业运营能力评分

说明:1=很弱;2=比较弱;3=一般;4=比较强;5=很强。

(二) 市场经营收入占比

如图2和表1所示,2012~2018年,石景山区乐龄老年社会工作服务中心的"市场经营收入占比"以 2013 年为分界点发生显著变化。2012 年，机构的主要收入来源是公众、基金会等公益组织的"社会捐赠"，"市场经营收入占比"仅为 22%。2013～2018 年"市场经营收入占比"逐年增大，在 58%～80% 变化。同时，市场经营收入的主要来源在不同年份有所变化。其中，在 2013 年和 2018 年两年，市场经营收入的主要来源为"一般性商业销售收入"，而在 2014～2017 年，市场经营收入的主要来源为"政府采购收入"。

图 2　市场经营收入情况

表 1　市场经营收入占比

单位：%

年份	2012	2013	2014	2015	2016	2017	2018
市场经营收入占比	22	65	69	80	77	77	58
一般性商业销售收入占比	22	65	28	19	25	35	39
政府采购收入占比	0	0	41	61	52	42	19

（三）收支平衡状况

2012～2018 年，石景山区乐龄老年社会工作服务中心的财务状况总体而言呈现逐步改善的趋势。如图 3 所示，公司在 2012 年度以及 2014～2018

年实现小额盈余,具体盈余金额 0.1 万~7.2 万元;在 2013 年度处于 11.9 万元的亏损状态。

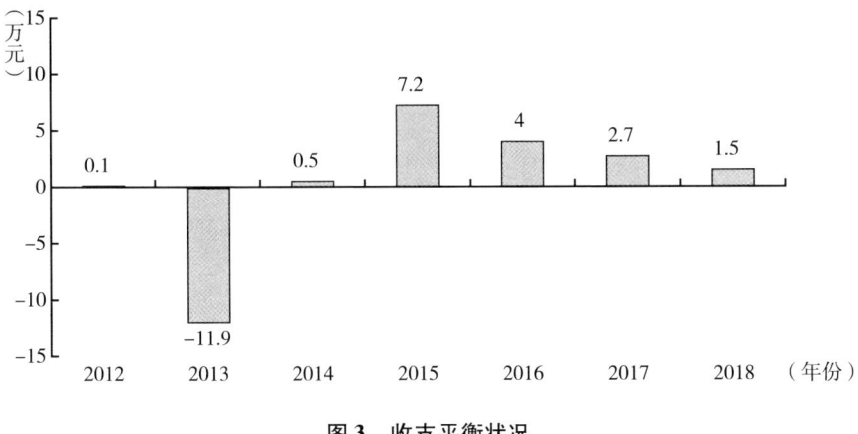

图 3　收支平衡状况

(四)资产负债情况

如图 4 和表 2 所示,2012~2018 年,石景山区乐龄老年社会工作服务中心的资产总额和负债总额均呈现上升趋势,资产负债率在 50%~156% 变化。

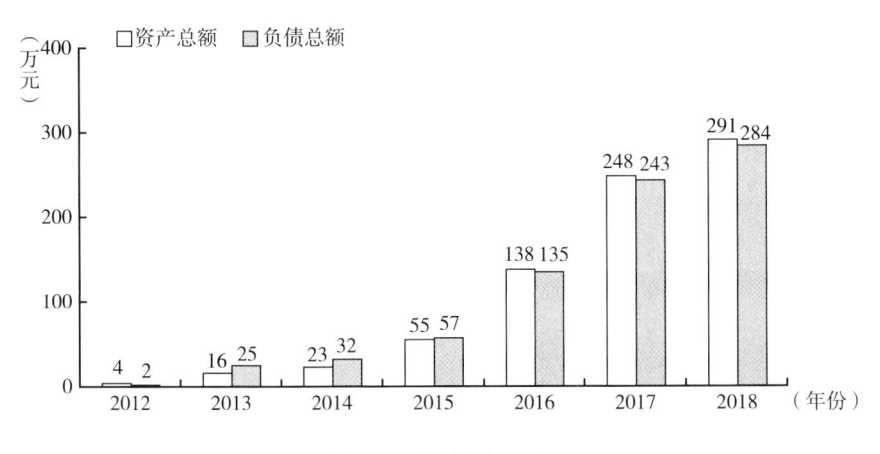

图 4　资产负债情况

表2 资产负债率

单位：%

年份	2012	2013	2014	2015	2016	2017	2018
资产负债率	50	156	139	104	98	98	98

四 社会价值

（一）服务对象数量及弱势人群占比

如图5所示，2015~2018年，石景山区乐龄老年社会工作服务中心的服务对象数量保持稳定在10000人。服务对象中弱势人群的占比暂无统计数据。

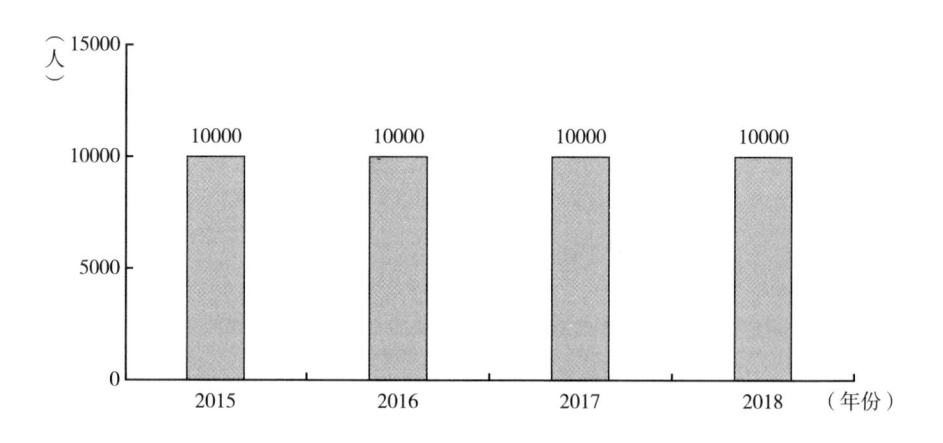

图5 服务对象数量

（二）客户数量及弱势人群占比

如图6所示，2015~2018年，中心的客户数量稳定增长，由107人增加为1341人。客户中弱势人群的占比暂无统计数据。

北京市石景山区乐龄老年社会工作服务中心发展报告

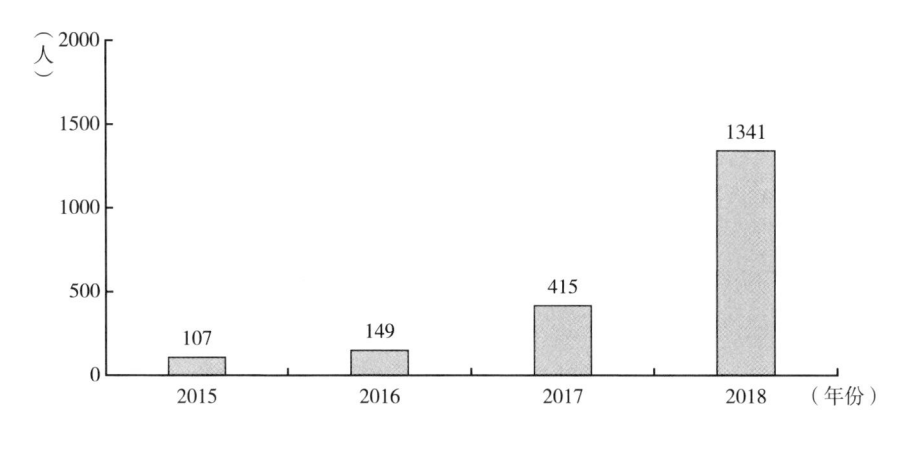

图6 客户数量

（三）受薪员工数量及弱势人群占比

如图7和表3所示，2006~2018年，中心受薪员工数量稳步上升，由2006年的1人增长为2018年的79人。同时，受薪员工中弱势人群的占比在2006~2017年为0，在2018年变为3%。

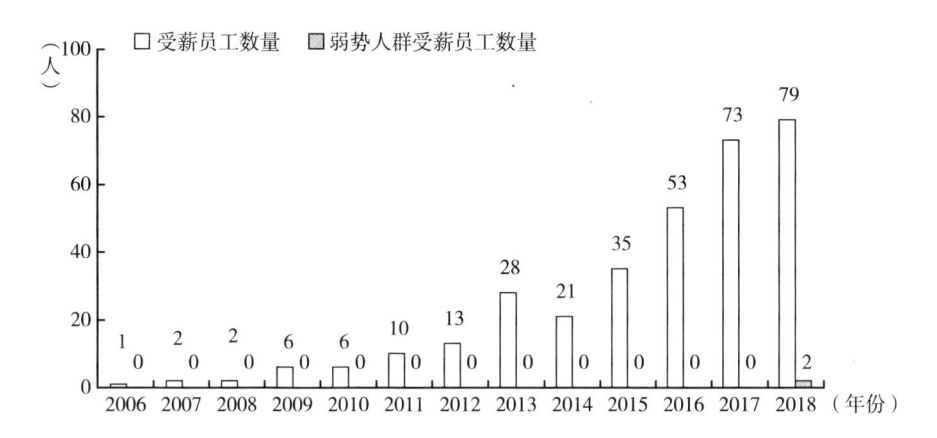

图7 受薪员工数量及弱势人群受薪员工数量

225

表3 弱势人群在受薪员工中的占比

单位：%

年份	2006	2007	2008	2009	2010	2011	2012
弱势人群占比	0	0	0	0	0	0	0
年份	2013	2014	2015	2016	2017	2018	
弱势人群占比	0	0	0	0	0	3	

五 融资情况

如表4所示，2012~2018年，石景山区乐龄老年社会工作服务中心累计融资3万元，均为组织成立时的原始投资，无组织内部追加的投资，也未获得外部投资。

表4 融资情况

单位：万元

年份	2012	2013	2014	2015	2016	2017	2018	类别小计
组织成立时的原始投资	3	0	0	0	0	0	0	3
组织内部追加的投资	0	0	0	0	0	0	0	0
组织获得的外部投资	0	0	0	0	0	0	0	0
年度小计	3	0	0	0	0	0	0	

总计：3

六 支持体系

石景山区乐龄老年社会工作服务中心目前在社会企业支持体系中获得各类资源的难易程度评分均值为4分。如图8所示，公司获取各类资源的难易程度分布不均。其中，在以下四类资源方面得分较高，分别是智力资本（5分）、财务资本（4分）、人力资本（4分）、政治资本（4分）。同时，在社会资本方面得分较低，为3分。

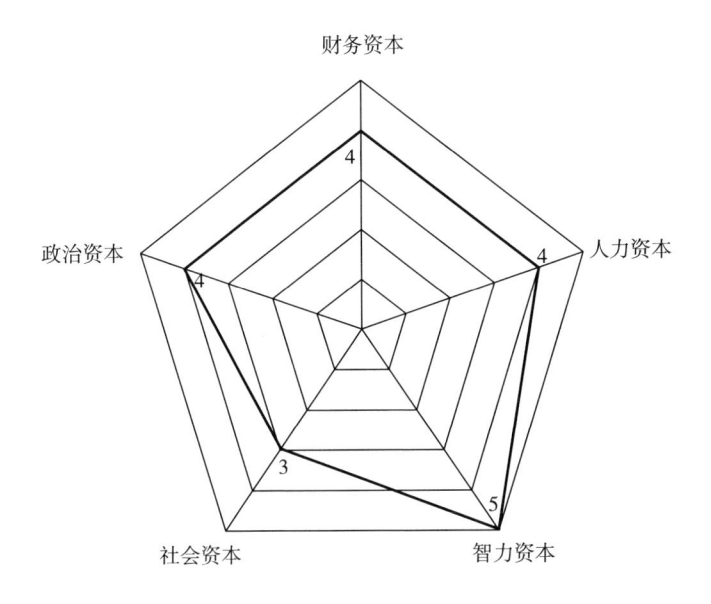

图8 获取各类资源的难易程度评分

说明：1＝很困难；2＝比较困难；3＝一般；4＝比较容易；5＝很容易。

七 挑战与应对

（一）主要挑战

1. 组织内部如何适应机构规模快速发展。2016～2018年为机构快速扩展期，由原来的一家社区养老驿站转变为现在的九家社区养老驿站、一家养老机构，共十家服务机构。尤其在2018年，入住率与人员都实现了快速增长。机构希望进行规模化发展，未来实现连锁品牌化，但内部团队无法跟上节奏。

227

2. 人员变化。前台（服务）较稳定，中台的支持也比较顺利，但后勤的人事行政是一大难点，还未做好调整。

3. 快速适应政策。2017年养老驿站单店呈现盈利状态，但2018年呈现亏损。原因在于政策变化，要求养老驿站入住不能超过九人。机构对入住人数进行了严格控制，但由于社区养老是短期入住的性质，老人去往医院的情况时有发生。当床位空余，有其他老人想要入住时，机构却无法接待。当多位老人同时入住医院时，养老驿站床位空置率便大幅提高。机构盈利在10%左右，当床位空置率较高时，便呈现亏损状态。养老服务方面没有可借鉴的先例，这也影响着机构适应政策的速度。

（二）应对措施

1. 2019年不再进行直营服务机构的快速扩展，转为调整组织架构。机构通过邀请第三方咨询公司，探讨内部机构转型，由原来的项目部－办公室－服务部的结构转变为前台（服务）－中台（支持）－后台（后勤），以此促进内部团队的适应。

2. 积极与政府沟通，提升床位入住率，当养老驿站有15张床时，接待13名或14名老人入住，保证床位一直在9张以上。

3. 融资需要自己先找盈利点，具备真实的服务，才能有更好发展。

4. 开源节流。2018年前期机构设备投入较大，通过成本效益测算发现需要特别省，具体到办公用纸、水电节约等。

B.14 益爱领路（北京）教育咨询有限公司发展报告

摘　要： 益爱领路（北京）教育咨询有限公司是一家工商注册的社会企业，旨在为公益人提供便捷、低成本、以解决方案为主的在线短视频课程，解决公益人专业能力低、做公益低效的问题，通过赋能人推动社会问题的解决。

关键词： "益爱领路"　益修学院　公益人教育

一　组织概况

组织名称	益爱领路（北京）教育咨询有限公司
网址	www.yixiuxueyuan.com
App	无
微信公众号	yixiu-xueyuan
成立时间	2015年
注册资金	10万元
注册形式	工商部门注册的企业
工作领域	为公益人提供便捷、低成本、以解决方案为主的在线短视频课程，解决公益人专业能力低、做公益低效的问题，通过赋能人推动社会问题的解决
组织使命	使命：让公益智慧流动起来 愿景：致力于为公益人打造成长和增值的互助社区

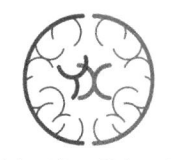

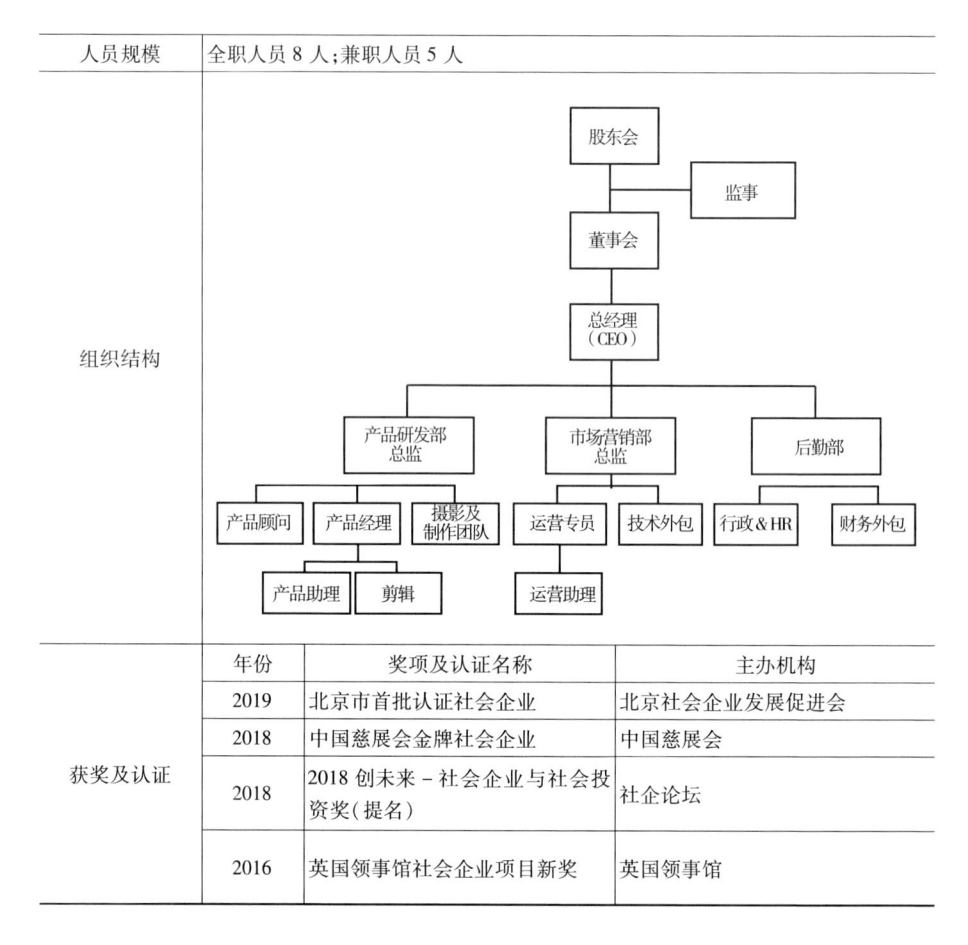

人员规模	全职人员 8 人;兼职人员 5 人
组织结构	股东会 — 监事 董事会 总经理（CEO） 产品研发部总监 / 市场营销部总监 / 后勤部 产品顾问、产品经理、摄影及制作团队 / 运营专员、技术外包 / 行政&HR、财务外包 产品助理、剪辑 / 运营助理

获奖及认证	年份	奖项及认证名称	主办机构
	2019	北京市首批认证社会企业	北京社会企业发展促进会
	2018	中国慈展会金牌社会企业	中国慈展会
	2018	2018 创未来－社会企业与社会投资奖(提名)	社企论坛
	2016	英国领事馆社会企业项目新奖	英国领事馆

二 主要业务及项目

项目名称	翻转课堂－香草计划(2018)		
项目周期	2018 年 5~8 月	实施区域	福建

目标:每年直接提升参与训练营的 30 名公益骨干的个人能力,从而推动机构进步,实现行业整体发展。

受益人群:福建本地全职公益人。

内容:在设计学习体验的过程中,我们运营的是"翻转课堂"的理念。解决现场过多重复性基础知识传授、以讲师为中心分享、讨论不够聚焦等痛点问题。培训现场,讲师不需要过多去重复视频微课中已经提到的基础概念,学员则是带着预习课程后产生的问题来听课。课堂以

益爱领路（北京）教育咨询有限公司发展报告

学员提出的问题为主,更聚焦讨论,提升培训效果。若课后依旧有疑问,可以在社群中交流互动。

成果:通过系统培训、优质讲师、线上线下全方位陪伴公益人成长。

(1)(2018年5~8月)每月培训主题包括:"线上+线下"课程双管齐下,线上3周学习+线下2天工作坊直接呼应;(2)福建本土实战公益人与业内实力派讲师分享;(3)培训后需完成与实务工作相结合的作业,如适合申请政府采购的项目书、适合提交给资助型基金会的项目申请书及报告、项目筹款文案、志愿者动员与激励制度等。

相关照片:

贴心的项目组为伙伴们准备的学员手册

项目名称	讲师培养－博益公益教育事业合作伙伴计划(2018~2019)		
项目周期	2018年10月至2019年10月	实施区域	全国

目标:(1)开展全国海选,培养合格优秀的公益教育事业合作伙伴,促进师资培育;(2)伙伴知识产出,辐射更多公益人及受益人,弥补培训空白;(3)建立涵盖不同领域的公益项目案例库,探索实现SDGs发展目标的参考案例。

受益人群:公益人。

内容:开展全国海选,师资培育;协助伙伴知识产出,建立公益项目案例库,解决实操知识迭代速度有待提高、培训面孔和形式单一、项目人员埋头苦干、优秀项目急需整合的痛点问题。

机构希望挖掘具有实操经验的一线公益人才,对他们进行专业知识和授课技巧的培训,协助他们梳理、总结和整合自己的公益经验和项目案例,再协助他们通过数十场沙龙、线上课程、公开培训等方式辐射培养周围的公益伙伴,从而充分实现公益互助网络的构建和实施,助力整体公益人的能力建设,有效服务更多的受益人。

成果:2018年下半年,项目开展全国海选,培养合格优秀的公益教育事业合作伙伴44位,进行持续2个月的线上培训,促进师资培育;通过专家评审、大众评审和益修团队审核,终有13位伙伴晋级,参加2019年3月的线下培训。计划2019年9月前进行近40场线下沙龙和产出65讲微课,服务公益行业。

231

相关照片：

伙伴们认真听老师分享　　　　　　　伙伴们都专心地书写自己的内容

项目名称	益修学院－网站		
项目周期	2015年9月18日至今	实施区域	全国

目标：构建公益人共同成长和增值的互助社区。

受益人群：公益人或志愿者。

内容：益修学院借用互联网打破传统能力建设和培训的方式，用更便捷的方式、针对性强的内容、轻量的视频课程、低廉的价格、较低的门槛让从业者学习职业技能，建立公益人的培训学习和增值的社区，最终能为行业提供一个可持续的能力建设机制和知识库。

能力建设课程是以需求为导向去设定的，且都上传到益修学院网站。公益人可随时随地按需学习课程，内容涵盖：机构治理、团队建设、项目管理、筹资传播、财务管理、志愿者发展等；以及领域相关课程，如社区发展、急救、环境教育、养老发展等。

益修学院是免费注册的，针对付费VIP用户，学院收取一定的费用。

成果：已经推出1000讲课程，总时长超过10000分钟，服务超过25000位公益人，系列课程观看达100万人次。

相关照片：

益修学院手机端首页　　　　　　　系列课程页面

系列课程展示页面　　　　　　　　课程学习页面

项目名称	社群陪伴之职场菜鸟蜕变营		
项目周期	2018年12月至今	实施区域	全国

目标:弥补大部分公益人缺少入职培训的缺失,实现有效上岗,高效工作。

受益人群:公益新人或对公益感兴趣的伙伴。

内容:以同类学习需求聚集公益人,共同完成学习目标,解决学习惰性、有动力无信心地坚持自学的痛点问题。

一个人可以走得快,但一群人可以走得远。益修的学习社群希望为爱学习的公益人提供一个支持的环境,吸引同样对某个课程感兴趣的伙伴聚集在一起,按照拟定的课程时间表同步学习,交流心得笔记,互相激励完成任务并获取毕业证书。

成果:目前,益修服务的社群超过300个,其中,拿职场菜鸟蜕变营为例,2018年12月的一期,有199位伙伴参加,超过50%的伙伴成功毕业;有部分学员带领团队学习,并将课程作为年终绩效考核内容;超过2/3的学员毕业后自发组团学习其他课程。2019年3月起,机构联合数十家机构共同发起蜕变营,将每月举办一期,聚集当月公益新人,助力新丁快速成长;当月有173位伙伴参加,超过80%的伙伴成功毕业,并后续持续在益修学习。

相关照片：

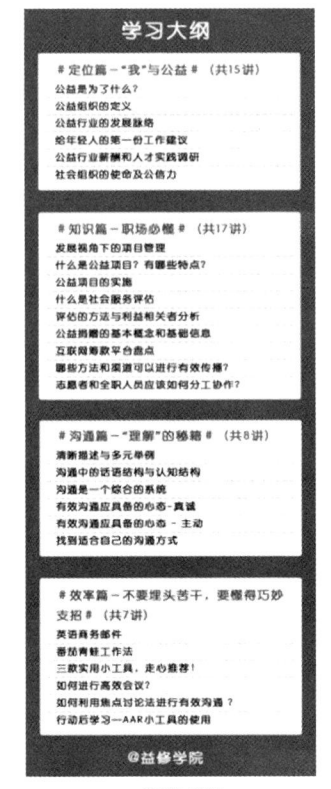

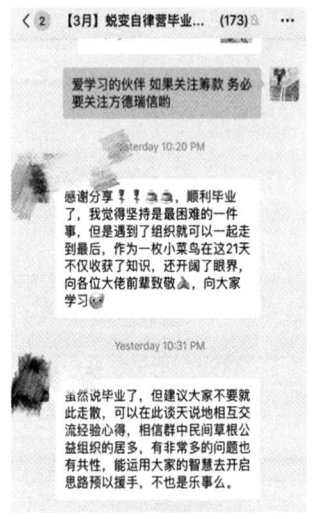

课程规划　　　　　　　　　学员积极分享感受

来自全国的蜕变联合推广伙伴 LOGO 展示　　　　老学员参与学习优秀蜕变

三 经济绩效

（一）商业运营能力

如图 1 所示，益爱领路（北京）教育咨询有限公司在商业运营能力方面平均得分为 2.14 分，在七方面均未高于 3 分，尤其在财务管理（1 分）、法律税务管理（1 分）方面，亟须提升管理能力。

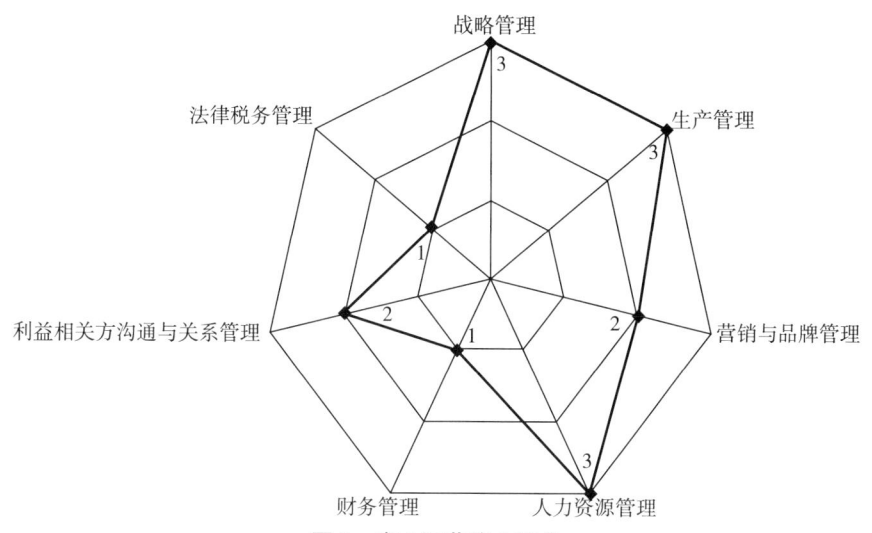

图 1 商业运营能力评分

说明：1 = 很弱；2 = 比较弱；3 = 一般；4 = 比较强；5 = 很强。

（二）市场经营收入占比

如图 2 和表 1 所示，2015～2018 年，益爱领路（北京）教育咨询有限公司的市场经营收入占比在 79%～100% 变化，其中市场经营收入的主要来源是"一般性商业销售收入"。①

---

① 在所有案例中，我们的基本原则是只描述数据不做深入分析，此处的"市场经营收入占比"，对比其他案例并没有特别的差异，所以不做评价。

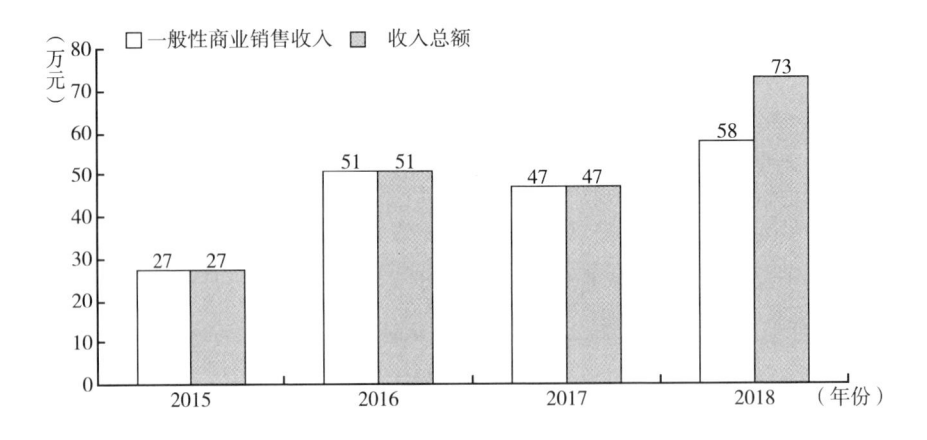

图 2 市场经营收入情况

表 1 市场经营收入占比

单位：%

年份	2015	2016	2017	2018
市场经营收入占比	100	100	100	79
一般性商业销售收入占比	100	100	100	79
政府采购收入占比	0	0	0	0

（三）收支平衡状况

2015～2018年，益爱领路（北京）教育咨询有限公司的财务状况总体而言有待改善。如图3所示，公司在全部年份均处于亏损状态，尚未实现盈余。同时，公司的亏损金额基本呈现增加趋势，具体亏损金额由2015年的39.9万元上升为2017年的94.1万元，但在2018年的亏损金额下降为80.3万元。

（四）资产负债情况

如图4和表2所示，2015～2018年，益爱领路（北京）教育咨询有限公司的资产负债率在97%～1104%变化。

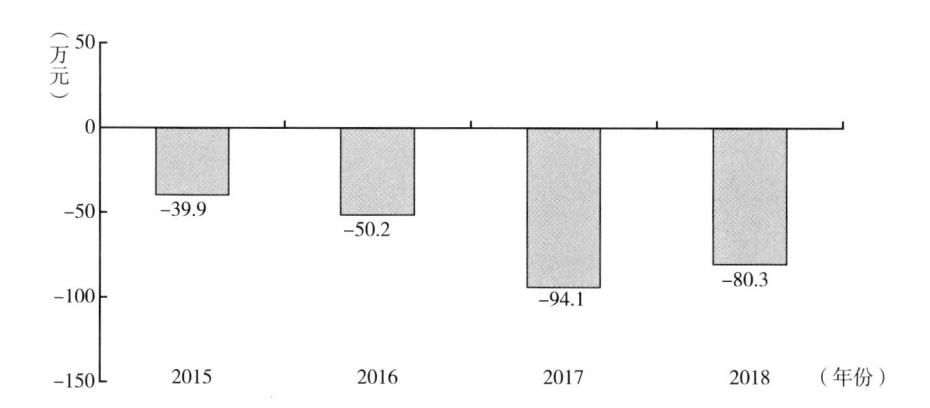

图3 收支平衡状况

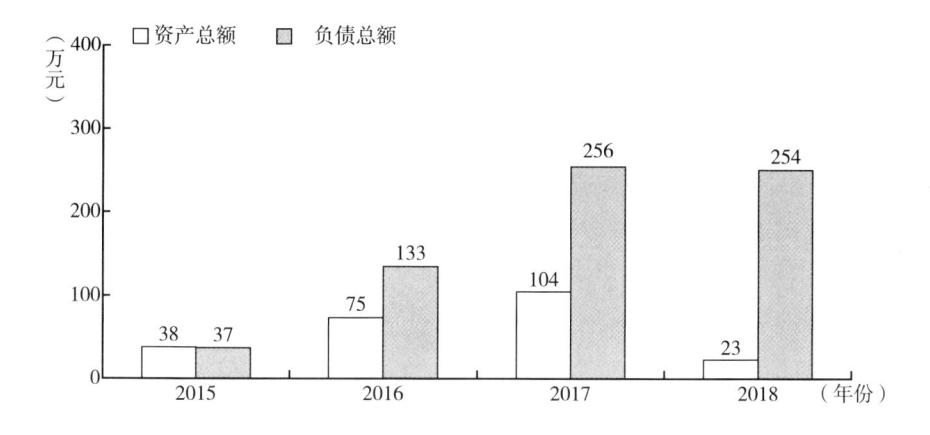

图4 资产负债情况

表2 资产负债率

单位：%

年份	2015	2016	2017	2018
资产负债率	97	177	246	1104

四 社会价值

(一)服务对象数量及弱势人群占比

如图 5 所示,2015~2018 年,益爱领路(北京)教育咨询有限公司的服务对象数量稳步上升,由 2015 年的 3000 人增长为 2018 年的 23000 人。服务对象中弱势人群的占比暂无统计数据。[1]

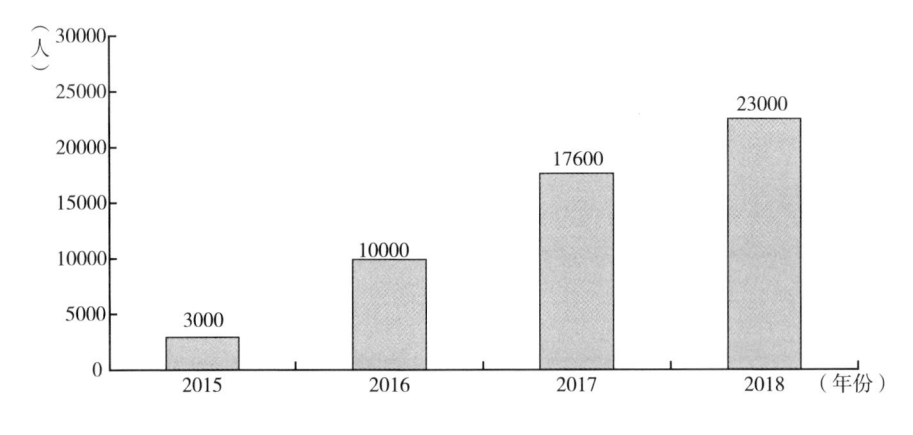

图 5 服务对象数量

(二)客户数量及弱势人群占比

如图 6 所示,2015~2018 年,公司的客户数量稳步上升,由 2015 年的 3000 人增长为 2018 年的 23000 人。客户中弱势人群的占比暂无统计数据。

---

[1] 这一部分,要特殊说明一下,益爱领路(北京)教育咨询有限公司服务的是公益伙伴,有的是"瓷娃娃",有的是高位截瘫,只是机构没有刻意地去统计他们的数量,因为机构不是由于他们身体上的特殊去服务他们,而是由于他们作为公益人需要被培养,在这一方面,机构对所有公益人都是一视同仁的。所以这里写的是"暂无统计数据",其他数据同。

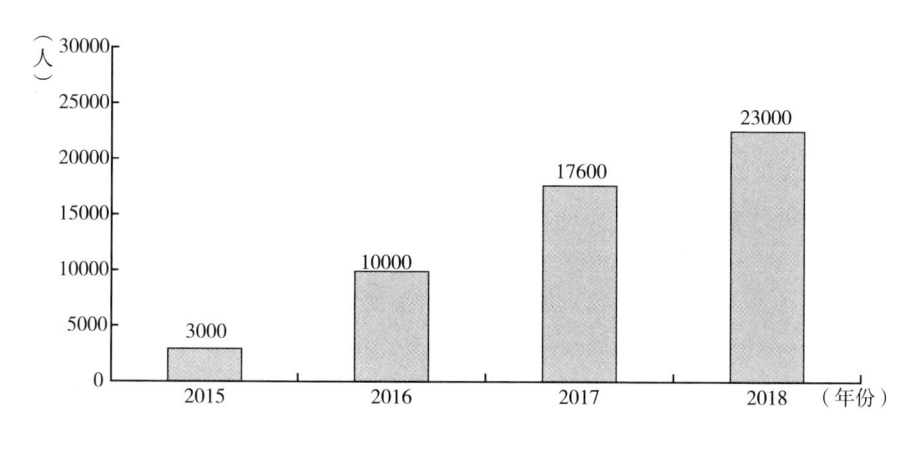

图6 客户数量

（三）受薪员工数量及弱势人群占比

如图7与表3所示，2015～2018年，公司受薪员工数量稳步上升，由2015年的4人增长为2018年的8人。受薪员工中弱势人群的占比在2015～2017年为0，在2018年增长至13%。①

图7 受薪员工数量及弱势人群受薪员工数量

---

① 此处的受薪员工中弱势人群的占比，对比其他案例并没有特别的差异，所以不做评价。

表3 弱势人群在受薪员工中的占比

单位：%

年份	2015	2016	2017	2018
弱势人群占比	0	0	0	13

五 融资情况

如表4所示，2015~2018年，益爱领路（北京）教育咨询有限公司累计融资210万元，其中组织成立时的原始投资额为10万元，组织获得的外部投资额为200万元，无组织内部追加的投资。

表4 融资情况

单位：万元

年份	2015	2016	2017	2018	类别小计
组织成立时的原始投资	10	0	0	0	10
组织内部追加的投资	0	0	0	0	0
组织后来获得的外部投资	0	200	0	0	200
年度小计	10	200	0	0	
总计:210					

六 支持体系

益爱领路（北京）教育咨询有限公司目前在社会企业支持体系中获得各类资源的难易程度评分均值为2.4分。如图8所示，公司获取各类资源的难易程度分布不均。其中，在社会资本方面得分较高，为4分。同时，在以下四类资源方面得分较低，分别为智力资本（3分）、财务资本（2分）、人力资本（2分）、政治资本（1分）。

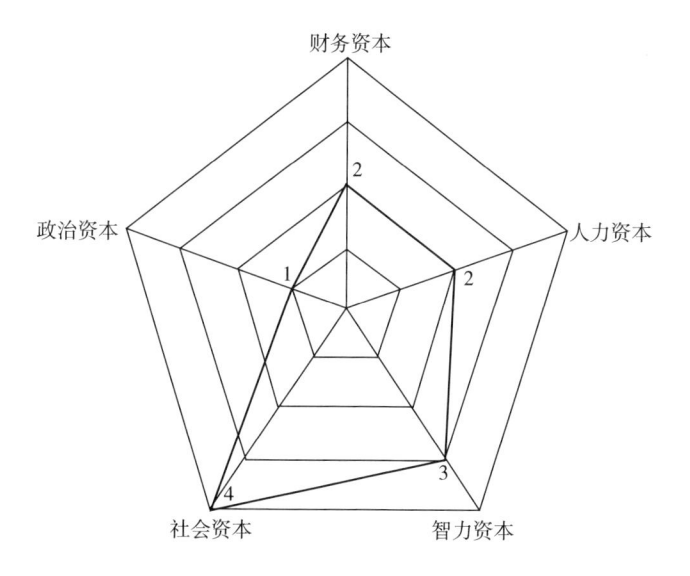

图8　获取各类资源的难易程度评分

说明：1＝很困难；2＝比较困难；3＝一般；4＝比较容易；5＝很容易。

七　挑战与应对

（一）主要挑战

1. 缺乏人力资源。团队规模较小，对于人才要求较高，主要为对公益感兴趣的以社工背景为主的大学毕业生。这类人才的特点是懂公益但不懂产品包装。因为机构在做公益人职业培训的知识付费产品，要求人才通过编辑加工让知识变得有意思，能精确地在十分钟内讲明白问题的解决方式，并辅以案例说明。机构稀缺的这类人才在市场上有很多，但一方面有更大的知识付费产品平台（如面对大众的知识付费App）存在，另一方面机构无法提供有竞争力的薪资，因此较难招到合适的人才。

2. 缺乏影响力测评。机构自身没有相应专业人才，目前无法做到，也没有足够经费寻求第三方合作。目前机构仅能统计出服务人数、产出的课程

数量、预计的听课人数以及间接影响人数,均为服务方面的数据。而客户听课之后产生了何种改变,机构无从知晓。机构对内想要了解目前从事的事业是否有意义,应对社会问题的思路与解决方式是否正确。而影响力测评能帮助机构寻找答案,即服务效果能用比较科学的方法将其量化。同时也能更好地进行团队激励,用数据成果留住现在的人才以及吸引将来的人才。同时,对外融资也需要绩效数据,包括财务数据以及影响力数据。

3. 较难获取一线客户。机构主要服务对象为个人,传播方式为互联网。而实际公益圈较为广泛,细到社区里的志愿者服务项目等,都有公益人职业培训的需求,包括如何激励志愿者、如何做项目管理等。因机构主要存在于互联网的线上平台,所以较难接触到社区。

(二)应对措施

1. 将工作的流水线拆开,利用专才在不同岗位从事不同工作,而不是要全才。如先邀请懂公益的社工伙伴将案例拆解为具体的文字内容,包括背景、来源、初衷等。拆解完后邀请懂影视的伙伴做成一分钟动画,共同合作将任务完成。这样做出来的产品比传媒公司做出来的产品更懂公益,费用也更合理。但相应地也产生较多沟通成本,机构还在磨合中。

2. 期望政府、认证平台乃至关注社会企业的群体,都能够提供机构资金或技术支持去完成影响力测评。

3. 期望能与有经验的专业团队合作,完成影响力测评的落地执行。

4. 积极寻找社会组织合作。期望通过更多平台型的社会组织找到有需求的个人进行服务,做更广的线上赋能。在面对信息不对称时,线上的方式能短平快以及低成本地让更多人了解到信息。同时,线下寻找各地伙伴做深度培训。

B.15 附件

北京市社会企业认证办法（试行）

第一条 北京社会企业认证目的是将"以解决社会问题为主要目标、优先追求社会效益为根本目标，提供社会公共产品和服务，致力于解决社会问题及承担社会责任的企业和其他法人单位"认证为北京市社会企业，并引导和促进该类企业和其他法人单位提升创新能力与机构治理能力水平，壮大经营规模，完善公共产品服务供给体系，不断满足人民日益增长的美好生活需要。

第二条 本办法所称的社会企业是指以优先追求社会效益为根本目标，持续用商业手段提供产品或服务，解决社会问题、创新公共服务供给，并取得可测量的社会成果的法人单位。

第三条 北京认证社会企业坚持以下基本原则：

1. 政府引导：北京市社会企业认证工作由北京市委社会工委、市民政局指导，北京社会企业发展促进会推动实施并发挥行业引领作用。

2. 社会参与：鼓励社区、机关事业单位、社会企业研究机构、支持机构、影响力金融投资机构积极推动社会企业发展，参与社会治理和公共服务；各级新闻媒体加强宣传报道，营造良好社会氛围。

3. 重点扶持：对不同行业中经营模式清晰、态势良好、成效明显、各方认同的优秀社会企业，在党建工作、能力建设、资本对接和品牌推广等方面给予扶持。

第四条 北京地区依法登记注册的符合认证条件的法人单位可参加社会企业认证，每次认证有效期两年。

第五条 申请认证的法人单位需要符合以下条件，一旦通过即成为北京社会企业，可申请为北京社会企业发展促进会会员单位，享有相应权利义务。

1. 使命任务：以优先追求社会效益为根本目标，有具体明确的社会目标，以社会问题和民生需求为导向，以解决社会问题、创新社会治理、提升公共服务水平为首要目标或宗旨，包括但不限于社区环境保护、食品安全、家庭服务、康养服务、垃圾分类等居民生活服务项目；社区文化、交通出行、物业服务、卫生、教育、科普、体育健身等公共服务项目；就业援助、扶贫帮困、养老助老、助残救孤等基本民生服务项目；面向农民的小额信贷、农业经济合作服务等服务农村经济发展的项目；以及开展行业服务、大气治理、污水处理、土地修复、新能源新技术的开发推广使用等新经济类项目。

2. 注册信息：在北京依法登记注册成立一年以上的法人单位，并有相应的合格纳税记录。获得其他社会企业认证（尚在认证有效期内），并在北京依法登记注册的法人单位，其成立年限不受本条限制。

3. 信用状况：法人单位及其机构负责人近三年没有不良信用记录。

4. 经营管理：有不少于3人的全职受薪团队，具有健全的财务制度、实行独立核算，申请机构内部经营管理科学规范。

5. 社会参与：以申请机构自身力量为基础，积极整合社会资源，广泛动员各类社会力量参与解决社会问题，开展各类党建活动，形成社会合力。

6. 社会效益：有可测量的证据显示其创造的市场成果及社会价值。

7. 可持续发展能力：提供有价值的产品或服务，有清晰的商业模式，能实现财务可持续性和盈利性。

8. 创新性：运用市场机制、现代信息技术等创新手段和方法，有效推动社会痛点、热点、难点以及基层社会治理"最后一公里"问题的解决，提高、保障和改善民生水平。

9. 行业影响：对本领域产生一定的社会影响，得到行业认可；推动本行业发展，开展行业赋能、对接本行业出台政策，发挥行业影响作用，聚焦并解决社会问题。

第六条 北京社会企业认证按照以下程序组织实施。

（一）申请：符合本办法第五条基本标准的申请单位可以向北京社会企业发展促进会提出认证申请，并提交相关材料。

1. 北京市社会企业认证申请书。

2. 申请单位营业执照副本、一年以上纳税证明。

3. 申请单位章程、上一年度财务报告、年度总结。财务报告中应载明企业利润分配情况、社会组织按照章程开展活动的情况、人员和法人单位变动情况。

4. 申请单位认为有助于认证的其他证明材料（参与社会企业的活动、培训，相关媒体报道）。

（二）初审：根据申请单位提交的材料进行资料评审及信用核查，反馈初审结果。

（三）尽职调查及中审：通过线上和线下的方式对通过初审的申报单位开展尽职调查，确定通过中审名单。

（四）评审会议：召集专家或第三方对通过中审的申请单位进行评议，并产生终审结果。

（五）公示颁牌：根据终审结果，正式公示名单，并举办颁牌仪式和相关配套活动，公示期七天。

第七条 分级评星

北京社会企业发展促进会在社会企业认证同时组织开展社会企业星级评选活动，并统一颁发标牌。

1. 一星级社会企业

（1）收入来源：收入来源的30%来自商业收入（包含竞争性政府采购部分）。

（2）社会效益：有可测量的证据显示其创造的社会价值。社会企业应能够明确阐释其项目年度受益人数、资源节约、环境友好、员工保障、社会影响等方面的数据。

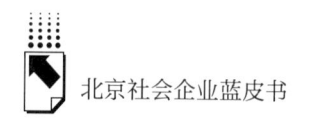

（3）服务覆盖面：社会企业开展市场经营活动、实现社会使命或创造社会价值的地域范围覆盖到本市区级层面。

2. 二星级社会企业

（1）收入来源：收入来源的50%来自商业收入（包含竞争性政府采购部分）。

（2）社会效益：①有可测量的证据显示其创造的社会价值。社会企业应能够明确阐释其项目年度受益人数、资源节约、环境友好、员工保障、社会影响等方面的数据。②能够有效整合配置资源，创新性地解决社会问题或提供公共服务。

（3）服务覆盖面：社会企业开展市场经营活动、实现社会使命或创造社会价值的地域范围覆盖到本市。

3. 三星级社会企业

（1）收入来源：收入来源的50%来自商业收入（包含竞争性政府采购部分）。

（2）社会效益：①有可测量的证据显示其创造的社会价值。社会企业应能够明确阐释其项目年度受益人数、资源节约、环境友好、员工保障、社会影响等方面的数据。②能够有效整合配置资源，创新性地解决社会问题或提供公共服务。③通过政策倡导和社会倡导，在服务模式探索上形成规模化的社会问题解决方案与实践，在本行业领域发挥良好的示范引领作用。

（3）服务覆盖面：社会企业开展市场经营活动、实现社会使命或创造社会价值的地域范围覆盖到本市以及其他省市。

第八条 社会企业标识使用

通过认证的社会企业被授予相应级别的证书和社会企业专用标识。获得批准使用徽标的社会企业可在认证有效期内将徽标用于产品和服务的宣传活动、宣传物品、网站、新媒体、信纸、名片等印刷物品，供顾客及公众识别。

徽标使用内容必须合法、真实、可靠且不涉及任何侵犯任何第三方知识产权、歧视、诽谤或其他违法行为，如有违规使用造成纠纷或诉讼给北京社会企业发展促进会造成形象损害的，并在社会上造成恶劣影响的，一经发现，北京社会企业发展促进会将立即停止徽标使用权，并视情节轻重限制其再次认证评审申报资格。

第九条 获得北京市社会企业认证的法人单位需自行在每年的4月30日前提交上一年度社会企业影响力报告，认证主办单位还将开展不定期信用监管动态管理，达不到要求的社会企业将会被警告直至摘牌并向社会公示。

社会企业是市场与社会使命双平衡的新的组织形态，对社会企业的社会属性主要从企业社会目标不漂移、管理架构、社会问题解决成果、财务规范与透明、利润投入社会效益与资产锁定情况等指标展开，已认定的社会企业如有下述情况发生，需向北京社会企业发展促进会提交资料登记：

（1）法人单位名称、法定代表人、住所（经营场所）、投资人、经营期限、增减分支机构等变更的；

（2）进行并购、重组、破产、经营范围发生重大变化的；

（3）法人资格被吊销、撤销和注销的；

（4）自愿放弃社会企业资格的；

（5）社会目标或使命发生变化或消失的，包括社会目标变更、新增、减少与失效；

（6）社会企业章程变更的，包括经营范围变更、服务社会领域变更、解决社会问题目标变更、企业或机构法人变更、股东或理事会结构调整、资产锁定比例变更、利润投入社会效益比例变更等；

（7）社会企业章程失效的；

（8）社会企业治理结构、股东结构、理事会结构发生变化影响其社会使命达成或取消的；

（9）其他有可能影响到社会企业认定资格的情况。

第十条 北京社会企业认证工作实行以下组织架构。

（一）主办单位

北京社会企业发展促进会在业务主管单位北京市委社会工委、市民政局

的指导下，组织开展北京市社会企业认证等相关工作。

（二）评审委员会

1. 建立北京社会企业认证评审专家库，由政府相关部门人员、行业专家学者及媒体代表等组成。

2. 每批社会企业认证评审，从评审专家库中随机抽选7人组成评审小组，获得5人（含）以上同意的，申请单位可获得本批次社会企业资格。

第十一条 北京市社会企业认证工作应进行科学、规范的管理。

（一）审核参加认证的申请单位提交的各类信息是否全面、准确。

（二）通过认证的社会企业有下述情况之一，主办单位应取消其认证资格（获得星级评定的同时取消星级）并在社会企业名录中将其除名，同时在北京市委社会工委、市民政局网上向社会公示：

1. 在申请认证过程中提供虚假信息和徇私舞弊的；

2. 在规定时间内未及时提供备案资料，并在30日内向其提出要求并且未获进一步解释与补送件的；

3. 对不配合提供其他相关信息、测评不达标的；

4. 发生较大安全、质量事故的；

5. 有较大违法、违规行为，受到有关部门行政处罚的；

6. 被取消社会企业资格的企业，三年内不得再申请认证。

第十二条 本办法及未尽事宜由北京社会企业发展促进会负责解释。

第十三条 本办法自修订之日起试行。

北京社会企业发展促进会
二〇一九年九月二十三日

附件

关于发布《2018年北京市社会企业认证分级名单》的通知

各有关单位：

　　为了深入学习贯彻落实党的十九大精神，推进社会治理体系和社会治理能力现代化，促进首都社会企业发展，我们依据《北京市社会企业认证办法（试行）》，编制了《北京市社会企业认证手册（2018）》，按照"申请、受理（初审）、中审、认证"等程序，开展了2018年北京市社会企业认证工作。这是北京历史上首次开展的社会企业认证。此次认证共有135家机构申请。经初审受理、中审提交材料环节，我们共走访调研了104家机构，其中线下实地调研68家，线上调研21家。经专家评审和社会公示，共有46家企业和社会组织通过了北京市首届社会企业认证，其中：三星级社会企业7家，二星级社会企业11家，一星级社会企业25家，普通社会企业3家。现予以公布，有效期两年。

附件：2018年北京市社会企业认证分级名单

北京社会企业发展促进会
二〇一九年五月八日

2018年北京市社会企业认证分级名单

（排名不分先后）

三星级社会企业：

益博云天（北京）科技有限公司

益爱领路（北京）教育咨询有限公司

北京十方缘老人心灵呵护中心

北京同心互惠企业咨询管理有限公司

北京市晨宁管理咨询有限公司

北京山水伙伴文化发展有限责任公司

北京慈爱嘉养老服务有限公司

二星级社会企业：

北京保益互动科技发展有限公司

北京华夏草业产业技术创新战略联盟

贝恩菁菁（北京）信息科技有限公司

北京市丰台区育慈儿童疗育中心

孔氏（北京）国际钟表有限责任公司

聪明空气（北京）科技有限公司

北京市海淀区康纳洲孤独症家庭支援中心

北京智天使青少年成长促进中心

北京九州绿地科技有限公司

金鸿新诚（北京）物业管理有限公司

北京得人艺术发展有限公司

一星级社会企业：

北京健侬之心健身俱乐部有限公司

中关村企业信用促进会

北京绿之盟妈妈家科贸有限公司

北京东海腾龙科技有限公司

北京长风信息技术产业联盟

北京市平谷区小雨滴儿童行为矫正中心

北京市石景山区乐龄老年社会工作服务中心

北京飞迪曼管理咨询有限公司

北京市朝阳区民和社会工作事务所
北京市石景山区糖葫芦国艺传播中心
北京即刻到家服务科技有限公司
北京葳蕤生态环境工程有限公司
北京甲骨文悦读文化传媒有限公司
北京喜乐颂咨询有限公司
北京乐朗乐读教育科技有限公司
北京迪心社会心理服务支持中心
北京市丰台区颐养康复养老照护中心
华文善德网络科技有限公司
汇欣苑（北京）科技孵化器有限公司
北京礼仪专修学院
中关村互联网金融研究院
创见（北京）文化传播有限公司
中仁思源实业发展有限公司
北京隆科兴科技集团股份有限公司
北京小康之家家政服务有限公司

普通社会企业：

北京爱侬养老服务股份有限公司
北京合创三众能源科技股份有限公司
北京市城市再生资源服务中心

社会科学文献出版社

皮 书

智库报告的主要形式
同一主题智库报告的聚合

❖ 皮书定义 ❖

皮书是对中国与世界发展状况和热点问题进行年度监测，以专业的角度、专家的视野和实证研究方法，针对某一领域或区域现状与发展态势展开分析和预测，具备前沿性、原创性、实证性、连续性、时效性等特点的公开出版物，由一系列权威研究报告组成。

❖ 皮书作者 ❖

皮书系列报告作者以国内外一流研究机构、知名高校等重点智库的研究人员为主，多为相关领域一流专家学者，他们的观点代表了当下学界对中国与世界的现实和未来最高水平的解读与分析。截至2020年，皮书研创机构有近千家，报告作者累计超过7万人。

❖ 皮书荣誉 ❖

皮书系列已成为社会科学文献出版社的著名图书品牌和中国社会科学院的知名学术品牌。2016年皮书系列正式列入"十三五"国家重点出版规划项目；2013~2020年，重点皮书列入中国社会科学院承担的国家哲学社会科学创新工程项目。

中国皮书网

（网址：www.pishu.cn）

发布皮书研创资讯，传播皮书精彩内容
引领皮书出版潮流，打造皮书服务平台

栏目设置

◆ 关于皮书
何谓皮书、皮书分类、皮书大事记、
皮书荣誉、皮书出版第一人、皮书编辑部

◆ 最新资讯
通知公告、新闻动态、媒体聚焦、
网站专题、视频直播、下载专区

◆ 皮书研创
皮书规范、皮书选题、皮书出版、
皮书研究、研创团队

◆ 皮书评奖评价
指标体系、皮书评价、皮书评奖

◆ 互动专区
皮书说、社科数托邦、皮书微博、留言板

所获荣誉

◆ 2008年、2011年、2014年，中国皮书网均在全国新闻出版业网站荣誉评选中获得"最具商业价值网站"称号；
◆ 2012年，获得"出版业网站百强"称号。

网库合一

2014年，中国皮书网与皮书数据库端口合一，实现资源共享。

权威报告·一手数据·特色资源

皮书数据库
ANNUAL REPORT(YEARBOOK) DATABASE

分析解读当下中国发展变迁的高端智库平台

所获荣誉

- 2019年，入围国家新闻出版署数字出版精品遴选推荐计划项目
- 2016年，入选"'十三五'国家重点电子出版物出版规划骨干工程"
- 2015年，荣获"搜索中国正能量 点赞2015""创新中国科技创新奖"
- 2013年，荣获"中国出版政府奖·网络出版物奖"提名奖
- 连续多年荣获中国数字出版博览会"数字出版·优秀品牌"奖

成为会员

通过网址www.pishu.com.cn访问皮书数据库网站或下载皮书数据库APP，进行手机号码验证或邮箱验证即可成为皮书数据库会员。

会员福利

- 已注册用户购书后可免费获赠100元皮书数据库充值卡。刮开充值卡涂层获取充值密码，登录并进入"会员中心"—"在线充值"—"充值卡充值"，充值成功即可购买和查看数据库内容。
- 会员福利最终解释权归社会科学文献出版社所有。

卡号：114754162985
密码：

数据库服务热线：400-008-6695
数据库服务QQ：2475522410
数据库服务邮箱：database@ssap.cn
图书销售热线：010-59367070/7028
图书服务QQ：1265056568
图书服务邮箱：duzhe@ssap.cn

基本子库
SUB DATABASE

中国社会发展数据库（下设 12 个子库）

整合国内外中国社会发展研究成果，汇聚独家统计数据、深度分析报告，涉及社会、人口、政治、教育、法律等 12 个领域，为了解中国社会发展动态、跟踪社会核心热点、分析社会发展趋势提供一站式资源搜索和数据服务。

中国经济发展数据库（下设 12 个子库）

围绕国内外中国经济发展主题研究报告、学术资讯、基础数据等资料构建，内容涵盖宏观经济、农业经济、工业经济、产业经济等 12 个重点经济领域，为实时掌控经济运行态势、把握经济发展规律、洞察经济形势、进行经济决策提供参考和依据。

中国行业发展数据库（下设 17 个子库）

以中国国民经济行业分类为依据，覆盖金融业、旅游、医疗卫生、交通运输、能源矿产等 100 多个行业，跟踪分析国民经济相关行业市场运行状况和政策导向，汇集行业发展前沿资讯，为投资、从业及各种经济决策提供理论基础和实践指导。

中国区域发展数据库（下设 6 个子库）

对中国特定区域内的经济、社会、文化等领域现状与发展情况进行深度分析和预测，研究层级至县及县以下行政区，涉及地区、区域经济体、城市、农村等不同维度，为地方经济社会宏观态势研究、发展经验研究、案例分析提供数据服务。

中国文化传媒数据库（下设 18 个子库）

汇聚文化传媒领域专家观点、热点资讯，梳理国内外中国文化发展相关学术研究成果、一手统计数据，涵盖文化产业、新闻传播、电影娱乐、文学艺术、群众文化等 18 个重点研究领域。为文化传媒研究提供相关数据、研究报告和综合分析服务。

世界经济与国际关系数据库（下设 6 个子库）

立足"皮书系列"世界经济、国际关系相关学术资源，整合世界经济、国际政治、世界文化与科技、全球性问题、国际组织与国际法、区域研究 6 大领域研究成果，为世界经济与国际关系研究提供全方位数据分析，为决策和形势研判提供参考。

法律声明

"皮书系列"（含蓝皮书、绿皮书、黄皮书）之品牌由社会科学文献出版社最早使用并持续至今，现已被中国图书市场所熟知。"皮书系列"的相关商标已在中华人民共和国国家工商行政管理总局商标局注册，如LOGO（ ）、皮书、Pishu、经济蓝皮书、社会蓝皮书等。"皮书系列"图书的注册商标专用权及封面设计、版式设计的著作权均为社会科学文献出版社所有。未经社会科学文献出版社书面授权许可，任何使用与"皮书系列"图书注册商标、封面设计、版式设计相同或者近似的文字、图形或其组合的行为均系侵权行为。

经作者授权，本书的专有出版权及信息网络传播权等为社会科学文献出版社享有。未经社会科学文献出版社书面授权许可，任何就本书内容的复制、发行或以数字形式进行网络传播的行为均系侵权行为。

社会科学文献出版社将通过法律途径追究上述侵权行为的法律责任，维护自身合法权益。

欢迎社会各界人士对侵犯社会科学文献出版社上述权利的侵权行为进行举报。电话：010-59367121，电子邮箱：fawubu@ssap.cn。

社会科学文献出版社